국현(國縣) 대조 지도

인구로
읽는

일本史

최혜주 ● 손병규 옮김

키토 히로시 지음

어문학사

[JINKOU KARA YOMU NIHON NO REKISHI]

©Hiroshi Kitou 2000

All rights reserved.

Original Japanese edition published by KODANSHA LTD.

Korean publishing rights arranged with KODANSHA LTD.

through Enters Korea Co., Ltd.

이 책의 한국어판 저작권은 (주)엔터스코리아를 통한 일본의 Kobunsha Co., Ltd.와의
독점계약으로 어문학사가 소유합니다.
신 저작권법에 의하여 한국 내에서 보호를 받는 저작물이므로 무단전재와 무단복제를
금합니다.

머리말

역사인구학이라는 젊은 학문이 있다. 왠지 위압적이고 어색하게 들릴지도 모르겠으나 요컨대 과거의 인구에 대하여 연구하는 학문이다. 이 역사인구학의 입장에서 일본인의 생활에 대한 역사를 되돌아보면 어떨까? 본서는 그러한 시도로 서술되었다. 인구가 말하는 일본의 역사이다.

내가 인구사 연구에 발을 들여놓게 된 것은 오래 전 어느 하나의 사료와 만나고부터다. 그것은 정말로 우연이었다. 니혼바시日本橋에 있는 대형서점을 들렀을 때였다. 시마자키 토손島崎藤村1에 관한 전람회장에 들어가려 하는데, 입구의 유리책장에 두껍게 장정한 종문개장宗門改帳이 전시되어 있지 않은가! 게다가 설명에는 백년이 넘도록 현존하고 있다고 적혀있었다. 이제 완전히 『동트기 전(夜明け前)』2도, 시마자키 토손도 잊어버렸다.

이 사료가 이 책에서 간혹 언급하는 키소마고메쥬크木曾馬籠宿3의 인근에 있는 유부네자와湯舟澤촌의 종문개장4이다. 『동트기 전』에 관한 평론

---

1 역주_1900년 전후를 산 시인, 소설가.
2 역주_아버지를 모델로 한 시마자키의 역사소설.
3 역주_전통시대 유명한 역원驛院의 하나. 현재에도 관광지로 유명하며 시마자키 토손의 생가와 함께 그의 기념관이 여기에 있다.

서의 출판기념 사인회를 하고 계시던 키타코지 켄北小路健 씨에게 부탁해서 사료소장자인 시마자키 치히로島崎千尋 씨를 소개받기로 약속까지 하고 말았다. 그 길로 지도교수이신 케이오慶應대학의 하야미 아키라速水融 선생께 보고하러 갔는데, 그때 흥분했던 모습이 심상치 않았던지 그 뒤에도 한참 동안 그때의 일을 놀리셨던 기억이 난다.

내가 학부, 대학원에서 하야미 선생 밑에서 공부하고 있을 무렵, 하야미 선생은, 뒤에 일본경제신문사의 경제도서문화특별상을 수여하게 되었던 신슈信州 스와諏訪 군 종문개장의 분석을 진행하고 계셨다. 나도 사료정리를 도와드리고 사료탐방에 동행하고 있었기 때문에 기초는 되어 있는 편이었다. 그러나 무엇보다도 사료를 '발견'했을 때의 그 기분이야 말로 인구사 연구를 결심하게 된 원동력이었다.

그동안에 하야미 선생을 비롯하여 각 분야의 연구자에 의해 일본의 역사인구학은 크게 진전되었다. 그러나 과거 인구에 대해 알게 된 것이 늘어난 만큼, 또한 알 수 없는 것도 생겨났다. 사막의 신기루와 같이 다가갈수록 진실은 멀리 도망가 버리는 것 같다. 나 자신도 한 촌락의 세세한

4 역주_슈몬아라타메쵸라 읽으며 영어로 SAC라 줄여 말한다. 소속 사찰을 명기하여 주민등록 형태로 기록한 장부이다.

통계 작성에 열중하고 있으면 자칫 전체상과의 관계를 놓쳐버릴 것 같은 때도 있었다. 그러한 불안도 있었기 때문에 '21세기의 도서관' 기획의 권유를 받은 것을 기회로, 불완전하나마 일본 인구의 역사상을 그려보고 싶다고 생각했다. 관찰한 많은 사실을 몇 개의 가설에 기초하여 이어 맞춘 '퀼트quilt'라고 하는 것이 이 책의 솔직한 모습이다.

역자 머리말

이 책은 키토 히로시鬼頭 宏의 『人口から讀む日本の歷史』(講談社 학술문고, 2006년 4월)를 완역한 것이다. 2008년 2월 자료수집 차 일본을 방문했을 때 도쿄 간다神田의 고서점에서 이 책과 처음 만나게 되었다. 고단샤講談社에서 2000년 출간된 이후 지금까지 20쇄라는 큰 호응을 불러일으킨 책이다. 이 책의 구체적인 내용이나 의의에 대해서는 손병규 교수의 해설로 미루고, 저자 소개와 번역 원칙에 대해서 간단히 설명하려고 한다.

저자 키토 히로시는 죠지上智대학 경제학부 교수로 일본경제사와 역사인구학을 전공한 학자이다. 저서에는 『일본 2천 년 인구사日本二千年の人口史』(1983), 『문명으로서의 에도시스템文明としての江戶システム』(2002), 『환경 선진국 에도環境先進國江戶』(2004), 『인구로 보는 일본사人口で見る日本史』(2007), 『지구인구 100억의 세기地球人口100億の世紀』(공저, 1999), 『역사인구학의 프론티어歷史人口學のフロンティア』(공저, 2001), 『일본경제사 2 근대성장의 태동近代成長の胎動』(공저), 『일본경제 200년日本經濟 200年』(공저) 등이 있다. 이외에도 도쿠가와·에도시대의 농촌과 도시의 인구와 경제에 관한 많은 논문이 있다.

이 책의 번역 분담은 손병규가 머리말에서 제4장까지를, 최혜주는 제5장에서 마지막 부분까지를 맡아 했다. 번역한 초고의 원고를 서로 몇 차례 바꾸어 보고, 다시 돌려 보면서 수정을 거듭하여 번역을 마칠 수 있었다. 또한 키토 교수는 2008년 10월 한국을 방문하여 역자들과 번역에 관한 의견을 나누고, 한일 양국의 인구사 연구현황에 대해 귀중한 학문적 교류의 시간을 가질 수 있었다. 한국어판 간행에 즈음하여 후기를 보내주신 것도 감사드린다.

2009년 5월 18일

최혜주

차 례

1. 지명 및 인명 등은 일본어 음으로 표기하는 것을 원칙으로 했으나 어색한 것은 그 대로 두었다. 그리고 일본지도를 수록하여 시대적 상황을 이해하는 데 도움이 되게 했다.

2. 원본에는 각주가 없이 본문 가운데 ( ) 안에 인용문헌을 표기했다. 그러나 이 책에 서는 저자가 본문에 표기한 ( ) 안의 내용을 각주로 돌리고, 역자가 이해를 돕기 위 해 붙인 역주를 '역주'라고 표시하여 구별했다. 그 내용이 짧은 경우에는 본문 중의 [ ] 안에 '옮긴이'라고 표시를 했다.

3. 일본어를 한국어로 표기할 때는 교육인적자원부의 「외래어표기법」을 따랐다.

   ① 어두의 유성음과 무성음을 구별하여, 유성음은 예사소리로, 무성음은 거센소리 로 적는다.

   ② 장모음은 표기하지 않는 것을 원칙으로 하지만, '이'계 장모음은 표기한다.

   (예를 들면, 佐藤 → 사토, 明治 → 메이지)

서 장
역사인구학의 시선

역사인구학

일본열도에 인간이 정착한 것은 60만 년 이상이나 거슬러 올라간 홍적세洪績世 시기였다. 일본인의 선조는 빙하기에 열도와 대륙을 잇는 육교를 건너, 혹은 조류를 타고 남쪽 바다의 섬들을 연이어 건너왔다. 그 뒤에 동남아시아에 있던 육지, 순다랜드Sundaland1에 기원을 갖는 원아시아인이 몇몇 흐름을 따라 북상하여 그 일파가 죠몬繩文인이 되었다고 한다. 그로부터 수만 년이 지난 지금, 인구는 1억 3천만 명에 육박하고 있다. 그러나 곧이어 하향곡선을 그리며 21세기 일본은 인구감소의 시대가될 것이 확실하다. 지금까지 오랫동안 인구증가가 항상 순조로웠던 것은 아니다. 수세기에 걸쳐 인구가 지속적으로 증가한 시기가 있는 반면, 인구 정체 내지는 감소의 시기도 있었다. 시대에 따라 변화한 것은 인구규모만이 아니다. 인구분포와 인구구조도 커다란 변동을 거듭했다. 나는

---

1 역주_현재 타이의 중앙을 흐르는 Chao Phraya 강이 빙하기에 형성한 광대한 충적평야를 말한다.

이 책에서 일본의 인구가 도대체 어떻게 변화해 왔는가, 그 역사를 더듬어 보려고 한다.

먼 과거로부터 21세기로의 시간여행을 안내하는 것은 '역사인구학'이다. 역사인구학은 영어로 'historical demography'라 하는데, 근대적인 센서스census(인구조사) 성립 이전에 과거 인구현상을 연구하는 학문이다. 인구학이라는 말의 근원인 'demography'는 이전 일본에서 '민세학民勢學'이라 번역된 적이 있다. 영어를 글자 그대로 해석하면 '민중에 관한 기록'이므로 민세학이라는 것이 사실 정확한 번역이라 여겨진다. 즉 역사인구학의 내용은 단순히 사람의 머릿수population를 추계한다든지, 출생이나 사망을 통계하는 데 그치지 않는다. 과거 사람들이 몇 살에 결혼해서 몇 명의 아이를 낳아 길렀으며 어디에서 어디로 이주했는가와 같이, 사람들이 일생동안 경험하는 모든 인구학적 행동이 연구대상이 되었다. 민중의 삶, 죽음을 해명하는 것, 그것이 역사인구학이다.

이 책의 의도

일본 인구의 역사에 관해서 우리는 이미 혼쇼 에이지로本庄榮治郎, 타카하시 본센高橋梵仙, 세키야마 나오타로關山直太郎, 아이린 B 토이버I. B. Tauber, 나아가 일본 역사인구학을 항상 리드해온 하야미 아키라速水融 등, 여러 선학들이 이루어 놓은 많은 업적을 가지고 있다. 그런데 굳이 이 책자를 내는 것이 무슨 의미가 있을까? 지금까지의 일본 인구사에 무언가 새로운 것을 더할 수 있다면 다음과 같은 점에 필자의 역할이 있다고 여겨진다.

우선 1960년대 이후, 인구사 연구는 현저히 발전하여 역사인구학이라는 독립된 연구영역이 성립할 정도가 되었다는 점을 들 수 있다. 유적 분포나 인골 등의 고고학적 자료, 과거장過去帳2, 종문개장宗門改帳 등의 문서 자료를 조직적으로 이용할 수 있게 되었고, 새로운 분석방법도 개발되어 왔다. 그 결과, 역사인구학에 대한 지식이 질적·양적으로 발전했다. 그뿐만 아니라 일본역사, 특히 에도江戸시대의 역사상도 고쳐 쓸 필요가 생겨났다. 이 책에서는 가능한 한 이처럼 최근의 인구사 연구 성과에 기초하여 장기적인 시각에서, 인구로 본 일본의 역사를 재구성해보았다.

다음으로 나는 이 책을 인구의 문명사로 썼다. 지금까지 일본 인구사는 거의 정치사적 시대구분에 따라 서술되었다. 그래서 인구를 정치·경제의 종속변수, 아니면 기껏해야 독립변수 정도로 취급하고 만다. 그러면 인구와 그것을 둘러싼 여러 요소의 관계를 바르게 파악할 수 없다. 여기서 이 책은 인구 동태에 따라 시대구분을 설정해 보았다. 인구변화의 궤적은 역사의 연륜이다. 그것이 그리는 곡선이나 각인된 흔적에서, 인구와 문명, 혹은 인구와 환경의 상호관계에 대한 역사를 읽어내고자 한다. 이것이 이 책의 목적이다.

---

2 역주_사원에서 작성한 사망에 대한 기록이다.

네 번의 물결

세계인구와 문명의 관계를 통찰한 경제사학자 치폴라C. M. Cipolla는 인류는 과거 만년 사이에 두 번의 경제적 혁명을 경험했다고 말한다.[3] 그것은 농업혁명과 산업혁명이다. 농업혁명은 식량생산과 가축의 이용을 내용으로 하고 있으며, 산업혁명은 화석연료를 중심으로 하는 비생물적 에너지 자원의 이용에 특징이 있다. 어느 것이나 식량, 광렬, 동력 등의 갖가지 형태로 인간이 이용할 수 있는 에너지량을 비약적으로 확대시켰으며, 엄청난 인구증가를 가능하게 했다. 이 두 가지 혁명은 인간사회를 원시사회, 농업사회, 산업─공업화사회로 나누게 되는데, 인간이 의존하는 에너지원의 성질에 따라 인구학적 특질에도 명료한 차이가 발생했다.

치폴라가 세계인구에 대해 지적한 문명과 인구의 관계는 일본에서도 찾아볼 수 있다. 죠몬시대로부터 21세기에 이르기까지 일본 인구의 추이를 몇몇 연구자의 추계에 기초하여 〈표1〉로 정리해 보았다.

---

3 C. M. Cipolla, 『경제발전과 세계인구(經濟發展と世界人口)』

표1 · 일본열도의 지역인구: 조몬 초기~2100년

(단위:천명)

時代	年	北海道	東奧羽	西奧羽	北關東	南關東	北陸	東山	東海	畿內周邊	畿內	山陰	山陽	南海	四國	北九州	南九州	沖縄	合計
(国別)																			
繩文早期	8100 B.P.	—	1.7	0.3	2.5	7.2	0.4	3.1	2.1	0.1	0.1	0.1	0.3	0.2	0.2	0.8	1.1	—	20.1
繩文前期	5200 B.P.	—	14.3	4.9	12.6	30.2	4.2	25.5	4.8	0.1	0.4	0.5	0.9	1.3	0.4	1.4	4.2	—	105.5
繩文中期	4500 B.P.	—	32.4	14.3	23.9	71.5	24.6	72.3	12.8	0.4	0.5	0.5	0.9	2.3	0.2	1.4	3.9	—	261.3
繩文後期	3300 B.P.	—	36.1	7.7	16.8	34.8	15.7	22.2	7.4	1.1	0.9	0.9	1.7	3.1	0.2	2.4	7.7	—	160.3
繩文晚期	2900 B.P.	—	27.5	12.0	3.9	3.8	5.1	6.2	6.4	0.8	1.1	1.1	1.0	1.2	0.5	3.0	3.3	—	75.8
弥生時代	1800 B.P.	—	28.7	4.7	39.3	59.7	20.7	85.1	54.4	30.2	17.7	17.7	48.9	70.3	30.1	40.5	64.6	—	594.9
奈良時代	725	—	206.5	78.0	356.9	422.8	252.6	121.9	488.7	457.3	456.2	350.4	439.3	503.0	275.7	340.5	218.6	—	4512.2
平安前期	800	—	186.0	80.3	451.4	519.5	461.4	184.3	413.9	583.6	541.0	456.2	541.0	596.3	335.0	422.3	275.2	—	5506.2
平安初期	900	—	327.9	189.3	733.6	728.1	536.4	360.9	423.2	520.9	460.6	313.9	460.6	715.1	304.6	485.4	296.5	—	6441.4
平安末期	1150	—	326.8	280.1	710.1	892.1	708.6	325.7	434.0	499.8	470.6	330.6	470.6	750.6	320.3	483.1	304.4	—	6886.9
慶長期	1600	7.1	734.4	338.5	714.3	1304.6	864.2	428.1	1081.3	1397.5	815.2	412.1	815.2	1307.5	625.0	797.5	468.6	—	12273.3
享保6年	1721	18.7	2355.4	1053.2	2210.3	3938.1	2586.8	1262.6	2642.2	3380.2	2445.1	1174.1	3200.1	—	1874.7	2385.1	1304.7	—	31278.5
寛延3年	1750	26.2	2203.4	1015.5	2143.0	3913.8	2592.6	1284.2	2710.0	3200.1	2488.0	1236.3	3213.9	—	1929.0	2392.5	1405.9	—	31010.8
宝暦6年	1756	27.2	2167.4	1006.1	2106.4	3865.9	2655.5	1319.1	2691.8	2694.1	2567.9	1270.6	3135.8	—	1993.8	2434.1	1422.2	—	31282.5
天明6年	1786	31.6	1876.5	965.9	1766.6	3484.2	2530.1	1328.6	2718.8	3213.9	1993.8	1304.8	3124.3	—	2043.1	2382.4	1489.1	—	30103.8
寛政4年	1792	34.5	1881.9	980.1	1696.6	3464.9	2628.0	1290.1	2585.8	3135.8	1989.4	1305.0	3119.1	—	1989.4	2390.8	1490.3	—	29869.7
寛政10年	1789	54.5	1906.9	1023.6	1704.2	3516.4	2723.3	1358.1	2754.7	3124.3	2657.5	1375.7	3264.5	—	2043.1	2453.9	1493.8	—	30565.2
文化元年	1804	74.3	1923.5	1044.2	1664.4	3490.5	2769.3	1353.4	2775.3	3119.1	2668.2	1391.0	3121.5	—	2112.6	2455.6	1505.7	—	30746.4
文政5年	1822	78.0	1980.8	1091.1	1617.1	3474.3	3013.7	1391.4	2973.0	2479.2	2822.1	1475.1	3206.6	—	2235.9	2501.9	1584.0	—	31913.5
文政11年	1828	81.4	2016.1	1135.1	1603.3	3609.4	3117.9	1536.0	2950.1	3264.5	2910.3	1502.6	3024.9	—	2276.3	2531.1	1604.8	—	32625.8
天保5年	1834	77.2	2028.6	1501.7	1552.2	3605.1	2881.4	1390.1	2940.9	3121.5	2800.9	1385.7	3225.6	—	2319.4	2548.4	1608.6	—	32476.7
天保11年	1840	85.1	1807.4	999.2	1594.2	3731.9	3041.4	1429.6	2920.9	3206.6	2920.6	1450.7	2911.1	—	2331.8	2531.1	1594.5	—	31102.1
弘化3年	1846	123.7	1929.5	1094.9	1664.7	3555.7	3309.3	1386.7	2822.4	3024.9	2911.1	1338.5	2822.4	—	2459.2	2857.1	1613.3	166.8	32297.2
明治6年	1873	165.5	2306.0	1197.9	1888.8	3931.5	3476.8	1506.2	3028.0	3225.6	3093.2	1403.2	3028.0	—	2620.2	3010.3	2139.9	354.4	33300.7
明治13年	1880	421.7	2505.4	1276.2	2276.1	5019.9	3660.1	1746.0	3409.2	2714.7	3329.1	1487.1	3409.2	—	2868.8	3388.8	2254.8	410.1	35957.7
明治23年	1890	421.7	2981.8	1424.7	2276.1	5019.9	3660.1	1746.0	3409.2	2714.7	3329.1	1487.1	3409.2	—	2868.8	3388.8	2483.5	410.1	41308.6
(府縣別)																			
明治13年	1880	163.5	2478.2	1303.4	2078.6	3763.1	3476.8	1399.6	3113.5	3449.1	3093.2	1037.1	3093.2	—	2620.2	3010.3	2254.8	354.4	35958.1
明治23年	1890	421.7	2947.6	1458.9	2490.7	4830.5	3860.1	1626.6	3505.0	3816.9	3329.1	1102.8	3329.1	—	2868.8	3388.8	2483.5	410.1	41310.3
明治33年	1900	949.3	3463.9	1640.6	2890.6	5629.0	3906.2	1816.8	3932.3	4174.8	3655.6	1148.0	3655.6	—	3013.2	3896.1	2716.0	465.8	46540.6
大正9年	1920	2359.2	3926.6	1867.4	3449.5	7678.5	3847.4	2146.2	4710.6	4772.6	3800.6	1169.4	3800.6	—	3065.7	4858.4	3299.9	571.6	55963.1
昭和25年	1950	4295.6	6355.4	2666.3	5191.3	13050.6	5179.5	2872.2	7406.6	6614.4	5284.0	1512.8	5284.0	—	4220.3	7373.8	4723.1	698.8	83898.4
昭和50年	1975	5338.2	6780.1	2452.8	5796.7	27041.7	5306.2	2800.7	11100.4	8675.8	6015.8	1350.2	6015.8	—	4040.1	7892.9	4524.3	1042.6	111939.6
平成7年	1995	5692.3	7363.5	2470.7	6443.4	32576.6	5618.6	3076.0	12706.3	9610.7	6388.0	1386.3	6388.0	—	4182.8	8593.9	4829.8	1273.4	125570.2
	2050	5109.0	7058.0	2053.0	7319.0	32447.0	5146.0	3161.0	12474.0	10098.1	5860.0	1184.0	5860.0	—	3631.0	8224.0	4392.0	1457.0	120913.0
	2100	—	—	—	—	—	—	—	—	—	—	—	—	—	—	—	—	—	100496.0

1) 자료: 1846년까지; 키토 히로시(鬼頭宏), 「메이지 이전 일본의 지역인구(明治以前日本の地域人口)」 『上智經濟論集』 제41권 1·2호(1996년, <표1)
1873~1890년: 우메무라 유지(梅村又次) 외, 「地域經濟統計 13」, 東洋經濟新報社(1983년, <표20·21)
1920~1995년: 『國勢調査報告』
2025~2100년: 國立社會保障·人口問題研究所推計(平成9年中位推計)

추계인구는 각각 신뢰도에서 차이가 나며, 시기적인 간격도 제각각이지만, 과거 만년 동안 네 번의 물결이 있었다는 것은 확인할 수 있다. 첫 번째는 죠몬시대의 인구 순환, 두 번째는 야요이弥生시대에 시작하는 물결, 세 번째는 14~15세기에 시작하는 물결, 네 번째는 19세기부터 시작되어 현재로 이어지는 순환이다.

그 가운데 야요이시대부터 10세기 이후에 걸쳐 보이는 커다란 물결이 벼농사 보급으로 인한 인구증가이며, 19세기에 시작되는 또 하나의 높은 물결이 공업화에 힘입은 인구성장이다.

농업사회와 산업사회를 창출한 이 두 가지의 혁명 이외에 일본 인구역사에는 두 가지의 변화를 더 찾을 수 있다. 그것은 4~5천 년 전의 죠몬 중기에 걸친 인구증가와, 16~17세기의 급속한 인구증가이다. 전자는 수렵, 채집, 어로에 의존한 원시사회에서의 인구변화이지만, 구석기문화에 대신한 죠몬문화의 발전과 기후변동이 결합되어 일어난 것이었다. 후자는 농업사회에서 일어난 경제시스템의 변화―시장경제를 동반한 변화―이다.

그림1 · 일본 인구의 추세 : 죠몬 초기~2100년

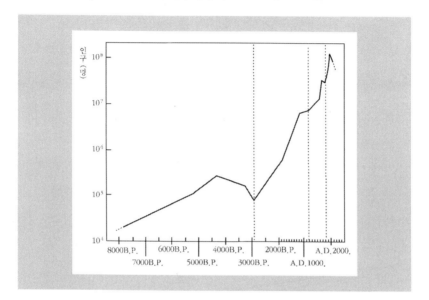

인구증가의 법칙

이처럼 일본 인구는 네 번의 사이클을 거듭하면서 증가해왔음을 알 수 있는데, 그 메커니즘은 어떠한 것이었는가? 또한 어찌하여 한번 시작된 인구증가는 지속되지 않고, 이윽고 쇠퇴하여 정체되어간 것일까? 잠시 샛길로 빠져 인구증가의 법칙에 대해 언급해두고자 한다.

생물이 살아가기 위해서는 일정한 식량과 공간이 필요하다. 그러면 일정량의 식량과 공간이 갖추어져 있을 때에 생물 개체 수는 어떤 식으로 증가해 가는 것일까? 미국의 생물통계학자였던 펄Pearl과 리드Reed는 이러한 의문을 품고 실험을 시도했다. 펄과 리드는 우유병에 한 무리의 노랑황황파리yellow small fruit flies를 충분한 먹이와 함께 넣어 매일 개체수가 어떻게 증가하는지를 조사했다. 몇 가지 조건을 설정해서 실험한 결과, 어느 경우에도 황황파리가 무한정 증식하지는 않았다. 처음에는 천천히, 그리고 점차 증가속도가 빨라지더니 그 뒤로 어느 수준에 도달하자 증가율은 떨어져서 거의 일정한 수량을 유지한다는 사실이 확인되었다.

1920년에 발견된 S자형 증가곡선은 '로지스틱곡선logistics curve'[4]이라 불린다. 이것은 1세기 전에 이미 발표된 법칙이었는데, 오랫동안 잊혔다가 이들에 의해 다시 발견된 것이다. 그 후 이 곡선이 대부분의 생물에 적용될 수 있다는 사실이 확인되었다. 인간도 예외는 아니다.

단지 인간은 기술로 환경에 대해 작용하거나 혹은 행동양식을 변경하여 문화적인 적응을 쉽게 이루어낼 수 있으므로, 환경에 따른 인구지지력人口支持力(population capacity)[5]이 고정적이지는 않다. 기술이나 제도의 획기적인 혁신이 사회의 인구지지력을 확대하여, 여유가 생기면 인구를 증가시키는 장치가 발동한다. 그리고 새로운 상한선에 가까워지면 억제장치가 움직여서 인구는 정체한다는 운동이 반복해서 일어난다. 따라서 장기적으로 보면 인구는 몇 개의 로지스틱곡선을 중첩시키면서 사이클

---

4 역주_혹은 군수곡선이라고도 한다. 본래 '로지스틱'은 '병참'이라는 뜻으로 1838년에 이 곡선을 고안한 엘 프랑소와 베르하르스트가 병참학 교관이었기 때문에 붙여진 이름이다.

5 역주_인구부양력, 즉 한 국가에서 주어진 자원을 이용하여 인구를 부양할 수 있는 능력을 말한다.

을 그리며 성장하게 된다. 대륙의 변두리에 위치하여 대규모의 인구유출을 무시할 수 있는 일본열도는 그야말로 그러한 인구증가 역사를 보는 데 적격인 실험실이었다고 해도 좋을 것이다.

이 책의 구성

제1~3장에서는 19세기까지 세 개의 인구 순환에 대해 자연, 사회, 경제, 기술과의 관련을 밝히고자 한다. 다음 제4~6장에서는 최근 역사인구학에서 가장 공헌이 현저했던 에도시대에 관해 공업화사회 이전의 인구학적 세계관을 구성해보고자 했다. 나머지 두 장은 근현대의 인구 순환에 할당했다. 제7장에는 에도시대와 비교하면서 그 특징을 드러내보고자 했다. 그리고 마지막장에서는 역사인구학이 말하는 과거의 경험으로부터 21세기의 인구감소사회를 어떻게 맞이할 것인지, 사견을 피력했다.

이 책의 전체를 통하여 필자가 주장하려는 것은 어떠한 문명에 의지한 인구성장이라도 처음과 끝이 있다는 점이다. 역사적으로 보아 커다란 인구증가가 있었던 시대는 하나의 문명에서 다른 새로운 문명으로 이행하는 과도기였다. 생산력의 발전으로 초래한 사회의 인구지지력 상승이 인구를 증가시켰던 것이다. 드디어 인구학적 균형점을 달성하면 인구정체로 연결되는데, 새로운 균형수준에서 생활수준은 이전보다 상승한다. 적어도 일본사회에서는 그렇게 믿을 수밖에 없는 증거가 있다. 어느 시대의 물질문명에 고유한 인구학적 특징이 어떻게 조합되어 인구 재생산 시스템이 형성되는가? 그것을 이해하는 것은 근대 공업화에 동반했던 인구

순환이 종식되고 새로운 균형수준이 달성되려는 지금이야말로 중요한
일이 아닐까?

제1장

죠몬 사이클

1
죠몬시대의 인구변화

죠몬시대 이전

지금부터 1만 년 전까지 지속된 홍적세는 한랭한 빙하기와 비교적 온난한 간빙기가 몇 번이나 반복하여 찾아온 빙하의 시대였다. 일본열도에 인류가 정착한 것은 그 시대의 적어도 60만 년 훨씬 이전의 일이었다고 한다. 일본인의 조상이 되는 구석기시대인은 당시 육지로 연결되어 있거나 아니면 좁은 해협 정도에 지나지 않는 대륙으로부터 동물과 함께 건너왔다. 그 존재를 증명하는 인골이 발견된 장소에 따라, 쿠즈우葛生인[토치기栃木현], 우시카와牛川인[아이치愛知현], 미카비三ケ日인[시즈오카靜岡현], 히지리다케聖岳동굴인[오이타大分현] 등으로 불리는 사람들이 그것이다.

일본열도에 구석기[선토기先土器]문화가 존재했다는 것은, 2차 대전 후 군마群馬현 이와쥬쿠岩宿의 롬층loamy layer[비옥한 흑토층] 안에서 토기를 동반하지 않은 박편석기剝片石器1가 발견된 것으로 의심의 여지가 없는 사

---

1 역주_격지석기라고도 한다. 몸돌에서 격지를 쪼아내고 사용하는 석기.

실이 되었다. 그 후 정력적인 발굴 작업이 이루어진 결과, 이제는 일본열도 전반에 걸쳐 구석기시대의 유물과 유적이 분포하고 있음을 알게 되었다. 그러나 일본 토양의 성질상, 인골이 남아 있기 어려운 사정 등으로 인하여, 구석기시대의 사람들이 어느 정도의 규모로 분포했고, 거주생활은 어떠하였는지 등등에 대해서는 아직 상상의 영역을 벗어나지는 못한다.

인골과 동시대 것으로 추정되는 석기나 주거지의 입지 등으로부터 판단컨대, 현재보다 연평균 기온이 8도나 낮았다. 한랭하며 건조한 기후에 적응하여 수렵과 채집을 기반으로 생활했다고 여겨진다. 또한 석기의 형식으로 미뤄보아 일본의 동쪽과 서쪽 지방은 문화적인 차이가 존재했다는 것도 추측할 수 있다.

죠몬시대의 인구

홍적세 시기가 끝나고, 기후가 온난화함과 더불어 일본열도에는 토기를 가진 신석기문화의 죠몬縄文시대인이 등장한다. 일본열도 거주인의 생활을 여러 유물로부터 확실하게 재현할 수 있는 것은 거의 1만 년 전인 이 당시부터의 일이다.

기원전 3세기경까지 계속된 죠몬문화의 시대에 일본열도의 인구는 어느 정도였을까? 고고학자인 야마우치 키요오山內淸男는 홋카이도를 포함하는 전 인구를 15만 내지 25만으로 보았다. 그리고 그 분포에 대하여 "서남 지방은 밀도가 낮고 큐슈九州에서 키나이畿內에 걸쳐 3만~5만, 동북부 지역은 하나같이 인구가 많고, 츄부中部와 칸토關東, 토호쿠東北, 홋카이도는 각각 3만~5만씩으로 보면 그다지 틀리지 않을 것이라 본다"고 추측하고 있다.[2]

이 수치의 근거는 일본열도에서 죠몬식 문화권의 면적이 미국 캘리포니아의 면적과 비슷하다는 사실, 그리고 거기에는 백인 진입 초기에 15만~25만 명 정도의 원주민이 살고 있었다는 미국인 학자의 추계에 있다. 기후나 지리적 조건을 달리하는 지역 사이에서 이러한 비교가 가능한 것인지는 차치하고서라도, 최근까지는 이 정도의 막연한 추측밖에는 할 수 없었던 것이다.

더구나 몇 천 년이나 지속된 죠몬시대의 인구는 결코 고정적이지도 않았다. 그것이 천세기를 단위로 크게 변동하고 있었다는 것은 유적의 수나 그 규모의 변화로부터 금방 예상할 수 있다.

"유적의 수로부터 인구를 세는 것은 적절치 않다"[3]고 하는 분위기가 지배적인 가운데 유적 수를 근거로 죠몬시대 인구를 추계하려는 시도는 신중을 기할 수밖에 없었다. 그런데 이러한 사고방식에 용감하게 도전해 온 연구자가 있었다. 코야마 슈조小山修三가 바로 그 사람이다.

---

2 山內淸男, 『日本原始美術1, 繩文式土器』
3 야마우치 앞의 책.

코야마 추계

코야마는 죠몬 유적의 분포를 통계적으로 음미하여 시기별·지역별로 인구를 추계하고, 죠몬 중기의 인구를 26만 명으로 결론지었다.[4] 1978 년에 발표된 코야마 추계는 선사시대의 인구와 환경·문화의 관계를 생각하는 데 중요한 의의를 갖는다. 여기에 좀 번잡스러울지도 모르지만 그 추계방법을 소개해 두도록 한다. 추계과정과 기초자료는 다음과 같다.

① 유적 수 : 시대별, 지역별로 유적 수의 분포를 조사한다. 기초자료로 문화재보호위원회가 1965년에 정리한 『전국유적지도全國遺跡地圖』 전 47권이 이용되었다. 인구추계의 대상이 된 것은 초창기와 말기를 뺀 죠몬 초기~후기의 다섯 시기와 야요이, 하지키土師器 각 시대이다. 지역은 홋카이도, 오키나와를 제외한 일본 본토의 아홉 지역이다[토호쿠, 칸토, 호쿠리쿠, 츄부, 토카이, 킨키, 츄고쿠, 시코쿠, 큐슈].

② 기초인구 : 추계의 기초가 되는 인구를 하지키문화기(3~12세기)의 중간 정도에 해당하는 8세기에서 구한다. 선택된 것은 사와다 고이치澤田吾一가 출거도出擧稻[5]에 기초하여 나라奈良시대의 좌우경左右京[6]을 제

---

4 홋카이도, 오키나와를 제외했다. 小山修三, "Jomon Subsistence and Population", *Senri Ethnological Studies*, 2. 뒤에 『죠몬시대-컴퓨터고고학으로 복원繩文時代-コンピュータ考古學による復元』으로 출간.

5 역주_스이코出擧는 농민에게 벼종자 등을 빌려주고 취식

외하고 추계한 양민, 전국 약 540만 명이다. 그 추계에 대해서는 다음 장에서 설명한다.

③ 촌락규모 : 상세한 수량적 데이터를 얻을 수 있는 토쿄 및 칸토 지방의 유적으로부터 각 시대의 촌락규모·인구를 추정하고 하지키문화기를 '1'로 하여 비례정수를 결정한다. 죠몬 초기는 하지키시대의 1/20, 죠몬 전기~후기는 1/7, 야요이시대는 1/3로 계산되었다.

④ 8세기의 촌락인구 : 칸토 지방의 하지키시대 촌락별 인구를 8세기 인구에 대응시켜 계산한다. 즉 '943,000명÷5,549 = 170명'이다.

⑤ 칸토 지방의 인구 : 칸토 지방의 죠몬 중기 인구를 다음과 같이 구한다.

하지키시대의 촌락별 인구(④) × 비례정수(③) × 죠몬 중기 유적 수(①) = 170명 × 1/7 × 3,977 = 96,600명

⑥ 시대별·지역별 인구 : 위와 같이 얻은 칸토 지방의 인구를 기초하여, 각 지방과 칸토 지방의 유적 수 비율로부터 시대별·지역별 인구를 계산한다.

이렇게 코야마가 추계한 지역인구와 그 합계를 앞의 〈표1〉에 나타냈다. 코야마의 추계는 홋카이도와 오키나와를 제외한 전국 45개 도부현都府縣을 아홉 지역으로 정리한 인구를 제시했다. 그런데 이 책에서는 나라

하는 것을 말한다. 스이코토出擧稻는 그것을 위한 미곡으로 일종의 조세로 인식되었다.

6 역주_수도 동서를 좌경과 우경으로 나누어 통치했다.

시대 이후의 지역구분[국國(쿠니)[7]별로 14지역]으로 조정하여 재구성했다. 코야마가 제시한 시대별·도부현별 유적 수에 기초해 지역인구를 안배하는 방식으로 지역구분을 재편성한 것이다.[8] 이에 따르면 죠몬시대의 전국인구는 초기의 겨우 2만 명에서 중기의 최성기[26만 1천 명]에 걸쳐 순조롭게 증가했지만, 중기를 지나면 반전하여 급속히 하락한다. 후[16만 명], 말기[7만 6천 명]에 인구는 현저하게 감소했다. 그 뒤로 야요이문화의 융성과 함께 일본 인구는 회복되는데, 이것은 다음 장에서 언급한다.

인구는 동고서저형

인구밀도는 동쪽이 높고, 서쪽이 낮은 형태(東高西低型)이다. 인구의 지역 차는 매우 크며 세 개의 다른 패턴을 보이고 있다. 첫 번째는 칸토[북과 남]와 츄부[호쿠리쿠·토잔東山·토카이] 그룹이다. 죠몬 중기에 이곳은 다른 지역과 비교해서 상당히 높은 인구밀도를 나타내며, 죠몬인의 주요한 생활무대가 되었다. 미나미칸토南關東는 특히 높아서, 죠몬 중기의 인구밀도는 1평방킬로미터에 5명을 넘었던 것으로 추정된다. 그러나 후기의 인구감소 경향은 매우 두드러진다. 야요이시대로 전환할 때 인구학적인 격변이 있었을 것으로 예상된다.

두 번째로 킨키, 츄고쿠, 시코쿠, 큐슈 등의 서일본이 구성하는 그룹이

---

7 역주_쿠니는 지방정부를 말한다.
8 鬼頭宏, 「메이지 이전 일본의 지역인구(明治以前日本の地域人口)」, 『上智經濟論集』41권 1·2호.

다. 서일본의 인구밀도는 죠몬시대를 통하여 일관적으로 낮았다. 그런데 중기에서 후기에 걸쳐 감소한 지역은 아니다. 말기에는 키타큐슈와 산인 山陰 이외에는 감소했지만 동일본과 비교하면 안정적이었다. 야요이시대에 들어서부터 현저하게 인구가 증가하는 지역이다.

세 번째 그룹은 토호쿠의 두 지역으로 구성된다. 중기까지 인구가 증가한 이후, 말기에 약간 감소경향이 있을 뿐, 죠몬 후기부터 야요이시대로의 변화는 완만했다.

이와 같이 죠몬시대의 지역인구는 상당히 다른 패턴을 드러낸다. 그럼에도 불구하고, 압도적 다수의 인구가 동일본에 분포하고 있었기 때문에 동일본, 특히 칸토·토잔·호쿠리쿠 지역의 특징이 전체의 경향성을 결정지었다. 죠몬 중기를 예로 들면, 동일본 7지역의 인구는 25만 2천 명으로 총인구의 96%나 점하고 있다. 이에 반해 서일본 7지역의 인구는 겨우 9,500명밖에 없었다. 동일본 인구는 격감하는 말기에도 86%를 점하고 있었다.

동일본과 서일본 사이에 가장 두드러진 인구분포의 차이는 실제로는 그다지 큰 것이 아니었을지도 모른다. 지형의 차이가 촌락 입지에서 동서의 차이를 가져오고, 그 결과 서일본의 유적 발견 확률을 낮추었을 가능성이 지적되었기 때문이다. 그러나 그러한 점을 고려해도 여전히 죠몬시대의 인구밀도가 '동고서저'였다는 것은 부정할 수 없다. 이러한 경향은 야요이시대부터 시작되는 다음 인구 순환에서 서일본 인구의 우위성이 급속히 고조되어 가는 것과 선명한 대조를 이룬다.

그러면 위에서 보아온 죠몬시대의 인구변동은 어떻게 야기되어 이러한

지역분포를 초래한 것일까? 이러한 점을 이해하기 위해서는 죠몬시대인
들의 물적 생활기반과 그것을 둘러싼 자연환경에 대해 알아둘 필요가 있
다.

2
생활과 환경의 변화

식량자원

죠몬시대의 사람들은 필요로 하는 거의 모든 에너지를 생물적 자원에서 구했다. 동식물이 식량으로 이용된 것은 물론이고, 빛과 열, 역학 에너지원은 각각 장작, 송진이나 동물성 기름, 인간 자신의 근력이었다. 그러나 바람과 냇물 등의 자연력 이용은 극히 제한적이었다. 개를 제외하고, 사육이나 식료를 위한 가축이 출현하는 것은 훨씬 뒤의 일이다. 그리고 죠몬시대 대부분의 기간 동안 채집·수렵·어로 활동을 통해 자연이 베푸는 혜택을 누리듯이 이들 에너지 자원을 이용했다. 이러한 생활양식에 기초하여 일상생활이 자연의 뜻에 따라 움직이고 있었다는 것은 상상하기 어렵지 않다.

죠몬시대의 유적에서 출토되는 동물의 종류는 매우 많다. 지금까지 500종이 넘는 동물이 이용되고 있었음이 확인된다. 한편, 의외로 식물은 적어서 상당히 정밀하게 조사해도 50종 이상의 식물이 이용된 것에 지나지 않음을 확인할 수 있다. 그러나 이것은 동물유체가 수천 년 이상을 지나 오늘날까지 남기 쉬운 것에 반해 식물유체는 부식, 분해되기 쉽기 때문이다. 따라서 실제로 이용된 식물이 그 정도에 지나지 않는다는 의미는 아니다. 유체로 잔존하기 어려운 감자류, 줄기나 잎을 이용하는 야생식물의 존재를 고려하면 실제 식품 리스트는 훨씬 풍부한 내용을 가지고 있었을 것으로 생각된다.

본래 1,000종류에 달할 것으로 여겨지는 동식물 모두가 동시에 이용되지는 않았다. 이용된 동식물의 조합은 지역과 시대에 따라 달랐을 것이다. 어느 한 죠몬인사회, 촌락에서 실제로 이용된 생물의 종류는 매우 한정되어 있었다고 할 수 있다. 또한 식용으로의 중요성도 종에 따라 각각 달랐음에 틀림없다.

메이지 초기의 히다

죠몬시대의 식품구성을 완전히 복원하는 것은 곤란하지만, 최근 두 가지 다른 접근방법이 시도되고 있다. 하나는 연결되는 자료로서 공업화 직전 시기의 야생식량자원의 구성을 조사하는 방법, 또 하나는 유적으로부터의 출토물을 직접 정량적으로 분석하는 방법이다.

첫 번째 방법은 메이지明治 초기의 히다飛驒국에 대하여 시도되었다. 히다에서는 1873년(메이지 6)에 도시와 농촌의 정町·촌村마다 지리지나 민세民勢를 조사한 보고서, 『히다斐太 후풍토기後風土記』9가 작성되었는데, 이

---

9 역주_풍토기는 주로 나라시대의 지리지, 후풍토기는 그것이 나중에 없어질까 염려하여 재편집한 것을 말한다.

가운데 물산 항목이 자료로 이용되었다. 코야마 슈조 등의 조사에 따르면 거기에는 가공품을 포함한 식품으로 176품목이 기록되어 있다. 내역을 보면 조개류 3종, 어류 18종, 양서류 1종, 조류 7종, 짐승 10종으로 합계 39종의 동물, 그리고 105종의 식물이다. 식물 가운데 재배되는 것은 56종, 야생종은 과실, 나물, 버섯을 중심으로 49종에 이른다.[10]

이렇게 메이지 초기 히다에서는 아직 생업으로 야생동식물 채집이 상당히 행해지고 있었음이 눈길을 끈다. 살펴보면 식물은 상수리, 밤, 졸참나무, 호두이며, 동물은 곰, 영양, 멧돼지, 석반어石斑魚(쥐노래미), 연어 등, 죠몬시대의 식품 리스트에 이름을 올리고 있는 것과 중복되는 종류가 많다. 이 시대에는 이미 공급 총열량에 점하는 야생생물의 역할이 그다지 높지 않게 되었다. 에너지 전 생산량의 90%는 쌀과 피를 중심으로 하는 곡류가 공급되고, 여기에 콩, 씨앗, 야채, 과일 등을 포함하는 재배작물이 전체 95%를 차지한다. 야생식품은 나머지 5%에 지나지 않는다. 그 5%의 내역은 상수리가 46%로 가장 많고, 다음이 졸참나무 22%, 밤 10%로 이들 견과류만으로 거의 80%를 차지한다. 나머지는 고사리, 칡, 녹말에서 얻어지는 전분이 4%, 그 외에는 조류나 산나물이다. 여기서 코야마는 "야생식품 품목은 죠몬의 식품 리스트와 기본적으로 일치한다. 그것을 요약하면 견과류가 죠몬시대의 대표적인 주식이었다고 할 수 있다"고 결론지었다.[11]

---

10 小山修三 外, 「히다 후풍토기에 의한 식량자원의 계량적 연구(『斐太後風土記』による食糧資源の計量的研究)」, 『國立民俗學博物館研究報告』6권 3호.

11 小山修三, 「죠몬시대의 식량(繩文時代の食糧)」, 『歷史

복원된 식량자원

그러면 죠몬시대의 유물로부터 직접 복원된 식량자원의 구성은 어떠한가?

후쿠이福井현 미카타三方정의 미카타호는 와까사만若狭灣에 접해서 이어진 미카타 다섯 호수의 하나이다. 이 오래된 호숫가에 죠몬 초기와 전기의 생활을 전하는 토리하마鳥濱패총이 있다. 니시다 마사노리西田正規는 토리하마패총의 토양을 채로 쳐서 총 75종의 식량으로 사용된 동식물 유체를 검출할 수 있었다. 이것을 정량적으로 분석한 결과, 많은 잔사량殘渣量을 보인 것은 식물로는 호두, 도토리류, 밤, 마름(물풀), 포유동물은 사슴, 멧돼지, 조개류는 야마토 재첩ヤマトシジミ, 마쯔카사 조개マツカサガイ, 말조개, 다슬기 등이었다. 이런 식품이 중요한 식량자원이 되어 '메이저 푸드'로 선택된 것이다.[12]

잔사량으로 비교하면 패총이라는 말이 나타내는 대로 조개류가 가장 많아, 중량 전체의 70~80% 이상이나 된다. 다음으로 호두, 밤, 도토리류, 마름 등의 견과류가 20~40% 정도, 그리고 나머지가 어류와 포유류이다. 그러나 에너지량으로 비교하면 먹을 수 있는 부분이 적은 조개류의 비중은 반드시 높지만은 않아서 순위가 역전한다. 저지대의 토리하마

公論』73호.

12 西田正規, 「죠몬시대의 식량자원과 생업활동－토리하마패총의 자연유물을 중심으로(繩文時代の食糧資源と生業活動－鳥濱貝塚の自然遺物を中心として)」, 『季刊人類學』 11권 3호.

패총에서도 칼로리 공급에 가장 중요한 것은, 산간 지방인 히다와 같이 호두와 도토리류 등인데 그것이 40% 이상을 차지하며, 다음으로 어류가 중요한 식량자원이라는 사실을 알 수 있었다.

연어 · 견과류형과 견과류형

야마우치 키요오는 "죠몬식 문화권의 서남부는 나무열매를 주식으로 하고, 동북부는 나무열매와 연어 두 가지가 중심이라고 여겨진다"[13]고 하는 '연어 · 송어론'을 전개하여 연어와 송어가 강을 거슬러 올라온 것이 동일본의 죠몬 인구가 많았던 하나의 원인임을 시사했다.

니시다는 이 논의를 더욱 전진시켜 겨울부터 봄에 걸쳐 보존식량자원을 무엇으로 할 것인가라는 관점에서 생업형태를 구분했다. 홋카이도 아이누족은 '연어 · 사슴형', 서일본은 '견과류형', 동일본은 그 중간 형태로 '연어 · 견과류형'이라는 것이다. 이러한 생업형태의 차이는 자연환경의 차이에서 발생한 것임은 물론이지만, 동시에 죠몬시대 중기와 후기 이후에 식물재배의 비중을 높일 것인가 아닌가의 갈림을 결정하는 하나의 열쇠가 되었다고 할 수 있다.

동일본의 '연어 · 견과류형' 생업과 비교하면, 서일본의 견과류형은 보존식량을 획득하는 데 불리했다. 니시다는 그렇기 때문에 일찍부터 식물재배의 비중을 높였을 가능성을 가지고 있었다고 추측했다. 하천으로부

---

13 야마우치, 앞의 책.

터 멀리 떨어진 중부산지에서 죠몬 중기부터 농업이 존재했다고 생각되는 것도 같은 이유에 기초하고 있을 것이다.

이렇게 생업형태에는 큰 지역 차가 존재하며, 중기 이후 농경화가 발전한 지역이 있었다는 것도 무시할 수 없는 사실이다. 그러나 죠몬시대를 통하여 견과류가 가장 기본적인 칼로리 공급원이었다는 것은 인구분포를 생각하는 데에 중요한 포인트가 아닐까 한다.

기후와 식생-전기·중기

1만 년 정도 이전에 일본열도의 연평균 기온은 현재보다 약 2도 가량 낮았다고 한다. 그러나 그 당시부터 기온은 온난화하기 시작하여 6천 년 전에는 현재보다 1도 이상 높아졌다. 현재 연평균 기온이 15도인 토쿄를 기준으로 하면, 그것은 4천 년 동안 북쪽에 연평균 기온이 토쿄보다 1.5로 낮은 니카타新潟시로부터 남쪽에 1.5로 높은 코치高知시 부근으로 위치를 움직인 것과 같은 변화였다. 죠몬문화는 이 기후의 온난화와 함께 전개되고 있었던 것이다. 기후변화는 인구에 어떻게 영향을 끼쳤던 것일까? 꽃가루 분석으로 재현된 죠몬시대 식물생태의 변화를 통하여 생각해보자.[14]

현재 일본열도에는 낙엽광엽수림대가 평야부에서는 북위 38도 정도를 하한으로 분포하며, 내륙산지에서도 중부 지방으로부터 동쪽으로 분

---

14 安田喜憲, 『環境考古學事始』

포하고 있다. 그보다 서쪽 혹은 남쪽에는 조엽수림대照葉樹林帶가 우세하다. 그러나 지금보다 한랭한 죠몬시대 초기의 전반, 9천 년 전에는 조엽수림이 보소房總로부터 서쪽의 연안부와 큐슈에 한정되어 분포하고 있었으며, 본토의 대부분은 낙엽광엽수림으로 덮여 있었다. 게다가 비교적 온난해진 온난대 광엽수림대는 칸토 서쪽 지방의 평야부와 노도能登반도 이남의 연안부에 한정되었다. 나머지 대부분은 너도밤나무ブナ를 중심으로 하는 냉온대 낙엽광엽수림이 월등히 많았다.

그 후, 기후의 온난화가 진행되어 냉온대 낙엽수림은 후퇴하여, 가장 기온이 상승했던 6천 년 전의 죠몬 중기에는 동북 지방 북부와 중부 산악부를 제외한 본토 이남으로는 그다지 분포하지 않게 되었다. 냉온대 낙엽수림에 대신하여 세력을 뻗친 것은, 중부 지방 동쪽으로는 졸참나무와 밤나무를 중심으로 하는 온난대 낙엽수림, 서일본에서는 떡갈나무樫, 모밀잣밤나무椎가 무성하게 자라는 상록의 조엽수림이었다. 현재보다 높은 평균기온으로 보자면 조엽수림은 더욱 세력을 확대해도 될 법하지만, 기온의 큰 연교차와 겨울의 추위 때문에 동일본으로 발달하는 것이 저지되었다고 한다.

죠몬시대 중기 동일본의 인구증가와 인구분포는 이러한 산림대의 형성과 밀접한 관계가 있었다. 죠몬인의 주요 칼로리 공급원이었던 견과류는 냉온대수림으로는 물참나무ミズナラ, 호두나무, 상수리나무, 개암나무ハシバミ로부터 얻을 수 있고, 난온대수림에서는 졸참나무, 밤나무로부터, 조엽수림에서는 떡갈나무, 모밀잣밤나무로부터 얻을 수 있었다. 그리고 나무열매의 생산량은 조엽수림보다도 낙엽수림에서 압도적으로 많았다.

특히 난온대수림인 밤, 졸참나무의 생산성이 높다고 알려져 있다. 죠몬 중기의 칸토, 츄부 지방에 나무열매의 생산력이 큰 난온대 낙엽광엽수림이 발달해감으로써, 하천을 거슬러 올라오는 연어를 이용할 수 있었을 뿐만 아니라, 그 지방의 높은 인구밀도를 지탱할 수 있었던 것이다. 바다에서 멀리 떨어진 츄부 산악부도 수렵채집민으로서는 이례적으로 높은 인구밀도를 추측할 수 있는데, 난온대수림과 냉온대수림 양쪽에 접해 있었다는 것이 그 근거다.

산나이마루야마三內丸山15 유적으로 대표되는 고도의 죠몬문명은 산과 바다의 혜택이 풍요로운 환경 속에서 자라났던 것이다.

---

15 아오모리靑森시에 있다.

기후와 식물생태 — 후기·말기

4500년 전부터 기후는 다시 한랭화하기 시작하여 2500년 전의 연평균 기온은 현재보다 1도 이상 낮아졌다. 그 전의 온난기보다 3도나 떨어졌다. 기후 한랭화가 식물생태에 끼친 영향은 서일본보다 동일본에 더 강했던 것 같다. 동일본의 고밀도 인구를 지탱해 오던 난온대 낙엽수림은 현저히 축소되고, 내륙부에서는 냉온대 낙엽수림이 월등하게 번성했다. 그러나 칸토로부터 서쪽의 평야부에는 그때까지 답보상태에 있던 조엽수림이 한꺼번에 세력을 확장시켜갔다.

동일본에서 일어난 기후변동으로 식물생태가 교체됨으로써, 그때까지 좋은 환경에서 포화상태에 가까운 수준에 달해있던 칸토~츄부 지방의 인구는 커다란 타격을 받았다. 중기부터 말기에 걸쳐 미나미칸토와 토잔에는 90% 이상, 호쿠리쿠에도 80%나 감소해버렸다.

그런데 동일본의 인구격감과 상반되게 서일본에서는 감소는커녕 중기부터 후기에 걸쳐 2배로, 인구가 격감하는 말기까지도 1.5배로 증가했다. 여기에는 기온저하의 효과가 서일본에서는 타격적이지 않았다는 이유도 있지만, 생활기반에 중대한 변화가 발생했다는 데에도 원인이 있다고 여겨진다. 죠몬 후기와 말기에 감자, 콩, 잡곡을 내용으로 하는 화전농경이 수용되고 있었다는 점이다. 이 농경문화는 대륙에서 도래한 사람들이 가져온 '조엽수림照葉樹林 화전농경문화'였다.[16] 당시 서일본은 조엽

16 佐佐木高明,『稻作以前』

수림이 세력을 확장하고 있을 때였으며, 화전농경문화를 받아들이기에 절호의 환경이었던 셈이다.

동일본의 인구붕괴

죠몬시대 후반의 칸토 및 츄부 지방 인구감소는 천년 이상이나 긴 시간 속에서 일어났다고 해도, 또한 그 결과로 초래된 인구밀도가 여전히 서일본의 수준보다 높다고는 해도, 그것은 매우 큰 사건이었다. 원인이 기후변화라고 한다면 어떻게 그렇게 된 것일까? 혹은 달리 무슨 중대한 원인이 있었던 것일까?

이 문제를 검토한 오이카와 아키후미及川昭文와 코야마 슈조小山修三는 칸토 지방에서 다른 지역으로 인구가 이동했다는 설을 후퇴시키고, 기후 악화, 그리고 그것과 독립하여 혹은 그것과 관련하여 유행한 역병에서 인구붕괴의 원인을 찾고 있다.[17] 오이카와와 코야마의 가설은 다음과 같이 정리할 수 있다.

죠몬시대 전반의 기후 온난화로 인해 칸토와 츄부 지방의 인구는 중기까지 환경의 인구지지력(인구부양력)이 극한의 한계점에 도달해 있었다. 그러한 상태에 있을 때에 기후 악화가 일어나면 우선 동물생태에 영향이 나타난다. 그리고 생산력의 저하에도 불구하고, 한층 더 환경으로부터 많은 것을 끌어내려고 하기 때문에 환경의 악화 내지는 파괴가 가속화하

17 Oikawa & Koyama, "A Jomon Shellmound Database", *Senri Ethnological Studies*, 9.

고 만다. 동시에 죠몬시대 후반에는 대륙에서 새로운 문화를 가진 사람들이 건너왔는데, 죠몬인에게 면역성이 없는 새로운 질병도 따라 들어왔다고 추측된다.

역병은 미국 원주민 사회에 천연두나 홍역이 번진 것과 같이 수많은 죠몬인의 생명을 앗아갔을 것이다. 게다가 그것은 해안을 따라 확산되어 인구가 조밀한, 그리고 영양상태가 악화되고 있던 칸토 지방에 맹위를 떨쳤을 것으로 여겨진다.

앞의 설명은 아직 추측에 지나지 않는다. 역병학적 조사나 고인골古人骨, 고생태古生態 연구가 장래에 정확한 사실을 밝혀줄 것으로 기대된다. 그렇지만 이 설명은 여전히 설득력 있는 가설이다.

3
죠몬시대의 고대인구학

뼈를 읽는다

묘지, 패총, 붕괴된 주거유적에서 출토된 인골은 죠몬시대의 인구현상을 단적으로 말해주는 자료이다. 보존상태가 양호한 출토인골에서 우리는 그 체격, 성별, 사망연령, 생전의 영양상태, 병력이나 사망원인 등에 대해 알 수 있다. 주로 출토인골에 기초하여 옛 시대의 인구현상을 연구하는 분야를 '고인구학古人口學'이라 부른다. 이렇게 오래된 뼈를 읽어내는 작업에서 얻어진 성과로부터 죠몬인의 일생을 재구성해보도록 하자.

코바야시 카즈마사小林和正는 전국 각지의 죠몬 유적에서 출토한 인골의 사망연령을 추정하고 있다.[18] 어린 뼈는 잔존하기 어렵기 때문에, 정확한 연령별 사망비율을 계산할 때에 방해가 되는 추정 15세 미만의 인골은 제외되었다. 성별과 연령의 추정이 가능한 것은 죠몬 전기에서 말기까지 인골 235구로, 남자 133구, 여자 102구이다.

---

18 小林和正, 「人口人類學」, 『人類學講座11 人口』

남녀 어느 쪽이든 시기에 따른 사망연령분포에는 통계학적으로 유의미한 차이가 인정되지 않았기 때문에, 성인의 사망 질서는 죠몬 전기에서 말기까지 오랜 기간에 걸쳐 큰 변화는 없었던 것으로 여겨졌다.

15세 이상으로 추정되는 개체의 사망연령을 보면 남자는 만 30~34세에서 피크를 보이고, 여자는 20~24세에 피크를 보여 사망연령에 남녀간 차이를 나타낸다. 아마도 출산에 관련된 사망이 그러한 차이를 낳은 것이 아닐까 한다. 남녀 모두 현대와 비교해서 사망연령이 현저히 낮고, 20대의 사망이 거의 반수를 점하고 있다. 50세까지 생존한 사람은 적고, 60세 이상 고령인 자는 극히 드문 존재였음을 알 수 있다.

표2 · 죠몬시대 전기~말기의 평균여명

연 령	남	여
15 세	16.1 년	16.3 년
20 세	12.6 년	13.1 년
25 세	9.9 년	11.1 년
30 세	8.1 년	10.1 년
35 세	7.6 년	10.1 년
40 세	5.7 년	8.7 년
45 세	5.3 년	6.5 년
50 세	5.1 년	5.3 년
55 세	4.8 년	4.3 년
60 세	4.2 년	3.6 년

* 출처 : 小林和正, 「출토인골에 따른 사망연령의 연구出土人骨에 よる死亡年齢の研究」, 『人類學講座11 人口』, 雄山閣出版.

단명사회

연령별 사망 수에서 도출되는 평균여명平均餘命19은 죠몬인이 단명이었음을 한층 명료하게 보여준다. 코바야시가 작성한 생명표生命表20 〈표2〉에 따르면, 15세일 때의 여명은 남자 16.1세, 여자 16.3세밖에 안 된다. 15세까지 생존한 남녀도 평균하면 31세 정도에는 죽고 만다는 것이다. 15세 때의 여명이 남자 63세, 여자 69세인 1998년도 간이생명표簡易生命表21와 비교하지 않더라도, 40세 전후인 에도시대 후기와 비교할 때 놀랄 정도로 단명인 사회였다.

자료상의 문제로 배제되었던 15세 미만의 사망을 고려하면 더욱 놀랄 만한 수치가 된다. 연소인구의 인골은 토양 속에 용해되어 잔존하기 어

19 역주_평균수명은 어느 시기 전체 사망연령의 평균을 말하나, 평균여명은 앞으로 얼마나 더 생존하는가를 나이대별로 평균하여 나타내는 것을 말한다. 따라서 평균수명은 출생 시의 평균여명이라고 할 수 있다.

20 역주_사망 상황을 관찰하여 연령별, 인구별, 남녀별, 직업별 따위로 분류하여 생존율, 사망률, 평균여명 등을 나타낸 통계표이다. 현대에는 보통 국세조사에 따른 사람의 수명 측정방법의 하나로서 동일연령자(보통 0세)의 한 집단(보통 10만 명)을 취하고, 그 후 각 연도 초의 생존 수와 그 연도 중의 사망 수, 이것에서 산출되는 각 연도의 생존율·사망률 및 평균여명 등의 생명함수를 열기한 표가 만들어진다.

21 역주_국민생명표 중 추계인구를 기초로 통계를 간략히 하여 연령계층별(5·10세 등)로 생명함수를 산출한 것으로, 시간과 노력을 절약하기 위해 고안되었다.

렵고, 비교적 조건이 좋은 출토 사례에서도 모든 인골의 50% 정도를 점하는 데에 지나지 않는다. 그러나 후대의 사례를 감안하면 죠몬시대에 15세까지 생존하는 비율은 그보다 훨씬 낮았다고 여겨진다. 히시누마 시게카즈菱沼從尹는 위의 생명표에 기초하여 출생할 때의 여명을 남녀 모두 14.6세로 추정했다.[22]

수렵채집민으로서 죠몬인의 평균여명이 특별히 짧았다는 것은 아니다. 세계 각지의 수렵채집민은 거의 비슷했다. 자연조건에 강하게 의존하는 불안정한 생활기반이 단명의 원인이었다고 할 수 있다.

인구 재생산과 생산력

죠몬시대의 극단적으로 짧은 수명은 현저히 높은 영유아사망률嬰幼兒死亡率[23]에도 기인한다. 이러한 사회에서는 인구증가는 고사하고, 그저 인구를 유지하기 위해서라도 생물학적 상한에 가까운 출생률이 실현될 필요가 있었다. 어느 정도의 출생률을 얻으면 한 사회의 인구를 유지할 수 있는가, 즉 인구 재생산이 가능한가? 간단히 계산해보자.

여성이 15세부터 평균여명까지 16년간에 걸쳐 2년에 한번씩 출산한다고 하자. 생애 출생 수는 8명이다. 출생성비出生性比를 105로 하고[24] 여아

---

22 菱沼從尹, 『수명의 한계를 찾아서(壽命の限界をさぐる)』
23 역주_출생한지 1년이 넘지 않는 아이를 영아嬰兒, 2세~5세의 아이를 유아幼兒라 한다.
24 역주_출생 여아 100에 대한 남아의 대비율.

의 평균출산연령인 23세까지의 생존율을 26% 이상으로 하면, 한 여성이 다음 대의 모친이 될 수 있는 여아를 한 사람 이상 얻을 수 있는 것이 된다. 그러면 인구 재생산은 가능하다. 이 생애 출생 수 8, 평균출산연령까지의 생존율 26%, 출생 시 여명 14.6세라는 수준은 정지인구靜止人口[25]를 실현하는 조합에 가깝다. 그 경우의 보통출생률普通出生率[26]은 인구 1,000에 대해 60 이상이 된다.

그러나 이것은 상당히 낙관적인 예상이라 하지 않을 수 없다. 15세부터 16년간 2년에 한번 출산, 즉 연간출생률年間出生率 '0.500'이라는 수준을 유지하는 것이 그렇게 쉽지만은 않기 때문이다. 리글리E. A. Wrigley[27]는 출산 후의 불임기간, 새로운 임신까지의 기간, 유산으로 잃어버린 기간, 임신으로부터 출산까지의 기간을 장단기 두 가지의 가정을 가지고 누계하여, 각각 짧아야 16.5개월, 길어야 31.5개월로 계산했다.[28] 그러나 그는 현실사회에서 이 하한과 상한 양쪽 모두 너무 짧다고 생각하고 있다. 특히 하한인 16.5개월은 너무 짧다. 아무리 짧아도 평균출생간격은 20개월을 내려가지 않는다는 것이다. 죠몬인이 생리적으로 후대의 인

25 역주_해마다 남녀별·연령별 출생률과 사망률이 일정하여 인구의 증가율이 0이 되어 늘거나 줄거나 하지 않는 인구.
26 역주_보통출생률은 1년 동안 출생 수의 그 해 연앙인구 −7월1일의 인구−1,000에 대한 비율. 조출생률이라고도 한다. 그냥 출생률이라 하면 16~50세의 가임여성 인구에 대해 그들이 낳은 출생자 수의 대비율을 말한다.
27 혹은 Tony Wrigley라고도 한다. 1931년생.
28 『인구와 역사(人口と歷史)』.

간과 크게 다르지 않다면 0.500이라는 출생률은 인간 출산력의 상한에 가까울 것이다. 영양상태, 노동, 환경 등 여러 측면에서의 열악한 조건 가운데 그러한 높은 출산력 수준이 장기간에 걸쳐 유지될 수 있었을까?

단지 인류학 연구는 높은 출산력이 정말 실현되었을 가능성을 혼인제도의 측면에서 시사하고 있다. 시뮬레이션 실험으로부터 볼 때 일부일처제가 아니라 일부이처와 같은 복혼제複婚制를 취할 경우에는 석기시대 인구는 확실히 증가할 수 있다고 한다. 그리고 붕괴된 주거유적에서 출토된 인골이나 매장방법을 면밀히 검토한 결과, 죠몬시대에는 복혼제를 취한 가족이 드물지 않았다고 주장한다.[29] 또한 고인구학의 입장에서 코바야시의 죠몬시대 생명표를 음미한 코이즈미 키요타카小泉淸隆는 출토인골에 기초한 연령추정의 오차가 생명표에 나타나고 있다는 점에서 평균여명을 재음미할 필요가 있다고 지적했다.[30]

어느 경우든 죠몬시대의 장기적인 인구증가는 웬만큼 환경조건이 양호하지 않으면 실현 불가능하며, 양호할 때에도 증가율이 20세기 인구폭발에 필적할 정도로 컸다고는 생각하기 어렵다. 죠몬 전기부터 중기에 걸친 천년 정도 사이에 연평균 증가율은 기껏해야 0.1% 정도밖에 되지 않았다.

또한 문화사적으로 보아도 중요한, 해외로부터의 유입과 국내에서의 인구이동에 대해서는 자료가 너무나 빈궁하기 때문에 정확한 것은 알 수

---

29 春成秀爾, 「죠몬시대의 복혼제에 대하여(繩文時代の複婚制について)」, 『考古學研究』67권 2호.

30 「古人口論」, 『岩波講座日本考古學2 人間と環境』.

없다. 인골의 형태로 보아서 해외로부터의 이주가 있었다는 사실은 확실하다. 그러나 그렇다고 해도 그러한 사실이 대다수의 죠몬시대인의 유전적 형질을 변경시킬 정도의 규모는 아니었다. 오히려 그들은 유전적으로 연속성을 갖는 집단이었다고 알려져 있다.

제2장

도작농경국가의
성립과 인구

1
초기의 인구조사와 인구추계

제2의 물결

기원전 3세기경 큐슈 북부에 새로운 문화가 일어나 그것이 각지에 확산됨에 따라 일본인 생활사에 지대한 전환이 일어나게 되었다. 도작稻作, 즉 벼농사를 수용하고 그것에 기초하여 국가를 형성하는 것이 전환의 내용이다. 동시에 '문명화'는 인구학적 측면에서도 하나의 시대를 구분하게 되었다.

야요이문화의 발전과 함께 일본의 인구는 급속한 증가를 보여 제2의 인구 순환이 시작되었다. 이 인구성장은 천년 정도 계속된 뒤에 8세기를 지날 때쯤에 성장이 둔화하고, 11세기 이후가 되자 농경문명 초기의 인구 순환을 한 바퀴 완료하게 되었다. 이 시대에는 인구조사나 인구자료의 측면에서도 비약적인 발전이 보인다. 거기서 우선 이 이야기부터 꺼내보도록 하자.

초기의 호구조사

매년 가을이 깊어가서 문화의 날이 다가올 즈음에 나라奈良의 쇼소인正倉院에서는 서고를 개봉하여 여기에 전해져 오는 유물 일부를 나라국립박물관에서 일반에게 전시한다. 그 가운데 반드시 한 가지, 현존하는 가장 오래된 호적戶籍—더구나 종이에 쓰인 현존 최고의 문서이기도 하다—을 우리 눈으로 직접 구경할 수 있다. 702년(다이호大寶 2)의 치쿠젠筑前, 토요마에豊前, 미노御野(美濃로도 씀) 등의 여러 지역에서 제출된 호적의 일부가 그것이다.

노랗게 변색했지만 폭이 넓은 채색지에 단정한 글자로 쓰인 호적 단편은 글자 위에 날인된 커다란 주인朱印으로 돋보여 훌륭한 예술작품이라 해도 좋을 정도이다. 천년 이상이나 오래된 가족생활을 눈에 보일 정도로 간직해온 이 한 점의 호적 때문에 낙엽진 고도를 방문하는 것도 풍취가 있는 것이다.

쇼소인에 전해져오는 이 호적은 율령제도律令制度에 기초하여 만들어졌는데, 기록에 의하면 이보다 훨씬 이전부터 호구조사가 실시되고 있었음을 알 수 있다.

농경화와 함께 사회집단의 규모가 커지고, 지역적 통합이 진행하여 국가형성의 과정에 들어가자 위정자가 인민을 통치하기 위한 수단으로 호구조사가 필요하게끔 되었다. 사서에 나타나는 가장 오래된 사례는 『일본서기日本書紀』 스진천황崇神天皇 12년 9월조에 보인다. 거기에는 '처음으로 인민을 조사하고 또한 요역을 부과한다'[1]고 되어 있다. 즉 이때에 처음으로 호구조사가 행해지고 나아가 역이 부과되었던 것이다.

야마토大和 조정에 의해 국가적 통일이 진행된 킨메이천황欽明天皇 원년
(532) 8월에는 중국의 진秦과 한漢으로부터 도래인을 소집하여 안치시키
고 호적을 편성했다는 기사가 『일본서기』에 있으며, 이때에 진秦인의 호
수가 7,053호를 헤아리고 있다. 또한 같은 30년(561)과 다음 대인 비다
츠천황敏達天皇 3년(574)에는 황실직할령인 미야케屯倉 주민[전부田部]의 인
구조사와 호적편성이 기록되어 있다. 이러한 기사로부터 초기의 호구조
사와 호적이 어떠한 것인지 알 수 없으나, 국가형성이 진전하여 사회의
규모가 크게 복잡한 구성이 되어감에 따라, 필요에 응하여 호적을 작성
하고 공조貢租와 노역을 부과하게끔 되었다는 것을 알 수 있다.

경오년 호적

처음으로 전국적인 호적이 작성된 것은, 타이카大化 개혁 다음해에 공
포된 개신칙령에 따라 텐치천황天智天皇 9년(670)에 실행되기에 이르렀다.
이때에 작성된 호적은 간지를 따서 '경오년적庚午年籍'이라 불렸으며, 씨
성氏姓을 바르게 하는 기본대장이다. 의무적으로 영구 보존하도록 했는
데 현존하지는 않는다. 경오년 호적을 효시로 690년에 두 번째의 대대적
인 호적작성이 행해진 듯하다. 이 해를 기점으로 6년마다 내용을 고치는
율령제적 호적작성이 시작되었다.

1 『日本思想大系』, 岩波書店.

율령제도에 근거하여 호적은 반전수수班田收授2 및 징세, 징병을 하는 기반이 되었다. 따라서 호적에는 호주와 그 가족의 성명, 연령 이외에도 가족관계, 신체적 특징 등도 주를 달아 상세한 내용을 가지고 있었다. 그 때문에 호구조사와 호적작성에는 고도의 필사능력을 갖춘 공무원과 강력한 행정력이 필요했다. 일국 내에 어떠한 주민이 어느 정도 어떻게 거주하고 있는지를 파악하는 것은 통치를 위해 기본적인 과제였다. 그러나 그것을 가능하게 하기 위해서는 이러한 전제조건 외에도 주민은 적어도 자신의 연령을 알고 있는 것이 바람직하며, 조사를 실행하기 위한 방대한 비용부담을 견뎌내는 국가재정도 필요했다. 현재에도 여전히 많은 개발도상국에서 인구동태 파악이 급무임에도 불구하고 정확한 센서스(인구조사)를 실시하기 곤란한 이유가 여기에 있다.

호적제도의 붕괴

7세기 후반에 시작된 호적제도는 결국 오래가지 못했다. 824년까지는 거의 6년에 한번씩의 호적작성이 지켜져서 그것에 기초하여 반전수수가 행해진 듯하다. 그러나 그 해를 끝으로 전국에서 일제히 벌어지는 호적작성은 더 이상 행해지지 않았다. 현존하는 호적은 1004년, 계장計帳3은

---

2 역주_토지를 나누어 주고 거두어들이는 제도로, 분급 받은 토지는 과세대상이 되어 수확의 일부가 조세로 징수되었다. 중국의 균전법 영향을 받은 것으로 여겨진다.

3 역주_역의 부과를 위해 호구의 구수, 연령, 용모, 과세 여부 등을 제출시켜 집계, 통합한 기록이다.

1120년경의 것이 마지막이다.

9~10세기에 작성된 호적은 부과되는 호구만을 기록한다든지 조세를 기피할 목적으로 연령이나 성별을 허위 기재하는 경우가 많아져서 완전히 형식적으로 되고 말았다. 앞에서 설명한 바와 같은 조사기술, 행정능력이 충분하지 않은데다가, 대대적인 조사를 가능하게 하는 정치권력이 흔들려 사회체제 자체가 율령제적 토지제도를 부정하는 것으로 변질되어 갔기 때문에, 호적제도도 붕괴되지 않을 수 없었던 것이다.

추계인구

율령국가의 손에 의해 호적이 작성되었다고는 해도 그 집계결과가 전해져 오는 것은 아니어서 위에서 말한 여러 사정에 따라, 호적부에서 직접 인구를 알 수도 없다. 또한 6세기부터 8세기의 인구로서 쇼토쿠태자 聖德太子나 교키行基4가 세었다고 하는 전설적 인구 수가 몇 개 전해져오고는 있으나, 대부분은 불교사상에 기초한 가공의 수치여서 실제 인구 수로 채용할 수는 없다. 여기서도 역시 역사인구학의 손을 빌릴 수밖에 달리 방법이 없을 듯하다. 그러한 시도 가운데 검토할 만한 몇 가지 추계인구를 제시해 보기로 한다.

우선 앞의 〈표1〉에 나타난 야요이시대 인구 59만 5천 명은 앞장에서 설명한대로 촌락유적의 분포를 근거로 도출한 것이다.

---

4 역주_나라시대의 승려. 백제계 도래인의 말예라 함.

다음으로 3세기의 야마다이邪馬台국 시대 인구에 대해서이다. 『위지왜인전魏志倭人傳』에 있는 야마다이국 이하 29개국의 호수로부터 180만 명 이상이었다고 추계할 수 있다. 같은 책에는 야마다이국 이외에 7개국의 호수가 쓰여 있으며 그 합계는 15만 9천여 호가 된다. 1호당 인원을 어느 정도로 추정할 것인가가 문제이지만, 3~5세기의 주거유적으로부터 추정되는 세대世帶 규모를 참고로 그것을 10명으로 한다면, 8개국 인구는 159만여 명이 된다. 호수 기재가 없는 시마斯馬국 이하 21개국의 호수를 각국 1,000호로 가정하여 더하면 왜인전 29개국의 총인구는 180만여 명이 된다. 그러나 이들 지방은 서일본에 위치하고 있으며 동일본의 인구가 포함되어 있지는 않다. 동일본 인구를 죠몬 말기부터 야요이시대로의 증가율을 가지고 추계하여 거기에 더하면 당시의 인구는 220만 명 내외라고 봐도 좋을 것이다.

8세기의 추계인구에는 사와다 고이치澤田吾一에 의한 것이 잘 알려져 있다. 코야마가 죠몬·야요이시대의 인구를 추계할 때에도 이용하고 있으며 나라시대의 인구를 논하는 경우에 피해갈 수 없는 중요한 업적이다.

사와다는 1927년에 역작 『나라시대 민정경제의 수적 연구奈良朝時代民政經濟の數的研究』를 저술하여 그 가운데 몇 가지 방법으로 나라시대 인구의 추계를 시도하고 있다. 중심이 되는 것은 코인弘仁(810~823년) 연간의 코인주세식弘仁主稅式5에 기재된 출거도수出擧稻數6를 기준으로 하는 방법이

---

5 역주_820년에 성립. 슈제主稅는 조세회계를 말한다.
6 역주_이식을 위해 빌려주는 미곡의 수.

다. 추계의 과정을 요약, 제시해 두도록 한다.

① 과정수課丁數·출거도비出擧稻比 : 사와다는 우선 출거도수가 여러 지방
의 과정수7에 비례함을 밝힌 다음에, 수치를 판명할 수 있는 무츠陸奧
국의 815년弘仁6 과정수 [정정正丁 및 차정次丁8]와 코인주세식에 기록되
어 있는 무츠국 출세 미곡수의 비율을 구했다.
② 각 지방 과정수 : 앞의 무츠 지방 과정수와 출거도의 비율을 각국에
적용하여 출세 미곡수에 곱해 지방별 과정수를 산출한다.
③ 지방별 인구 : 이 과정수를 미리 호적·계장 단편에서 구한 8세기 후
반의 과정수 및 인구비로 나눔으로써 각 지방의 인구를 산출한다.

단지 코인 출거도는 무츠국 이하 43개국에 대해서만 얻을 수 있기 때
문에, 토카이도東海道 여러 지방과 오미近江에 대해서는 한참 시대가 내려
간 엔기 연간 주세식延喜主稅式(927년 성립)의 출거도수를 이용했다. 또한
어떤 수치도 얻을 수 없는 키나이畿內 5개국과 시마志摩, 쓰시마對馬, 다네
多禰[다네가시마種子島], 좌우경左右京의 인구는 별도로 추계되었다.
이렇게 해서 얻은 인구는 560만 명으로 추계된다. 또한 무츠국 이하
43개국에 대해서도 엔기벼延喜稻로 통일할 경우에는 557만 명이 된다. 양
자의 평균은 559만 명이지만 사와다는 이것을 대략적으로 계산하여 560
만 명을 나라시대-8세기-양민인구良民人口로 보았다. 여기에 출거도에

---

7 역주_부과대상인 15~59세의 인구 수.
8 역주_노인과 가벼운 장애가 있는 자.

반영되어 있지 않은 부랑민, 노비奴婢, 잡호雜戶를 더하면 총인구는 600
만~700만 명이 된다고 했다.

사와다의 추계는 대체로 타당한 것으로 받아들여져 왔는데, 문제가 없
지도 않다. 우선 양민 이외의 인구 및 탈루 인구를 40만~140만 명(7~
25%)으로 견적을 보는 것은 다소 과대한 추계라고 할 수 있을지도 모른
다.

그런데 이바라기茨城현 이시오카石岡시 카노코鹿の子 C유적에서 히다치常
陸국 인구를 기록한 칠종이[칠지문서漆紙文書]가 발견되어 사와다의 추계를
다시 보는 계기가 되었다. 이 문서에 엔레키延暦(782~806년) 연간의 히다
치국 인구가 기재되어 있음을 알게 된 것이다. 22만 4천, 혹은 24만 4천
으로 해독되는 인구는 사와다가 추계한 히다치국 인구, 즉 엔기벼로 추
계한 216,900명에 근접해 있다. 거기서 카마다 모토카즈鎌田元一는 사와
다가 추계한 것은 8세기 인구가 아니라 헤이안平安시대 인구로 간주할 수
있다고 결론지었다.[9] 그리고 사와다 추계에 대신하는 8세기 전반 나라
시대 인구를 추적했다. 카마다는 현존하는 호적장부 등에서 향鄕[10]별 양
민인구를 1,052명으로 추정하고 거기에 전국을 향수 4,041개로 곱했다.
그것은 425만 명이 되므로, 거기에 7만 4천 명으로 추정되는 수도 헤죠
쿄平城京의 인구와 양민의 4.4%로 추정되는 천민 인구 187,050명을 더하
면 전국인구는 451만 명이 된다. 카마다는 이에 따라 8세기에 정부가 장

9 鎌田元一, 「일본고대의 인구에 대하여(日本古代の人口に
ついて)」, 『木簡研究』6號.

10 역주_율령제에서 군 단위 아래에 있는 행정단위. 촌락의
집합체로 여겨진다.

악한 인구를 500만 명 정도라고 보고 있다. 본서는 이 새로운 추계를 8세기 전반의 인구, 계산상으로는 725년의 인구로 채용했다. 단지 카마다는 국國[쿠니]별 인구를 산출하지 않는다. 따라서 10세기 초기의 쇼헤承平(931~938년) 연간에 성립한 『화명류취초和名類聚抄』11에 기재된 각국 향수鄕數[석고수]를 이용했다. 이 향수에 향 평균 양민인구 1,052명을 곱하고 거기에다 천민 인구[양민의 4.4%]를 더하여 당시의 국별 인구를 추계한 것이다.

카마다는 엔레키 시기 히다치국 인구에 기초해서 헤이안시대의 전국 인구에 대하여 두 가지의 참고수치를 계산했다. 첫째는, 히다치 인구로부터 계산된 1향 인구 1,464명 내지 1,595명을 전국의 향 4,041개에 곱하여 얻은 인구, 592만 내지 645만 명이다. 둘째로, 사와다가 행한 것처럼 히다치의 인구와 엔기 연간의 출거도비를 전국의 출거도수에 곱하여 얻은 인구, 532만 내지 580만 명이다.

이 책에서는 나라 말기에서 헤이안 초기, 계산상으로는 800년의 인구로 사와다 추계를 사용한다. 앞에서 말한 바와 같이, 본래 사와다는 나라시대의 인구를 추계하려 했던 것인데, 카마다는 이것을 '나라 말기에서 헤이안 초기의 인구'로 간주해야 한다고 지적하고 있기 때문이다. 본 추계에서는 사와다가 20만 명이라 한 수도 헤쿄쿄 인구에 대신해서 헤이안쿄平安京 인구를 12만 명으로 하여 계산했다. 카마다의 전국인구추계와 비교하여 4% 과대, 혹은 15% 과소한 수치이다. 부랑자나 탈루한 자들을

11 화명초和名抄

고려하면 전국인구는 600만 내지 650만 명이 될 것이다.

인구추계의 한계

호적제도가 형식적일 뿐이었던 9세기 이후의 인구는 더욱 막연하다. 이 시대가 되면 각종 토지면적田積 기록이 전해지는데, 이것에 근거한 인구추계가 몇 가지 있다. 그러나 경지면적 자체의 신빙성에 의문을 갖게 되는데다가 추계방법에 문제가 있는 경우도 많다. 일례를 든다면 803년 집고도集古圖에 기재된 81만 정보와, 쇼헤이承平 연간에 성립한 『화명초和名抄』에 전하는 86만 정보에 근거하여, 각각 전국인구를 811만 명, 863만 명으로 추계한 것이 있다.[12] 이것은 전적[논밭의 면적] 1단보段步[13]에 대해 인구 1명을 부양할 수 있는 것으로 계산을 적용하여 끌어낸 수치이다. 그 근거는 16세기 중기에서 17세기 전기에 걸쳐 이요伊豫의 토호인 도이세이료土居淸良[14]의 내력을 기록한 『청량기淸良記』에 기재되어 있다. 그러나 토지 이용이 아직 조방적이고, 많은 휴경지를 필요로 한 9~10세기에 이 인구와 토지면적 비율을 적용하는 것은 무리가 있다고 하지 않을 수 없다. 위의 추계인구는 상당히 과대평가되었다고 생각해도 좋을 것이다.

『화명초』에 근거한 토지면적과는 다른 방법으로 추계된 인구가 또 있

---

12 大森志郎, 『쌀 이야기(米の話)』.

13 땅 넓이의 단위로 1단보는 남한에서는 300평으로 991.74㎡에 해당한다.

14 역주_도이 미즈나리水也를 말함.

다. 그것은 반전수수班田收授15의 규정에 기초하여, 남녀를 섞은 일인당 분급 면적을 1.6단보段步로 하고, 분급을 받을 수 없는 6세 미만 인구를 그 이상 인구의 16%로 계산하는 것으로, 이렇게 하여 얻은 10세기 초두의 전국인구는 수도인구 25만을 더하여 644만 명이 된다.16 반전수수제도가 붕괴하고, 장원제莊園制가 전개되고 있던 시기에 대해 분급 토지의 면적에 기초를 둔 방법이 타당한지 아닌지는 의문이다. 본래 논에 의존하지 않는 인구집단에 대해서는 추계 대상이 되지 않았다. 그러나 현시점에서 다른 수단이 없는 이상, 임시로 이 방법을 사용하여 추계해 두도록 한다.

헤이안시대 초기, 계산상으로는 900년의 인구로써 『화명초』에 기재된 국별 토지대장[전적田籍]에 기초한 1정보町步당 인구를 곱하는 방법으로 추계했다. 단지 명백히 의심스러운 수치가 기재되어 있는 지역에 대해서는 수정을 가했다. 남녀 합하여 분급 면적을 1인당 1.6단보, 6세 미만 인구를 그 이상 인구의 16%로 해서 계산하면, 전국인구는 644만 명이 된다. 이 시대에 관해서도 수도 헤이안쿄 인구를 12만 명으로 가정했다. 이것은 반전수수제도의 규정에 논이 어느 정도 인구에 대응할 수 있었는가 하는 수준을 나타낸다. 그것을 '부양가능인구'라 해도 좋다.

『화명초』 토지면적은 향명鄕名과 함께 9세기 전반의 것이 아닐까 추정

---

15 역주_6세 이상의 모든 사람에게 농토를 나누어 주는 제도.

16 사회공학연구소, 『일본열도 인구분포의 장기시계열적 분석(日本列島における人口分布の長期時系列的分析)』, 보고서.

되는 견해도 있으나, 여기서는 이야나가 테죠彌永貞三의 연구17에 따라 『화명초』의 토지면적은 그것이 성립한 쇼헤이 연간, 혹은 엔기식 성립기 [905년 착수, 927년 성립]인 10세기 초기의 것으로 간주했다.

『십개초拾芥抄』에 게재된 토지면적을 이용하여 헤이안 말기의 인구를 추계했다. 추계방법은 『화명초』 토지면적의 경우와 같다. 『십개초』는 1341년(레키오曆應 4)에 완성되었기 때문에 14세기 전반의 개발상황을 보여주는 자료로 사용되는 경우가 많다. 그러나 이야나가는 주도면밀한 고찰을 시도하여, 거기에 게재된 토지면적이 치쇼治承(1177~1181년) 이전으로 거슬러 올라가 헤이안 말기를 내려오지 않는다고 결론지었다. 확신은 하지 않지만 헤이안시대 말기인 칸지寬治(1087~1094년)의 총검惣檢18에 의한 수치일 가능성도 배제하지 않는다는 견해를 서술하고 있다. 그래서 연대로는 양 시기의 중간인 1150년의 인구로 간주했다. 그러면 전국인구는 수도인구를 12만으로 하여 684만 명이 된다.

---

17 『古代社會經濟史研究』.
18 역주_촌락의 자치 결합조직인 소惣에서 실시한 검지檢地를 말함.

2
도작사회와 인구 규제요인

인구중심은 쿄토 북부

이상, 각종 추계인구 가운데 토지면적에 기초하여 추계한 803년 및 931~939년의 전국인구[811만, 863만 명]를 별도로 하고, 인구성장 제2의 물결의 발자취를 추적해 보자. 죠몬시대 말기부터 야요이시대에 이르는 인구회복기[연평균 증가율 0.2%], 야요이~나라시대의 급성장기[19]를 거쳐 10세기, 12세기에 인구성장은 둔화하여 정체되어 갔음을 알 수 있다.

13~14세기에 인구의 장기적 추세가 어떠했는가는 완전히 오리무중으로 명확치 않다. 그러나 다음 장에서 보는 바와 같이 제3의 인구 순환은 14~15세기에 시작된다고 여겨지기 때문에 10세기 이후부터 13세기까지의 수백 년간은 장기적 추세에서 볼 때 크게 변화가 없는 시대였다고 볼 수 있다.

야요이시대 이후의 인구증가에 동반하여 인구의 지역분포도 또한 크

---

19 나라시대 인구를 725년에 500만 명으로 하여, 연평균 증가율 0.4%.

게 변화했다. 죠몬시대 말기와 비교해서 야요이시대에는 동서의 균형이 크게 변하여, 서일본의 비중이 현저히 높아졌다(표1 참조). 킨키 지방[키나이 및 그 주변]이 점하는 비율은 2.7%에서 16.9%로 증가한 결과, 가장 구성비가 높은 지역이 되었다. 다음으로 큐슈가 8.3%에서 17.7%로 신장하고, 츄고쿠中國, 시코쿠에서는 각각 1.8% 및 0.7%에서 11.2%, 5.1%로 비중이 높아졌다. 서일본이 점하는 비율은 야요이시대에는 전국의 51%에 이르러 동일본과 어깨를 나란히 하는 위치를 차지하게 되었다. 이러한 경향은 9세기경까지 지속되었다. 그때에 서일본 인구는 58%로 완전히 동일본을 능가했다. 물론 이 사이에 동일본 인구가 증가하지 않았던 것은 아니다. 동일본의 인구증가 이상으로 서일본 인구의 성장이 컸던 것이다.

10세기 이후, 서일본의 인구증가는 명백히 둔화했다. 한편, 동일본에서는 변함없이 증가가 지속되었기 때문에 다시 동일본 인구는 서일본 인구를 능가하게 되었다. 그러나 그만큼 죠몬시대 수준으로 돌아온 것은 아니고, 8세기의 위상을 역전시키는 정도의 변화였다. 제2의 물결에서 인구변화와 지역구성비율의 변화는 쌀농사 농경의 수용이 지역에 따라 시기를 달리하는 것으로, 정치와 문화적 중심지의 이동에 따라 설명하는 것이 가능할 것이다.

이러한 변화의 결과, 국별 인구분포로부터 계산한 인구중심이 8세기에는 쿄토京都 근교의 쟛코인寂光院[20] 부근이었던 것이, 동일본의 인구증

---

20 역주_京都市 左京區 大原草生町에 있는 절.

가를 배경으로, 북동으로 일직선으로 움직여서 1600년에는 히코네彦根시 서북의 비와코琵琶湖 위[연안에서 9km]로 크게 이동해간다.[21]

인구 규제요인

이 시대의 물적 생활기반의 특징은 무엇보다도 벼농사가 일본열도의 주요한 생업으로 성립하여 그것이 지배적인 것이 되었다는 점이다. 농경에 의존하는 생활형으로 전환된 것은 인구규모를 결정하는 메커니즘을 죠몬시대보다 복잡하게 함과 더불어, 사회의 인구지지력(인구부양력)을 대폭 끌어올리는 것이 되었다. 죠몬시대에는 인구규모가 오로지 환경에 의하여 결정되고 있었다. 이에 반해 야요이시대 이후의 농경사회에서 생존할 수 있는 자원은 주어진 환경 위에 인간이 생산한 것이었다. 새로운 요소로서 경지와 기술, 지식이 더해져서 인구와 자연환경의 관계는 우회적이 되었던 것이다. 더구나 인구증가는 보다 넓은 토지를 개간할 수 있게 했다. 인구압력[22]의 증가는 기술개발을 촉진함으로써 인구의 측면으로부터 생존자원의 크기를 변화시키는 것도 가능해졌다. 이리하여 인구는 생존자원과의 사이에서 증대할 수 있도록 서로 자극을 주는 관련을 가지면서 급속하게 성장하게 되었다.

그러나 그렇다고 해서 농경사회화가 끝없는 인구성장을 보장한 것은

---

21 사회공학연구소 조사에 의함.

22 역주_어느 지역의 인구의 양量과 생활공간과의 관계에서 균형이 이루어지지 않을 때 각각의 사람의 생활에 압박을 받게 되는 현상.

아니었다. 기술이 일정한 수준에 머무는 동안에는 이용 가능한 토지의 넓이에도 한계가 있다. 또한 농작물은 기후변화의 영향을 강하게 받아 초기의 농업에 풍흉의 변화는 극히 위험한 요소였다. 농경사회의 인구는 풍흉이나 전염병이라는 단기적인, 그러나 비교적 큰 변화를 반복하면서 장기적으로는 맬서스[23]가 생각한 것과 같은 규제원리에 따라 로지스틱 곡선을 그렸던 것이다.

도작농경문화

죠몬시대의 상당히 빠른 시기에서부터 근처에 각종 식물을 관리하고 품종을 선택하여 재배를 했다는 사실은 유물을 통해 실증되고 있다. 나아가 죠몬 후기와 말기에는 잡곡과 감자, 토란의 재배를 중심으로 하는 화전농경이 서일본에 널리 분포하고 있었고, '도작(벼농사) 이전'의 농경문화가 형성되어 있었다고 여겨지고 있다. 또한 최근의 고고학적 조사는 일본열도에 벼 재배가 시작된 연대를 매년 위로 올리는 증거를 발견하고 있다. 가장 오래된 벼의 밭농사는 4500년 전 죠몬 중기까지 거슬러 올라가는 것으로 여겨지고 있다. 그래도 여전히 대부분의 죠몬인에게 생활의 기본은 수렵 채집경제에 있었으며, 농경은 보조적인 수단에 지나지 않았다고 보아도 틀리지 않다.

23 역주_영국의 고전파 경제학자(1766~1834)로 과소 소비설 過少消費說 및 유효 수요有效需要의 원리를 처음으로 설명하였다.

따라서 야요이시대 이후의 급속한 인구증가가 대륙에서 건너온 사람들에 의해 초래된 벼 재배에 힘입었다는 것은 분명하다. 그 수용에 즈음하여 이질의 문화적 전통을 가졌다고는 하나, 농경이 이미 전개되고 있었다는 것의 의미는 컸다. 만약 그것이 없었다면 수전도작水田稻作의 보급은 더 늦었을지도 모른다. 키타큐슈에 성립한 야요이문화는 기원전 100년경까지는 서일본 일대를 덮고, 1세기에는 동북 남부, 그리고 3세기에는 홋카이도를 제외한 일본열도 거의 전역에 퍼졌다. 벼농사도 그와 함께 보급, 정착됨으로써 도작농경사회가 성립했다.

벼농사의 도입은 두 가지 점에서 인구를 증가시켰다. 하나는 벼농사의 높은 생산력이 일본열도의 인구지지력을 현저하게 상승시켰다는 점, 그리고 또 하나는 수전경작(논농사)이 많은 노동력 투입을 필요로 했다는 점이다. 야요이시대 중기 이후 퇴적평야로 진출하여 관개시설을 갖추게 되자, 위의 두 가지 점에서 한층 인구증가가 촉진되었다. 야요이시대의 인구밀도는 1평방킬로미터당 2.06인으로 죠몬 중기의 두 배 반이나 높아졌다. 인구성장의 초기에 우선 서일본에서 인구증가가 일어났던 것은 이 지방에는 대륙으로부터 도래인渡來人이 유입되고, 일찍부터 벼농사가 정착했기 때문이다. 수도작水稻作은 죠몬시대 말기인 3천 년 전에 키타큐슈에서 시작하여 2천 5백 년 전에는 세토나이카이瀨戶內海로부터 오사카大阪만 연안까지 확대되고 있었다고 여겨진다. 서일본에서 일찍부터 도작(벼농사)이 보급된 이유는 대륙에 가깝고, 기후가 온난하다는 지리적 환경에 있음은 분명하다. 그것에 더해 서일본에서 양질의 동물성 단백질이 부족했으며 그것이 벼농사의 수용을 촉진했다고 볼 수 있다.

환경의 변화

벼농사의 정착과 인구증가에 자연조건의 변화가 크게 기여한 것도 중요하다. 죠몬 말기에 해당하는 2천 5백 년 전경의 연평균 기온은 현재보다 1도 낮은 수준이었는데, 그때를 하한으로 하여 상승곡선으로 전환했다. 3세기에는 아직 한랭기후가 지배하고 있었다. 그러나 다른 한편 한랭기후에 의한 해수면 저하가 해안평야나 삼각주성의 퇴적평야, 자연 제방을 발달시키고 있었기 때문에, 자연 관개에 의한 직파 가경지可耕地를 용이하게 이용할 수 있었다고 하는 플러스 요소도 존재했다. 그 후, 죠몬 말기부터 야요이시대에 걸쳐 기온은 상승하여 온난화가 진행되는데, 야요이시대 후기가 되면 기온은 다시 저하하여 4세기부터 7세기에 걸쳐 '고분한랭기古墳寒冷期'라 불리는 저온기가 찾아온다. 그러나 나라시대에 들어서면 급변하여 기온이 상승하기 시작하고, 9~10세기의 소온난기 Medieval Warm Period를 거쳐 11~12세기에는 온난건조의 극점에 달한다(그림2 참조). 온난화의 피크에서는 한랭기보다 세 번 이상이나 기온이 상승했다고 추정되고 있다.[24] 유럽에서는 '중세 온난기'라 불리는 이 시대가 바이킹시대였다. 덴인, 노르만인들은 그린랜드, 신대륙으로 항해하여 러시아, 프랑스, 시칠리아, 잉글랜드에 왕조를 세웠다.

24 山本武夫, 『기후가 말하는 일본의 역사(氣候の語たる日本の歷史)』.

그림2 · 고기록에 의한 습윤지수와 홍수지수

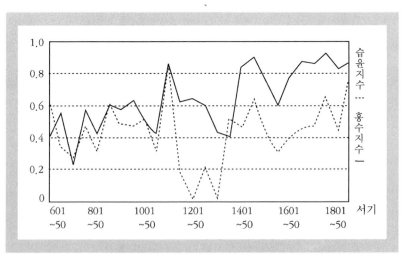

* 자료 : 오카시마 미노루小鹿島果, 『일본재이지日本災異志』, 地人書館, 1967
** 주 : 습윤지수 : 장마와 한발의 합계건수에 대한 장마의 비율
　　　 홍수지수 : 하계의 홍수와 한발의 합계건수에 대한 홍수의 비율

　여름철의 고온과 일조가 없어서는 안 되는 벼 재배를 생존의 기반으로 삼음에 따라 일본열도의 인구분포는 일변했다. 8세기에는 서일본이 일본 인구의 주요한 생활무대가 되었다는 관점이 있다. 문화, 정치, 경제의 중심이 된 킨키 지방에는 전 인구의 5분의 1이 집중되어 있었던 것이다. 서일본 일대가 지리적 위치나 기후, 지형 등에 더 혜택을 받은 조건이었기 때문일 것이다. 그러나 기후온난화는 벼농사의 동진을 돕는 것이 되었기 때문에, 동일본의 개발이 진전됨에 따라, 인구분포를 차지하는 동일본의 지위는 다시 상승했다. 무사단이 성장하여 동국東國25에 정권을 두는 12세기에는 칸토 지방이 다시 수위首位를 차지했다.

인구성장의 한계

자연환경이 호전됨으로써 지탱될 수 있었던 도작 농경화와 그것에 동반된 국가형성의 실현은 눈부신 인구증가로 나타났다. 그러나 8세기를 넘어서면서 성장률은 떨어지고, 10세기 이후는 정체되어 인구의 제2 순환은 종식의 국면으로 옮겨갔다. 인구성장의 한계는 무엇 때문에 초래된 것일까? 다음의 네 가지 점에 대해 검토해 보자.

첫째로, 당시의 기술체계에서 가능한 경지확대와 토지생산성의 상승이 한계에 부딪힌 것이 아닐까 하는 점이다. 『십개초』에 적힌 토지면적26은 에도시대 중기의 1721년 토지면적 164만 정보의 약 68%에 해당한다. 에도시대 전기는 전국시대 이래의 대개간大開墾시대였던 것을 생각하면, 킨키 지방을 중심으로 하는 선진지대의 수전水田은 12세기까지 상당 정도 개척되어 있었다고 볼 수 있을 것이다. 그런 점에서 현실적으로 경지확대는 벽에 부딪혔음에 틀림없다. 그렇지만 동북 지방 등의 개척에는 개발의 여지가 한참 널려있었기 때문에 이 벽을 너무 강조해서는 안된다.

두 번째로 고려해야 하는 것은 기후악화의 영향이다. 단지 이 경우에는 냉해가 아니고 한해旱害(가뭄피해)가 문제가 된다. 온난화가 피크에 달하는 11~12세기는 동시에 건조화의 시대이기도 했다. 앞의 〈그림2〉에 보여준 습윤지수는 12세기 후반부터 14세기 전반에 걸쳐 매우 낮다. 이

---

25 역주_쿄토의 동쪽에 있는 諸國의 총칭.
26 약 93만 정보. 300보를 1단보로 환산하여 111만 정보.

시대가 습윤 냉량한 시대는 아니었음을 여실히 보여준다. 이 지수는 오카시마가 편찬한 『일본재이지』에 수집된 600년부터 1875년까지의 기록에서 작성한 것으로, 장마 건수를 가뭄 및 장마 건수의 합계로 나누어 산출하고 있다.

토양 중의 화분花粉 분석이나 수목의 나이테에 함유되어 있는 '산소18'이라는, 원자량이 16인 보통 산소보다 무거운 동위원소의 물리화학적 분석에서도, 이 시대가 현저히 고온기였음을 밝히고 있다. 따라서 11세기는 고온이며, 또한 강수량이 많아 식물의 생육에 가장 좋은 환경이 지배하는 시대였다고 할 수 있다. 국풍문화國風文化27의 성립기가 온화한 10세기, 고온다습한 11세기였다는 것과 관계가 없지 않을 것이다.

12세기 건조화의 영향은 거듭되는 한발 피해로 나타났다. 그 극점이 1181년(요와養和 원년)의 가뭄으로 인한 대기근이었다. 카모 쵸메이鴨長明는 『방장기方丈記』에서 기근과 역병이 맹위를 떨친 수도의 거리에는 거지가 넘쳐나고, 내버려진 시체가 첩첩이 길을 메운다고 이때의 비참한 상황을 그리고 있다.

가뭄의 타격은 그 지리적 위치로부터 서일본을 중심으로 컸다. 10세기부터 12세기에 인구증가가 동일본에서는 10% 가까이 증가했음에 반해, 서일본에서는 겨우 2% 밖에 증가하지 않았던 것은 그 때문일 것이다. 이 시기의 말기에 헤이케平家28가 쓰러지고, 동국에 겐지源氏29가 정

---

27 역주_나라시대에 중국의 영향이 강했던 문화·당풍唐風에 대해 일본 독자의 성격을 중시하며 발전한 귀족 문화를 가리킨다. 후지와라문화藤原文化라고도 한다.
28 역주_헤이안시대에 권력을 휘두른 平씨성을 가진 일족.

권을 수립할 수 있었던 것도 이러한 자연사와의 맥락에서 생각해 볼 필
요가 있다.

세 번째 요인은 역병이다. 화리스William Wayne Farris는 8세기 초기의
인구증가에 쐐기를 박은 것은 735년부터 737년에 걸쳐 발생한 천연두였
다고 지적하고 있다. 이 텐표天平의 역병은 키타큐슈의 다자이후太宰府에
최초로 기록되었다. 중국 혹은 한반도에서 쓰시마, 잇키壹岐를 경유하여
침입했을 것이다. 중국에는 기원전 2세기 내지 기원후 1세기, 늦어도 4
세기에는 이 역병이 기록되어 있다. 이 시대는 대륙으로부터 일본으로
인구이동이 활발했기 때문에, 일본에 천연두가 침입한 시기는 8세기 이
전으로 거슬러 올라가는 것이 확실하다. 그러나 기록에 남아있는 최초의
대유행은 텐표 시기였다. 화리스는 이 시기의 천연두 유행으로, 인적 피
해는 지역에 따라서는 50~60%에 이르는 지역도 있으며, 전국적으로도
25~30%였다고 추계하고 있다. 14세기 유럽의 흑사병에 필적하는 규모
였다고 상상된다.[30]

타이라노 기요모리平淸盛를 중심으로 하는 평씨정권을
수립하였다. 타이라노 기요모리는 평씨권세에 반발하는
세력을 물리치고 安德天皇을 옹호하여 정치실권을 장악
했다. 그러나 평씨의 독재는 귀족과 사원 및 무사계급에
게 반발을 받아 源氏에 의해 타도되었다.

29 역주_源씨성을 가진 일족. 伊勢平氏의 타이라노 기요모
리平淸盛는 西國을 제압하여 중앙정권을 좌지우지하였
는데, 이에 항거하여 河內源氏류의 坂東源氏 미나모토
노 요리토모源賴朝가 평씨를 쫓아내고 東國에 鎌倉幕府
를 세웠다.

30 Farris, W. Wayne, 1985, *Population, Disease, and*

마지막, 그러나 가장 중요한 요인으로 사회체제의 변질을 지적하지 않을 수 없다. 그에 따라서, 주어진 바의 기술체계를 적용할 수 있는 정치경제력이 쇠퇴해 버렸다. 공지공민제公地公民制31는 일찍이 9세기에 흔들리기 시작하여 10~11세기에는 해체되었다. 대신에 출현했던 것은 장원莊園·공령제公領制32였다. 토지의 사유화는 초기에는 황무지의 개간을 촉진하는 요인이 되었지만, 점차 마이너스로 작용하게 되었다. 율령제적 토지제도의 붕괴는, 고도의 기술과 대량의 노동력을 구사하여 대하천 유역의 평야를 개척하고, 배수·관계시설을 유지하기 어렵게 했다. 대규모의 개간이 곤란해졌던 것만이 아니다. 조리형수전條里型水田33의 유지조차 곤란해진 경우도 있어 '불감전전不堪佃田34'이라 불린 황폐지도 증가했다.

그런데 이러한 견해에는 반대의 관점도 있어 11~12세기를 대개척의 시대로 생각하기도 한다. 분명히 일부는 개발에 열심인 타토田堵35·부호층이 있고, 국아國衙(지방관청)의 역할도 여전히 컸을지도 모른다. 그러나 그러한 장원이 있다고 해도 많은 장원 영주의 관심이 농민경영 자체에 있지 않고, 점차로 매년 필요에 대응하여 징수하는 각종 연공年貢36에 집

Land in Early Japan, 645-900.

31 역주_토지와 인민은 모두 국가의 소유로 사유를 인정하지 않는 제도. 율령제의 원칙이 되었다.

32 역주_영주의 영지와 조정·중앙아문·막부의 영지를 별도로 인정하는 제도.

33 역주_정방형으로 구획된 논. 공지공민제에 의거한 구획이라 여겨진다.

34 역주_갈아먹을 수도 없는 땅.

35 역주_헤이안시대에 장원·공령의 토지를 경영하던 유력 백성층.

중되어 갔다고 여겨진다. 직접 경작자인 농민에게도 공납생산과 자급생산이 지배적인 생산목적이었다. 그러한 조건에 따라 농업생산의 확대나 생산성의 향상은 일어나기 어렵다는 사실은 분명하다.

여기에 나열한 식량생산의 확대와 인구증가를 방해한다고 여겨지는 네 가지 요인은 각각 다른 측면에서 다른 영향을 끼쳤을 것이다. 12세기 이후의 인구가 실제로 어떠한 추이를 보이는가는 여전히 불투명하다고 하지 않을 수 없으나, 위의 요인이 무언가의 효과를 주었다고 한다면 적어도 8세기까지와 같은 급성장이 있었다고는 생각되지 않는다. 꽤 큰 지역 차를 포함하면서 약간 증가하는 데에 머물렀다고 추측할 수 있다. 또한 인구의 움직임이 오히려 경지확대를 정체시키는 원인이 되었을 가능성도 마지막으로 덧붙여 두도록 한다. 만약 무언가의 요인, 가령 질병이나 경제와는 독립적으로 일어난 인구학적 행동의 변화였을지도 모르지만, 그것이 인구증가를 방해했다면 그것은 농업생산이 확대하도록 한 자극을 감소시키는 작용을 했을 것이다.

36 역주_해마다 바치던 공물.

3
농경화에 따른 인구학적 변용

도래인

야요이시대 이후의 인구증가에는 죠몬시대부터 일본열도에 거주해 온 사람들의 자연증가에 의해서만이 아니라, 해외로부터의 이주에 따른 증가도 있었다. 본래 벼를 가지고 온 사람들은 그러한 도래인이었다. 『일본서기』나 『풍토기風土記』는 '에미시', '하야토'라고 불리는 원주민과, 대륙으로부터 건너온 사람들의 접촉을 직접, 간접적으로 전하는 기사를 싣고 있다. 민속학적 연구도 도작농경문화가 성립하기 이전에 일본열도에는 이질의 문화적 전통을 갖는 사람들이 정착해 있었음을 증명하고 있다. 역사시대에 들어와서도 기술자, 지식인을 중심으로, 대륙에서 많은 사람들이 도래하여 귀화한 것은 잘 알려져 있다.

해외로부터의 도래는 몇 번의 물결이 있었다. 2천 2백 년 정도 이전에 벼를 가지고 키타큐슈에 정착한 도래인 집단, 1천 8백 년 전에 한漢나라의 지배로부터 도망해 온 사람들, 4세기에 고구려를 경유하여 들어와 나중에 조정을 세웠다고 하는 기마민족의 이동이라는 커다란 물결, 5세기 후반부터 6세기에 조선에서 다수의 기술자들의 도래, 7세기에 백제로부터의 대량 이주 등이 주된 것일 것이다. 어느 경우나 대륙의 정치 및 사회적 동향이 그 배경이 되었다.

그러한 도래인의 유입이 야요이시대에 시작하는 인구증가에 기여한 것은 어느 정도였을까?『일본서기』에는 몇 군데인가 귀화인의 호구에 관한 기사가 있다. 가령 킨메이欽明천황 원년(532)에 진인秦人의 호수는 7053호였다고 하는 것으로부터 그 인구는 십 수만 명을 헤아렸다는 것이 된다. 그러나 이러한 단편적인 기재로부터 인구증가에 대한 기여를 측정하는 것은 불가능에 가깝다.

야요이시대와 고분시대의 인골 형태에 대한 연구로부터 키타큐슈, 야마구치山口 지방이나 킨키 지방의 야요이인은 대륙에서 도래한 사람의 형질을 농후하게 잇고 있지만, 일본 전체를 볼 경우에는 죠몬인의 형질을 일제히 변화시킬 정도로 다수의 이주자가 도래했다고는 여겨지지 않는다는 생각이 지배적이었다.[37] 이 견해에 따르자면 첨단 기술을 가지고 고도의 지식을 갖춘 도래인이 국가형성에 행한 역할은 매우 컸다고는 하나, 이 시대의 인구성장의 대부분은 옛날부터 일본열도에 정착해 있던 사람들의 자연증가에 있었다는 결론을 얻을 수 있다.

이에 대해 하니하라 카즈로埴原和郎는 발굴된 인골의 두개골을 측정한 결과, 죠몬시대의 말기부터 고분시대에 걸쳐 상상 이상으로 대량의 인구유입이 있었음에 틀림없다고 추정하고 있다.[38] 키타큐슈나 본토 서쪽 끝

---

37 內藤芳篤,「야요이시대의 인골(彌生時代人骨)」,『人類學講座 5 日本人1』.

에 도래한 이들 북아시아계 집단은 야요이시대 이후부터 급속히 늘어나 드디어 킨키 지방까지 확산하여 왜倭문화의 기초를 만들었다고 생각된다.

몇 가지의 시뮬레이션을 행한 결과는 놀라울 정도였다. 야요이시대 초기부터 나라시대 초기까지 1천 년 동안에 150만 명 정도의 도래가 있었고, 지역 차는 크지만 나라시대 초기의 인구는 혈통으로부터 보아 북아시아계 도래인계가 8할, 혹은 그 이상, 그리고 더 오래된 시대에 일본열도에 와서 토착하고 있던 죠몬계(원일본인)가 2할, 또는 그 이하의 비율로 혼혈되었을 가능성이 높다고 한다. 우에하라의 가설은 유전자의 DNA 분석이나 특정 바이러스의 감염에 관한 역병학적 연구, 결핵감염에 관한 인골의 고병리학적古病理學的 연구, 개의 혈통에 관한 유전자적 조사 등에서도 증명되고 있다. 야요이시대 이후의 일본인 집단과 일본문화는 인구이동에 기초한 '이중구조 모델'로 설명되고 있는 것이다.[39]

38 埴原和郎, 『일본인의 성립(日本人の成り立ち)』.
39 埴原和郎, 『일본인과 일본문화의 형성(日本人と日本文化の形成)』.

야요이시대의 인구혁명

농경화는 인류가 경험한 제1의 에너지혁명이다. 이에 따라 인구는 착실하게 증가할 수 있었다. 그러나 그 메커니즘에 관해서는 불명확한 부분이 많다. 농경, 특히 저장 가능한 곡물의 재배가 식량을 풍부, 안정적으로 공급하는 것을 가능케 하며, 그에 따라 사망률이 내려가고, 출생률이 높아졌다고 하는 도식은 누구나 상상할 수 있을 것이다. 그러나 이러한 농경화가 바로 사망률을 저하시켰다고 하는 단순한 추론을 콜A.J.Coal은 부정하고 있다.

콜은 농경화에 따라 초기 농경사회의 출생률은 높았지만, 사망률도 또한 상승했다고 생각한다. 그 이유는 기후변화나 병충해에 의해 농사를 망치는 일이 종종 일어나는 것을 피할 수 없었다는 것, 인구밀도가 상승하여 전염병의 전파가 용이하게 되었다는 것이다. 한편, 출생률의 상승은 농경에 동반되는 정착의 촉진, 일반적인 영양수준의 상승, 부인노동의 필요가 일찍이 수유를 그만두고 이유하도록 촉진했다는 것으로 설명되고 있다. 이렇게 하여 출생률, 사망률 모두 보다 높은 수준으로 올라갔는데, 이 '인구전환'에 동반하는 이 양측의 약간의 차이가 인구증가를 가능하게 했다고 하는 것이 콜의 구상이다.[40]

일본의 경우는 어떠할까? 콜이 들고 있는 변동의 요인을 평가해 보자. 최근의 영양인류학적 연구는 신대륙의 토착 농경민의 출생 시 평균여명

---

40 A. J. Coal, 「인구의 추이(人口の推移)」, 『사이언스(サイエンス)』4권 11호.

이 수렵채집민보다 짧고, 농경화가 반드시 사망률 개선을 초래하지는 않았다는 것을 밝히고 있다. 그 원인은 재배식물[옥수수]에 대한 의존은 섭취 열량을 높이고, 영양을 양적으로는 향상시켰으나 곡물에 과도하게 의존하여 동물성 단백질의 섭취를 감소시킴으로써 영양의 질적 저하를 초래했다는 점에 있었다. 발굴된 인골을 보면, 수렵민은 유아의 사망이 가장 많은 데에 반해 농경민은 1~3세의 유아가 큰 비중을 차지하고 있다. 이유기에 부드러운 전분질 식사가 세균을 번식시켜 설사를 일으키기 쉽고, 또한 단백질 결핍증을 초래했기 때문이다.[41]

출토인골로부터 생명표를 작성한 코바야시 카즈마사小林和正는 야요이시대의 15세 때 평균여명을 30세 전후, 고분시대에는 마찬가지로 31~35세로 계산했다. 사례 수가 극히 적어서 확실한 것은 알 수 없으나, 죠몬시대인과 비교하여 두 배나 신장했다. 야요이시대 이후 성인의 사망률은 개선되었다고 해도 좋을 것이다. 코바야시의 생명표에 기초하여 출생 시 여명, 즉 수명을 추계한 히시누마 시게카즈菱沼從尹는 죠몬시대의 수준[15세 정도]과 변함이 없다고 결론지었다. 이 견해에 따르면 농경화에 의해서도 유아사망률은 개선되지 않은 것이 된다.

오부치 히로시大淵寬, 모리오카 진森岡仁은 히시누마의 입장에 선다면 농경화 이전의 출생률은 상당히 높았을 터이기 때문에, 정착화에 의한 출생률 상승의 가능성은 여전히 남아있지만, 그것이 월등히 높아졌다고는 생각하기 어렵다고 했다. 따라서 농경의 파급에 따른 인구증가는 그다지

---

41 井川史子, 「뼈로 분간하는 고대인의 생활상(骨で見分ける古代人の生活)」, 『과학 아사히(科學朝日)』41권 12호.

급격하지 않다는 것이다.[42]

이상 일반적인 논의가 초기 농경에 대해서는 들어맞겠지만, 야요이시대 이후의 수도작 농경에 대해서는 어떨까? 벼농사의 인구지지력이 컸다는 것, 죠몬시대 이래의 야생식량자원 이용이 19세기에도 방기되지 않았던 것을 함께 생각하면, 대륙에서 일본열도로의 파상적[43]인 인구유입에 더해 야요이시대에 인구혁명이 일어났던 것과 그때에 사망률 저하의 역할이 무시할 수 없었던 것을 인정해도 좋을 듯하다.

8세기의 호적 단편 가운데 비교적 신뢰도가 높은 미노美濃국(702년)에 대해 연령층별 인구구성을 조사해 보면, 연소인구[16세 미만] 41.6%, 청장년인구[16~60세] 55.6%, 노년인구[61세 이상] 2.9%이다[남녀 섞어서 합계 2,132명]. 이 수치만 보면 8세기의 인구구조는 20세기 후반의 발전도상국 수준과 비슷하다. 그러나 유아의 탈루가 컸다고 한다면, 출생 시 평균여명은 20세를 넘지 않았다고 생각된다.

화리스는 현존하는 8세기 호적 단편에서 생명표를 작성했다[44]. 남녀별 10개의 인구군을 대상으로 모델생명표를 적용한 결과, 702년의 4개의 남녀 인구군에 대해 통계적으로 유의미한 결과를 얻을 수 있었다. 출생 시 평균여명은 28~33세로 추계된다. 출생에서 5세까지의 영유아사망률은 50% 이상으로 매우 높았음에도 불구하고, 인구증가율은 연 비율

---

42 『經濟人口學』.
43 역주_일이 물결 모양으로 일정한 간격을 두고 차례로 되풀이 되는 것.
44 Farris, 앞의 책.

1% 정도의 높은 것이었을 가능성이 있다고 한다. 그러나 보통 출생률이 50퍼밀⁴⁵을 넘는 수준이 장기에 걸쳐 지속될 가능성이 있었을까? 기각된 6개의 인구군의 출생여명은 20세 미만이었다. 농경사회화가 인구동태에 끼친 영향은 아직 알 수 없는 부분이 많다고 하지 않을 수 없다.

45 1,000에 대한 비율이다.

제3장

경제사회화와
제3의 물결

1
인구조사와 인구추계

수량적 관심

인구성장 제3의 물결은 14~15세기에 시작했다고 추측된다. 그 후 4백~5백 년을 지배하고 18세기까지 지속되었다. 그 물결은 선시장경제로부터 시장경제로의 전환, 즉 경제사회화의 현상과 본질적으로 결부되어 있다. 이 시대는 또한 근대 일본인의 생활원형을 형성했다는 점에서 하나의 생활혁명의 시대이기도 했다. 역사인구학의 최근 진보는 죠몬시대의 인구에 대하여 생각할 단서를 제시하고, 에도시대에 살았던 민중의 개인 추적조사까지 가능하게 했음에도 불구하고, 제3의 물결의 전반부는 여전히 암흑 속에 있다. 11세기 이후의 수세기가 전국적인 인구조사의 공백기였기 때문이다. 그것은 토지와 농민을 지배하는 사회의 존재형태와 깊은 관계가 있다. 장원제라는 경제시스템의 성립은 전국적인 인구나 생산, 토지에 관한 조사를 어렵게 하고, 중앙정부나 장원 영주층의 수량적 관심 자체가 매우 희박했다.

생산과 인구에 대한 관심이 다시 강해지고, 실제로 그것들을 조사하게

끔 된 것은 16세기가 되어서부터이다. 전국다이묘戰國大名1들에게 부국강
병을 실현하는 것은 사활문제였다. 군역이나 군량을 연공年貢으로 부과
하여 징수하고, 생산증대를 꾀하기 위한 기초자료로써 토지와 인구가 정
확히 파악될 필요가 있었다. 도요토미 히데요시豊臣秀吉가 전국통일을 이
룩한 1591년에 인간청소[히토바라이人掃]2라 불리는 호구조사를 계획하
고, 통일과정에서 조금씩 토지조사[켄치檢地]를 실시한 것도 그 연장선상
에 있었다. 여러 다이묘의 인구조사는 에도시대에 들어서부터 '인축개人
畜改[진치쿠아라타메]', '동부개棟付改[무네츠케아라타메]', '인별개人別改[닌베
츠아라타메]'라는 명칭으로 대대적으로 행해졌다. 그러나 이들 센서스는
어느 것이나 지방적, 임시적인 성격을 가지고 있었다.

종문인별개장宗門人別改帳

에도시대 인구사 연구에 있어 종문인별개장宗門人別改帳[슈몬닌베츠아라
타메쵸] 만큼 풍부한 정보를 가져다준 것은 없다. '종문인별개宗門人別改'는
필요에 응하여 수시로 행해지고 있던 본래의 호구조사, '인별개人別改'가
기독교 등의 신앙을 통제할 목적으로 행해진 '종문개宗門改'와 합해짐으
로써 성립했다. 본래 각각 다른 성격을 갖는 두 가지의 조사가 결합된 것

---

1 역주_전국시대에 수개의 군·국 규모의 영토를 일원적으
로 지배한 영주.
2 역주_1촌단위로 호구, 남녀, 노약, 직업 등을 기록하여 보
고케 했다. 조선출병이나 병농분리와 관련하여 평가되고
있다.

은 1671년에 막부의 명령으로 철저한 종문개가 시도되고, 인별개도 매년 행해지게 되었기 때문이다. 이렇게 성립한 종문인별개는 기독교인이 표면적으로 거의 나타나지 않게 된 후에도 관습적으로 지속되어 점차 호적조사로 정착하여, 1872년(메이지 5)에 임신호적壬申戶籍이 성립할 때까지 계속되었다.

종문인별개장[이하 '종문개장'으로 약칭한다]은 원칙적으로는 정町, 촌村 등의 행정단위에서 작성된다. 영주에게 제출된 장부에서 영내 인구가 집계되었다고 상상되는데, 그 결과가 장기에 걸쳐 남아있는 것은 요네자와 米澤, 난부南部, 아이즈會津, 우와시마宇和島 등 수개의 번藩3에 지나지 않는다. 제3의 물결을 구성하는 인구동향은 막부의 손으로 전국인구조사가 행해지기 전까지 바로 알 수는 없다.

전국인구조사

전국인구가 처음으로 조사된 것은 1721년경이다. 이 해에 막부는 전국의 모든 영領에 포고를 내려 영내인구를 보고하게 했다. 그때 도쿠가와德川 막부의 장군, 요시무네吉宗는 17세기 말에 드러난 막부재정의 궁핍을 타개하기 위하여 갖가지 개혁을 실행했다. 그 일환으로 오사카에 있는 에도행 상품의 집하상황과 선박조사 등과 함께, 인구조사도 행했다. 이 시대에는 경제변수를 정확히 파악하여 정책수행을 위한 판단 재료로 사

---

3 역주_석고 1만 석 이상의 영토를 보유하는 영주가 지배하는 영역, 지배기구.

용하고자 한 의도가 정착되어 있었음을 살펴볼 수 있다.

1721년에 최초의 조사가 행해지고, 5년 후인 1726년에 다시 조사가 실시되었다. 그 해는 간지로 '병오丙午'에 해당되어 그 이후 6년에 한번, 자子년과 오午년에 조사를 행하는 것이 제도화되었다. 그래서 막부의 전국인구조사는 '자오개子午改'라고 칭해지게 되었다.

17세기의 인구성장

인구성장 제3의 물결이 언제 어떻게 시작되었는가를 이해하는 열쇠는 17세기의 인구증가 가운데 숨어 있다.

도쿠가와 막부는 1734년에 10만 석[4] 이상의 다이묘大名로, 80년 동안 교체[토코로가에所替치][5]가 없었던 10개 가문에 대하여 기존의 인구조사 결과를 제출하도록 명했다. 이에 응하여 보고한 카나자와金澤번 외에 8개 번의 보고와 그것과 별도로 얻은 6개 번의 자료를 더하여 고찰해 보자.[6] 이에 따르면 쿄호기亭保期 이전의 각 번 인구는 18세기 초두에 몇 개의 번에서 경미한 감소가 보이는 외에는 증가 경향을 보이며, 많은 번에서 17세기의 증가율이 높다. 나아가 겐로쿠기元祿期까지와 쿄호기까지의 전후 2기에 대해 변화를 알 수 있는 10개 번에 대해서 살펴보면, 겐로쿠기까지

---

4 역주_석고石高를 말한다. 석고는 토지생산성을 석이라는 단위로 나타낸 것. 석고에 따라서 과세가 행해졌다.

5 역주_영지를 다른 곳으로 옮기는 것.

6 梅村又次, 「도쿠가와시대의 인구추세와 그 규제요인(德川時代の人口趨勢とその規制要因)」, 『經濟研究』16권 2호.

의 17세기 후반기 연평균 증가율이 0.56%임에 반해, 겐로쿠기로부터 쿄호기에 이르는 18세기 전반기의 증가율은 겨우 0.05%이다. 게다가 4개번에서는 감소하고 있었다. 전국인구는 17세기에 높은 비율로 증가하여 쿄호기경에 성장이 둔화된 듯하다.

요시다吉田 추계

17세기 초두, 혹은 그 이전의 인구는 어느 정도였을까? 16세기 말의 전국인구의 추계로 1,800만 명이라고 하는 요시다 토고吉田東伍의 설이 있다. 요시다는 메이지 40년경의 쌀 수입량 5천만 석과 인구 5천만 명, 텐뽀기天保期 석고 3천만 석과 인구 3천만 명이 거의 대응하고 있는 점에 착안하여, 일본인은 1년간 한 사람당 1석의 쌀을 직접·간접적으로 소비한다고 생각했다. 그리하여 태합검지太閤檢地[7]에 의한 텐쇼기天正期의 전국 총 석고[1,800만 석]로부터 1,800만이라는 추계를 이끌어내었던 것이다.[8]

요시다 추계는 '석고는 토지 수확의 어림수'라 하여 경험적인 수확량[석고]과 인구비율로부터 추론된 것인데 맞지 않는다고 하면서도 반세기 동안 오래도록 사용되어 왔다. 그러나 '석고'란 무엇인가? 또한 '수확의 어림'이란 무엇인가? 이러한 의문을 품은 하야미 아키라速水融는 요시다 추계의 근거가 되는 석고와 인구비[1인 = 1석]는 우연히 그렇게 된 것뿐이

---

7 역주_도요토미 히데요시가 전국적으로 경작지를 측량하고 수확량을 조사한 것.

8 吉田東伍, 『유신사 8강(維新史八講)』.

라고 하여 요시다설을 부정했다. 그 이유는, 근세 초기에도 1인 = 1석의 관계가 성립했는지 아닌지 의심스럽다는 것, 다음으로 석고는 쌀[현미] 자체의 수확량이 아니라는 것이다. 주지하는 바와 같이, 석고는 논[수전水 田]만이 아니라 밭이나 염전, 나아가 대지에도 성립하는, 연공 부과를 위하여 쌀로 측량한 토지의 법정 평가액이었다. 또한 무사의 가격家格을 나타내는 기준이 되었기 때문에, 실제의 쌀 수입을 직접 반영하는 것은 아니었던 것이다.

17세기 초기의 인구·석고 비율을 실제로 구해보면, 호소카와細川 씨가 조사한 '코쿠라번인축개장小倉藩人畜改帳(1622년)'에는 부젠豊前, 부고豊後 양국의 마을로부터 0.28~0.44라는 비율을 얻을 수 있다. 이것을 1,850만 석이라고 하는 케이쵸기慶長期의 석고를 2할 부풀린 2,200만 석에 곱하면 석고에 비례하는 인구는 518만~814만 명이 된다. 비농촌인구를 더해도 1600년경의 전국인구는 겨우 1,000만 명일 것으로 추계되었다.[9]

같은 방법으로 분로쿠기文祿期의 데와出羽국 오키타마置賜 지방 농촌[「읍감邑鑑」]과 칸에이기寬永期의 히고肥後번 농촌[「히고번인축개장肥後藩人畜改帳」, 1633년]에 대해 필자가 구한 인구·석고 비율은 0.26~0.31, 그리고 0.35였다. 따라서 인구의 과소 등록을 고려해도 1,800만 명이라고 한 요시다 추계는 명백히 과다하다고 할 수 있다.

---

9 速水融, 『일본경제사로의 시각(日本經濟史への視角)』.

하야미 추계

지역인구와 석고의 비율을 구한 위의 지역은 어느 곳이나 당시의 후진 지대였기 때문에, 그 인구와 석고 비율을 전국에 적용하는 데에는 문제 가 있을지도 모른다. 거기서 하야미는 석고에 의존하지 않는 전혀 다른 방법으로 전국인구를 구하는 시도를 했다. 이 추계는 종문개장을 구사하 여 관찰한 분석으로부터 얻은 것으로, 시나노信濃국 스와諏訪군의 인구증 가 패턴을 이용했다. 그리고 인구증가의 개시 시점이 지역에 따라 다르 지만 이 패턴은 어디에도 공통된다고 가정했다.

인구성장 개시시기를 다섯 키나이畿内의 선진지대에서는 1500년, 오와 리尾張부터 하리마播磨에 걸친 7개 국의 중간지대에서는 1550년, 그 외의 후진지대에서는 1600년으로 하여, 어느 지역에서나 그 후 150년간에 3 배로 증가하여 극한인구에 달한다고 가정했다. 극한인구에는 1750년의 지역인구가 적용되었다.

이렇게 하여 추계된 1600년의 인구는 1,227만 명이 된다.[10] 1721년까 지의 연평균 증가율은 0.78%가 되어 요시다 추계의 경우(0.46%)와 비교 해서 꽤 크다. 근대 이전에 인구유입도 없이 자연증가만으로 메이지부터 쇼와昭和까지의 실적인 1% 가까운 증가가 1세기 이상이나 지속될 수 있 는가라는 의문도 있다.

추계는 어디까지나 몇 개의 가설에 기초하여 수행된 것이기 때문에 여

10 사회공학연구소, 앞의 책

러 가지 가능성을 검토해 볼 필요가 있을 것이다. 앞에서 말한 바와 같이, 에도시대 전기의 인구성장은 에도시대에 들어서면서부터 시작된 것은 아니다. 빠르면 14~15세기부터 시작되었을 가능성이 있다. 또한 이 추계에는 전국인구의 증가가 1750년에 정지한다고 가정하고 있다. 그러나 막부의 조사에 의하면 1721년 이후에 정체되고 있다고 해도 좋다. 거기서 인구증가 패턴은 동일하게 하고, 인구성장의 개시시기를 20년 및 30년 빨랐던 것으로 가정해 보면, 1600년 인구는 1,432만, 그리고 1,547만이 된다. 1721년까지의 연평균 증가율은 각각 0.65%, 0.58%가 된다. 이 수준이라면 성장개시기의 가정과 증가율의 실현 가능성으로부터 보아 무리가 없는 추계가 아닐까 여겨진다. 사실 이것은 차후의 검토과제이다. 그러나 어느 설에 의거한다 해도 에도 전기가 증가율이 높은 '인구폭발'의 시대, 중후기가 정체의 시대라는 것은 역사상 조금의 변경도 없다.

에도 후반기의 정체

에도시대 후반기의 인구는 전반기와 대조적으로 정체적이었다. 막부의 전국인구조사에 의하면, 1721년에 2,605만 명을 헤아린다는 조사인구는 감소와 회복의 물결을 그리면서 조사결과가 전하는 최후의 해, 1846년에는 2,684만 명이었다. 변동 폭은 1721년 인구에 대해 최대 3.3%[1732년의 2,692만 명], 최소 4.5%[1792년의 2,489만 명]로 상하 5% 이내에 안착하고 있다. 1721년과 1846년의 양단을 잇는 장기적 추세는 3.2%, 연평균 0.03%의 미세한 증가에 머물렀다.

단지 이 수치는 약간 수정되지 않으면 안 된다. 막부의 인구조사 대상은 서민인구에 한정되고, 무사, 공가公家11, 그리고 피차별민은 제외되어 있기 때문이다. 또한 서민인구에 대해서도 실제로 조사를 행한 영마다 조사대상이 되는 하한연령이 달랐으며, 연소인구에 상당한 제외가 있었다고 추측되는 외에도, 도시주민 가운데에는 장부로부터 벗어나 조사 누락된 인구도 많았다. 세키야마 나오타로關山直太郞는 에도시대 말기의 제외인구를 450만~500만, 즉 조사인구의 15~20%로 추정하고 있다.12 여기서는 메이지 초기의 신분별 인구표를 참고로, 거의 1할을 점하는 평민 이외의 무사, 기타 인구가 신분상 제외되어 있으며, 그 외에 서민인구의 1할에 해당하는 인구가 연령과 장부상 제외에 의한 탈루인구라고 가정

11 역주_조정에 봉사하는 귀족, 관인의 총칭.
12 關山直太郞, 『근세일본의 인구구조(近世日本の人口構造)』.

했다. 그래서 〈표1〉에는 막부의 조사인구에 1.2를 곱하여 보정한 추계인
구를 제시해 두었다.

이런 종류의 제외·탈루인구는 에도시대 말기에 이를수록 증가했을
가능성이 있다. 만약 그렇다면 에도시대 후반기의 인구는 더 증가한 것
이 될 것이다. 그러나 가령 그렇다 해도 증가율이 10%를 넘지 않았음이
확실하다.

새로운 해석

그림3 · 제3의 물결

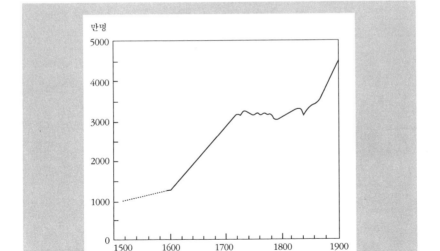

　에도시대 후반기의 인구가 정체적이었다고 하는 통설이 틀린 것은 아니다. 그러나 그림으로 나타낸 바와 같이, 에도시대 후반기의 인구를 1600년 및 19세기 후반의 인구와 결부시켜 보면, 에도시대 후반기의 인구정체에 대한 견해는 또 다른 것이 된다. 에도시대 후반기의 인구변화는 18세기와 19세기에서 서로 달랐다. 인구가 가장 하락한 1792년을 경계로 구분해 보면, 1721~1792년은 4.5% 감소[연 비율 0.07%], 1792~1846년은 8.5% 증가[연 비율 0.15%]로 확실하게 이분된다. 18세기의 감소는 제3의 물결의 종식국면인데 19세기의 증가는 메이지기의 급속한 인구증가의 선구가 되었다. 근대 인구성장의 초기국면으로 이해할 수 있을 것이다.

2
경제사회화와 인구성장

인구성장의 메커니즘

앞에서 17세기는 인구혁명의 시대라고 서술했다. 그러면 이 인구성장은 언제, 어떻게 시작한 것일까? 그것이 1600년경에 돌연히 일어났다고 생각하기는 어렵다. 그렇다고 해서 12세기 이후 똑같은 페이스로 증가해 왔다고 생각되지 않는다. 경험적으로 무리 없는 성장곡선을 적용시킨다면 인구성장의 개시기를 14세기부터 16세기 어디쯤에서 구할 수 있을 것 같다.

제3의 물결에서 인구성장의 요인과 그 메커니즘에 대해 답하는 것은, 하야미 추계에서 인구성장곡선에 관해 사용한 가정에 대해 그 근거를 설명하는 것이기도 하다. 하야미에 의해 행해진 시나노국 스와군의 농촌인구에 대한 상세한 연구에 의하면, 17세기의 인구성장은 일반적으로 세대규모와 세대구조의 큰 변화를 동반하고 있으며, 그에 따라 야기된 출생률의 상승이 인구성장의 주요인이 되었음이 명백하다.[13]

스와 지방의 인구는 1600년경부터 증가하기 시작하여 그 후 1세기 반

동안 3배가 되었다고 추정된다. 이 사이에 평균 세대규모는 17세기 후반 (1671~1700년)에 7.04명이었는데, 시간이 갈수록 축소되어 18세기 전반기에 6.34명, 18세기 후반기에 4.90명, 19세기 전반기에 4.40명, 그리고 에도시대 말기 1851~1870년에는 4.25명이 되었다. 에도시대 말기의 평균 세대규모는 2세기 전의 64% 밖에 안 한다. 규모의 축소는 18세기 중엽까지 현저하게 진행되었는데, 그즈음까지가 커다란 인구증가의 시대였다.

평균 세대규모의 축소는 동시에 다른 변화를 동반하고 있었다. 그것은 세대규모의 지역 차를 해소하고, 특정 규모로 집중시키는 것이었다. 스와 지방의 촌락을, 스와 호수 북서연안지구, 동남연안지구, 코슈오칸甲州往還에 연접한 남동지구, 야쯔가타께八ヶ岳 서쪽 기슭의 야마우라山浦라 불리는 지구로 나눠보면, 스와 호수 북서연안과 동남연안지구에서는 일찍부터 세대규모의 축소가 진행되고 있었음에 비해 야마우라 및 남동지구에서는 늦게까지 세대규모가 컸다. 또한 평균 세대규모가 큰 시대, 혹은 지역에서는 세대규모의 분포가 광범위하게 분산적이었으나 막부 말기에는 세대규모 4명 내지 5명으로 집중되는 현상을 현저하게 보였다.

---

13 速水融, 『근세농촌의 역사인구학적 연구(近世農村の歷史人口學的研究)』.

세대의 구조

세대규모에서 대소의 차이는 세대구조와 밀접한 관계가 있다. 스와 지방의 세대규모와 그 구성 요소와의 관계분석으로부터, 세대규모를 크게 하고 있는 것은 예속농민과 방계친족(호주의 삼촌, 형제 등)의 존재이며, 또한 두 쌍 이상의 부부가 있는 세대나 3대에 걸친 가족이 있는 세대 등, 복합적인 가족으로 이루어진 세대의 비율이 큰 경우임이 증명되었다. 세대규모의 축소는 방계친족과 예속농민의 분리 독립, 혹은 소멸에 의한 직계친족을 중심으로 하는 소규모 세대화의 진전에 의해 실현된 것이었다.

표3 · 조별로 본 세대규모와 세대구성원 수(히고국 코시군, 1633년)

조 명	竹迫	弘生	上生	板井	永村	住吉村	大津	津久礼	下町村	平川	전 체
세 대 수	119	125	139	92	168	122	194	99	124	147	1,329
1. 평균세대규모	10.27	6.26	6.01	6.89	6.30	7.29	4.70	7.13	6.14	7.09	6.65
2. 혈연가족	4.45	3.97	4.37	4.68	4.43	4.13	3.79	4.58	4.10	4.15	4.22
3. 호주와부인	1.93	1.92	1.92	1.90	1.73	1.89	1.98	1.87	1.89	1.99	1.90
4. 부모	0.81	0.69	0.57	0.92	0.73	0.86	0.71	1.04	0.83	0.97	0.80
5. 아이	1.54	1.18	1.71	1.59	1.71	1.33	1.04	1.33	1.19	1.05	1.35
6. 방계친	0.17	0.18	0.17	0.27	0.26	0.05	0.06	0.34	0.19	0.14	0.17
7. 비혈연가족	5.82	2.30	1.64	2.22	1.85	3.16	0.92	2.56	2.04	2.94	2.43
8. 농노	4.08	1.50	0.86	1.43	1.41	2.64	0.63	1.82	1.42	2.34	1.74
9. 하인 외	1.74	0.80	0.78	0.79	0.44	0.52	0.29	0.74	0.62	0.60	0.69

* 출처 : 키토 히로시鬼頭宏,「도쿠가와시대 초기 농민의 세대와 주거－히고번인축개장의 통계적 연구德川時代初頭の農民の世帶と住居－肥後藩人畜改帳の統計的研究」,『數量經濟史論集·日本 經濟の發展－近世から近代へ』, 日本經濟新聞社.

** 주 : 세대당 평균인수이다.

마찬가지로 17세기 초기에 평균 세대규모 6.8명을 갖는 히고국 코시슴村군에서도 확인할 수 있다. 여기에는 당시 '십조十の組'라고 불리는 지역 조직으로 정비되어 있었는데, 스와 지방과 마찬가지로 평균 세대규모가 10명을 넘는 지역도 있는가 하면, 5명이 안 되는 지역도 있을 정도로 지역 차가 컸다. 그리고 평균 세대규모의 차이는 〈표3〉에서 명백히 볼 수 있듯이, 오로지 세대 내에 포함되어 있는 명자14, 하인 등과 같은 예속농민의 다소에 있다. 혈연가족[직계가족]의 규모는 어디에도 4명을 약간 넘는 정도로 수렴되었다.15

혼인혁명

세대규모의 축소는 어떻게 현저한 인구성장과 결부되어 있었던 것일까? 이 점에 대해서는 코시군과 같이, 호소카와 씨가 영유한 히고국 다마나玉名군 야케八ヶ촌의 세대 내 지위별 배우관계가 단서를 제시해 준다. 이 사료에 의하면, 예속농민의 인구학적 특징은 혈연친족과 비교해서 명백히 그 유배우율有配偶率16이 현저하게 낮았다는 것이다. 이 점에 관해서는 방계친족도, 또한 가家를 계승하는 위치에 있지 않은 직계친족[차남,

---

14 역주_나고名子라 하며 중세 및 근세의 하층민을 총칭한다.

15 鬼頭宏,「도쿠가와시대 초기 농민의 세대와 주거(德川時代初頭の農民の世帶と住居)」,『數量經濟史論集1 日本經濟の發展』.

16 역주_배우자가 있는 자의 비율.

삼남 등지도 마찬가지여서, 인구 재생산을 담당한 것은 오로지 직계친족이었다. 연령별 유배우율을 보면 예속농민과 방계친족의 대부분은 만혼이며, 혹은 생애를 독신으로 보내는 자가 많았다. 따라서 이 사람들이 자립 내지 소멸하여 감소하는 것은 사회 전체의 유배우율을 높이고, 그 결과로서 출생률의 상승과 결부된다. 세대규모의 축소가 진행된 16~17세기는 혼인혁명의 시대이기도 했다. 이렇게 누구나 생애에 한번은 결혼하는 것이 당연하다고 하는, 생애독신율이 낮은 '개혼사회皆婚社會'가 성립한 것이다.

소농민의 자립

위에서 서술한 세대의 변화는 소위 소농민 자립으로 불리는 현상의 일면에 지나지 않는다. 인구성장은 예속농민의 노동력에 의존하는 나누시名主경영17이 해체하고, 가족 노동력을 주체로 하는 소농경영으로 이행하는, 그러한 농업경영조직의 변화와 결부되어 있었다. 종종 태합검지의 역사적 의의는 '한 토지에 한 작인' 제도를 추진하여, 소농민의 자립을 지향하는 정책이었다고 평가되어 왔다. 분명히 소농민 자립의 현상은 16~17세기 경제사를 가장 선명하게 채색하고 있다. 그러나 역사적 인과관계는 그 반대였을 것이다. 키나이에서 시작하여 그 주변 지대로

---

17 역주_나누시(유력농민, 혹은 촌장)가 토지를 청부받아 농민에게 경작시키고 영주에 대한 공납을 책임지는 경영방법.

퍼져가고 있던 경영조직의 변화를 민감하게 파악하여 소농경영을 정치 경제의 기반으로 자리 잡게 하는 데에 성공한 것이 도요토미 히데요시이며, 도쿠가와 이에야스德川家康였다고 할 수 있는 것이다. 두 사람 모두 그 출신이 오와리尾張, 미카와三河라고 하는 그야말로 변화의 최전선에 있었다. 이것이 소농민경영에 기초를 둔 사회의 건설을 당연한 것으로 선택하게 하였던 것이다.

경제사회화

나누시경영을 해체시키고 소농경영을 중심적인 경영체로 하는 것과 같은 변화는 14~15세기에 맹아를 보이고, 그 후 16~17세기에 성장하는 시장경제의 확대에 따라 형성되었다고 여겨지고 있다.

앞장에서 본 바와 같이, 장원제 하의 경제에 있어 장원영주 지배지의 관리운영에 대한 의욕과 힘은 점차 쇠하고, 자신의 소비생활을 만족시키기에 족한 장원 연공의 확보에만 관심이 모아지고 있었다. 연공은 오직 현물이거나 부역이며, 직접 영주에 의해 소비되고 마는 성질의 것이었다. 그러한 환경에서는 농민의 생산목적은 연공과 자급에 한정되기 때문에 생산의욕을 자극하는 유인은 부족했다. 강제와 관습에 따른 농업생산은 효율적일 필요는 없고, 따라서 경영형태에는 다수의 예속농민을 보유한 나누시경영으로부터 소규모의 가족경영까지 여러 가지 형태가 공존했다. 다시 말해 장원제 하의 경제에는 일정한 생산관수生産關數가 존재하지 않고, 보다 많은 수확을 끌어내기 위하여 규모를 최적화하려는 행동

이 보이지 않았다는 것이다.[18]

시장경제의 발흥은 장원의 연공에 대한 금납화가 진전된 것에서 찾아볼 수 있다. 장원은 쌀, 포목, 숯, 목재 등등의 현물로 공납하는 대신에 화폐[전錢]로 상납시켰는데, 13세기경부터 눈에 띠게 나타나서 14세기가 되자 그 수는 상당히 증가했다. 그와 함께 각지 장원 내에 시장이 생겨나게 되었다. 두 가지의 현상은 서로 보완관계를 가지며 진행되어 정체적이던 장원제적 경제순환구조가 점차로 변화하기 시작했다. 화폐와의 접촉은 시장에서 교환을 통하여 이득을 얻을 기회를 가져왔다. 처음에는 장원의 서기나 재지영주 등의 일부 사람들에게 한정되었던 화폐와의 접촉이 일반농민에게도 이르게 되자 그것은 생산에 대한 큰 자극이 되었다. 키나이의 중심적 도시 이외에 죠카마치城下町[19], 지나이쬬寺内町[20], 항구 등의 도시적 집락이 증가하여 성장하자, 그 소비 수요에 맞추어 이윤획득을 노리는 판매가 농민의 생산목적에 더해졌다. 생산량의 확대와 생산효율의 상승을 꾀하기 위하여 여러 가지 노력이 시도됨으로써 농민은 보다 좋은 생산방법을 쫓아 선택적으로 행동하게 되었다. 경영형태의 변화도 그와 같은 대응의 하나였다. 의식주의 비용이 늘어난 위에 근면한 노동을 기대할 수 없는 예속농민에 의존하는 것은 경제 환경의 변화에

---

18 速水融,『일본에서의 경제사회의 전개(日本における經濟社會の展開)』.

19 역주_영주 거주의 성곽을 중심으로 호족촌 등이 주변의 상인·직인職人 거주지를 흡수하여 발달한 도시.

20 역주_사원을 중심으로 승려, 상공업자, 농민이 집거하는 일종의 종교도시.

대응하기에 부적합했던 것이다.

재미있게도 소농자립이 진행된 시대에는 인구 1인당 농경용 가축 수도 적어졌다. 이 현상도 또한 융통성 없는 우마의 노동에 의존하기보다 아낌없는 노동을 가족노동에 기대하는 쪽이 벼농사에 유리하다는 계산의 결과였다.

사람들이 이러한 경제 합리성을 중시한 행동을 취하게 되는 사회로 변화해 가는 것을 하야미 아키라는 경제사회화라 부르고 있다. 이것이야말로 인구성장의 제3의 물결을 야기한 원동력이었다.

생활혁명과 사망률의 개선

이 시대 인구성장의 주요인은 혼인구조의 변화에 의한 출생률 상승에 있었다고 할 수 있으나, 사망률에도 무시할 수 없는 개선이 있었다. 가령 「관정중수제가보寬政重修諸家譜」에서 얻어진 하타모토旗本21의 평균 사망연령은 1561~1590년 출생자가 42.3세인 것에 대해, 거의 1세기를 지난 1681~1710년 출생자는 51.3세로 9살이나 늘어났다.22 뒤에 보는 바와 같이, 종문개장에서 추계하는 서민의 평균여명[출생 시]은 더욱 짧다. 17세기에는 20대 후반 내지 30세 언저리였다고 생각되는데, 18세기에는 30대 중반, 19세기에는 30대 후반으로 착실하게 신장되었다.

21 역주_영주가의 상층 무사.
22 코죠 야마무라, 『일본경제사의 새로운 방법(日本經濟史の新しい方法)』.

　사망률 개선의 원인은 의료, 의학의 진보라기보다는 15~17세기의 의식주 전반에 걸친 일상적인 생활수준의 향상이었다고 생각된다. 구체적으로는 고구마 등의 신종 작물 도입이나 생산력 향상, 유통의 확대, 거기에 1일 3식제의 정착 등 식생활의 충실, 목면재배의 보급에 의한 의류, 침구의 개선, 초석옥礎石屋(건축업)과 타타미疊의 보급에서 보이는 주거생활의 향상이었다. 근세적인 혹은 전통적인 일본인의 생활양식이 형성되는 과정에서 사망률의 개선을 얻을 수 있었던 것이다.

3
18세기의 인구사

제로성장의 사회인가?

17세기에는 연 비율 1%에 육박하는 기세로 증가한 인구도 18세기에 들어서자 정체국면을 맞이했다. 그것은 모든 자원을 토지생산물로 얻는 농업사회, 더구나 적어도 에너지 자원과 식료에 관해서 보면 완전히 '쇄국'체제를 강제한 농업사회가 필연적으로 직면할 수밖에 없는 사태였다.

생산량의 지표로써 총 석고를 보면, 1598년에 1,851만 석은 1세기 후인 1697년에는 2,580만 석으로 비약적인 증대를 나타내었다. 적극적인 개간과 토지생산성 상승의 결과였다. 이와 대조적으로 에도시대 후반의 신장은 적어, 1830년의 총 석고는 3,043만 석에 그쳤다. 이제부터는 에도시대 후반의 인구정체를 경제발전이 벽에 부딪친 현상으로 볼 수 있을 것이다.

한때 고교일본사 교과서에는 영주에 의해 무거운 공납이 부과된 농민은 생활의 향상이 저지되고, 낙태와 '마비키間引き'23가 널리 행해지며,

---

23 역주_출생 후의 선택적인 영아살해嬰幼兒殺害로, 출생 제한의 일종이다.

거듭되는 기아와 전염병이 엄습한 것이 에도시대 후반기의 인구를 정체
시켰다고 쓰여 있다. 그러나 이러한 해석은 정말 옳은 것일까? 지역인구
의 변동, 그리고 에도시대의 인구와 경제의 관계를 다시 관찰해 보기로
하자.

지역인구의 변화

그림4 • 지역인구의 변화(1721~1846년)

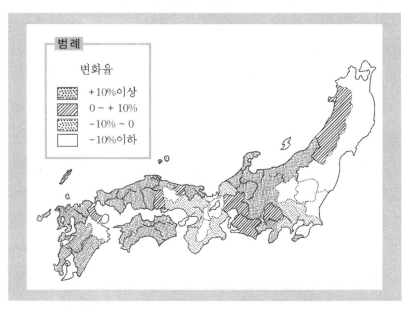

확실히 전국인구는 에도시대 후반기에 정체적이긴 했지만 겉보기와
는 다르게 지역인구의 움직임은 극히 다채로웠다. 이것은 1721년부터

1846년에 이르는 국별 인구변화를 나타낸 〈그림4〉가 그 사실을 웅변하고 있다. 125년 사이에 20% 이상이나 인구가 감소한 지방이 코즈케上野, 시모츠케下野, 히다치常陸 3개국, 10% 이상 감소한 지역이 토호쿠, 칸토, 킨키 지방을 중심으로 9개국이었다. 그러나 반면에 20% 이상 증가를 보인 지역이 호쿠리쿠 지방과 츄고쿠, 시코쿠, 큐슈와 같은 서남쪽 일본을 중심으로 하는 18개국이나 되었다. 에도시대 후반기의 인구는 따라서 플러스, 마이너스로 여러 가지 지역인구의 변화가 합성되어 출현한, 완전히 우연한 결과였다고 할 수도 있다.

다양성이 공업화 이전사회의 인구학적 특징의 하나라고 해도, 이 제로섬게임zerosum game은 각 지역에 각각 독립적인 사정에 의해 초래된 것일까, 그렇지 않으면 무언가 공통된 원인이 한쪽에서 증가를 다른 한쪽에서 감소를 초래하게끔 작용시킨 것일까?

인구증가의 요인으로서 식량자원의 증가가 고려되지 않으면 안 된다. 유감스럽게도 에도시대 후반기의 경지면적을 정확하게 전하는 자료는 없다. 하지만 1721년부터 1880년의 인구변화와 엔보·쿄호 시기부터 1880년의 경지면적 증가 사이에는 예상했던 대로 높은 상관관계가 성립하고 있었다. 또한 경지개발의 지표가 되는 용수로 개척, 저수지 축조, 간척 공사 건수를 보면, 경지개발은 17세기 중엽, 17세기 말~18세기 초, 그리고 19세기(에도시대 말기)에 융성기가 있었다. 여기에 끼어있는 2회의 쇠퇴기 가운데 17세기 말의 경우는 기간도 짧고 가벼웠으나, 18세기의 대부분을 점하는 쇠퇴기는 장기에 걸쳤을 뿐만 아니라, 그 정도도 컸다. 이러한 개간의 장기 파동은 전국인구의 추이와 매우 잘 대응하고 있다.[24]

위의 관찰로부터 경지확대의 여지가 없어진 것이 얼마나 인구증가를 규제하고 있는가라고 생각하겠지만, 사실은 그렇게 단순하지는 않다. 인구정체가 개발을 정체시켰다고 보는 것도 가능하기 때문이다. 인구와 경지면적은 상호 의존 관계에 있었기 때문에, 거기서 인구증가는 대대적인 경지확대가 가능했기 때문이라고 바로 결론짓는 것은 곤란하다.

다른 증거가 있다. 1721~1834년의 인구변화와 1697~1830년의 석고 증가를 대비시켜 보면, 시코쿠, 호쿠리쿠, 토잔, 큐슈, 토카이, 거기에 산요山陽와 산인山陰을 합한 츄고쿠의 여러 지방은 석고지수와 1대 1에 가까운 인구지수를 나타내는데, 킨키 지방은 그보다 약간 어긋나고 토호쿠와 칸토는 일반적 경향에서 크게 벗어나서 석고의 증가에도 불구하고 인구는 감소하고 있다.

이것은 인구증가 요인으로 경지 내지 석고의 증가는 무시할 수 없지만, 에도시대 후반 인구변동의 지역 차를 설명하기 위해서는 인구감소 요인을 따로 검토하지 않으면 안 됨을 의미한다.

인구감소 요인

에도시대 후반기에는 쿄호, 호레키, 텐메이, 텐뽀, 케이오慶應 등의 각 시기에 몇 번이나 큰 흉작이 엄습했던 것은 잘 알려져 있다. 거기서 〈표 4〉에는 에죠蝦夷와 류큐琉球를 제외한 68개국을 14개 지역으로 정리하여

---

24 菊地利夫, 『新田開發』.

각각 전 기간, 재해년, 평상년으로 나누어 인구변화율을 나타냈다.

표4 · 지역인구의 변동(1721~1846년)

지 역	전 기간(%)	재해년(%)	평상년(%)	온난지수(℃)	도시인구비율(%)
히가시오우(무츠)	−18.1	−27.4	9.4	86.4	9.0
니시오우(데와)	4.0	−19.0	22.9	88.6	14.5
키 타 칸 토	−27.9	−23.9	−4.0	103.2	6.1
미 나 미 칸 토	−5.2	−10.9	5.7	117.2	27.9
호 쿠 리 쿠	17.6	−10.0	27.5	105.8	15.9
토 잔	13.2	−12.1	25.4	95.8	5.2
토 카 이	10.5	−6.3	16.9	122.4	10.8
키 나 이	−11.2	−18.6	7.4	122.3	32.7
키 나 이 주 변	−5.1	−14.3	9.1	117.0	10.4
산 인	23.6	−1.7	25.3	114.2	9.7
산 요	20.2	−1.0	21.2	120.4	8.8
시 코 쿠	26.8	4.4	22.5	126.1	8.6
기 타 큐 슈	6.8	−2.0	8.8	129.5	9.2
미 나 미 큐 슈	23.6	12.2	11.5	135.0	8.2
합 계	3.0	−10.3	13.3	114.1	13.3

* 자료 : 速水融 監修 內閣統計局編, 『國勢調査以前日本人口統計集成 別卷1』, 東洋書林.
** 주 : 1) 지역구분에 대해서는 〈표1〉을 참조.
　　　2) 변화율은 각 기간의 인구변동량의 1721년 인구에 대한 비율.
　　　3) 재해년은 1721~1750년, 1756~1792년, 1828~1840년으로 했다.
　　　4) 온난지수는 월평균 기온 5도 이상의 달의 기온으로부터 5도를 뺀 값의 적산치積算値.
　　　　각 지역에 포함된 지역을 대표하는 50개 도시의 1941~1970년 평균기온에서 산출했다.
　　　5) 도시인구비율은 메이지 8년 『공무정표共武政表』에 기재되어 있는 5천 명 이상의 '인구
　　　　폭주지人口輻輳地' 인구의 같은 해 지역인구에 대한 비율(%).

재해년의 인구변화율은 전부 12년도분이 알려져 있는 국별 인구에서 쿄호, 호레키, 텐메이, 텐뽀의 흉년기를 포함하는 1721~1750년, 1756~1792년, 1834~1840년의 변화의 합계를 1721년의 인구로 나누어서 얻었다. 평상년의 변화율은 전 기간의 변화율에서 재해의 변화율을 뺀 형태로 계산되어 있다.

전 기간의 변화율부터 보면, 히가시오우東奧羽[무츠국陸奧國 지역], 키타칸토, 미나미칸토南關東, 키나이 및 그 주변에서 감소한 외에는 9지역에서 증가하고 있다. 특히 서남 일본에서 증가율이 높아 '서고동저西高東低'의 패턴이 확실함을 인정할 수 있다. 그 결과 8세기 이후 거의 직선적으로 동북방향으로 전진해 온 인구중심은 다시 역행해버렸다. 1721년의 인구중심은 비와코琵琶湖 동쪽 연안의 나가하마長濱시에 있었는데, 125년 후인 1846년에는 호수를 건너 서쪽 연안의 타카시마高島정으로 옮겨갔다.[25]

이 패턴은 주로 재해년의 감소 정도에 강하게 영향을 받아 생겨난 것 같다. 재해년에는 전국에서 9.8% 인구가 감소했으나, 토호쿠, 칸토, 호쿠리쿠, 킨키에서 감소율은 크고, 토잔, 토카이와 서남 일본에서는 작았다. 이 시기에도 시코쿠와 미나미큐슈에서는 증가하고 있었다.

평상년의 인구변화는 전국인구에 플러스 12.8%로 재해년의 감소를 충분히 보충하고 있으며, 토호쿠도 포함하는 대부분의 지역에서 10% 이상 증가하고 있다. 이들 지역에서는 재해만 없었다면 그로부터 회복과정에서의 급속한 증가를 뺐다고 해도 인구는 순조로이 증가할 수 있는 힘

25 사회공학연구소, 앞의 책.

을 가지고 있었던 것이다. 그러나 칸토와 킨키에서는 사정이 달랐다. 거기서는 평상년에도 인구증가율은 상당히 낮아서 키타칸토에서는 8.6%나 감소하고 있었다.

기아와 질병

재해년 인구감소 이유의 대부분은 '온난지수'가 설명해준다. 온난지수는 식물의 성장에 유효한 섭씨 5도 이상 기온의 적산치로 계산되고, 이것이 큰 지방일수록 농업생산력은 안정적이며 크다고 할 수 있다. 사실 재해년의 인구변화율과 온난지수의 상관관계는 강하며, 에도시대 후반기의 인구감소가 기온이 더 낮은 지역에서 컸다는 것을 증명하고 있다(그림5 참조).

그림5 · 온난지수와 재해년 인구변화율(%)

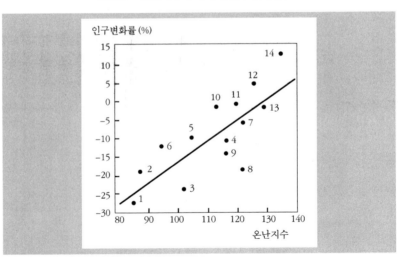

* 자료 : 〈표4〉 번호는 지역을 표시한다.

1800년을 중심으로 하는 1세기는 일본만이 아니라 유럽에서도 기후가 극도로 한랭화한 소빙기였다. 1732년의 쿄호의 흉작은 벼멸구를 비롯한 병충해 때문인데, 피해는 서일본을 중심으로 나타났다. 그런데 호레키, 텐메이기의 흉작[1753~1763년, 1782~1787년]과 텐뽀기의 흉작[1833~1836년]은 어느 것이나 하계의 기온저하에 의한 냉해가 주요한 원인이었다. 기후 한랭화가 인구에 미치는 영향이 드러난 것은 호레키부터로, 특히 토호쿠 지방에서는 1750년대에 크게 떨어졌으며, 이것을 뒤따라 텐메이기의 흉작이 추격하게 되었다.

벼농사를 위해서는 하계의 고온다습한 아열대 기후가 없어서는 안 된다. 그런데 소빙기에는 북태평양 고기압이 일본열도로 밀고 들어와 토호쿠 지방에서 '재너미[山背: 야마세]'라 불리는 차가운 북동풍을 보내온다. 또한 냉하에는 제트기류에도 이상이 생겨 일본 부근에 많은 저기압을 발생시켜 비를 내리게 한다. 이렇게 벼의 생육, 완숙기에 기온 저하, 일조량 부족, 장마, 홍수를 가져와서 흉작을 야기하는 것이다.

기후 한랭화의 영향은 흉작이 초래하는 기근만이 아니라 영양부족에 더하여 여러 가지 질병을 만연시키게 되고, 직접·간접적으로 인명을 앗아가는 요인이 되었다. 이러한 영향을 가장 강하게 받은 것은 그 지리적 위치로부터 토호쿠 지방의 태평양 방면[무츠陸奧]과 키타칸토였다. 반대로 온난지수가 큰 서남 일본에서는 피해가 낮은 수준에 머물렀던 것이다.

18세기의 한랭기후가 인구정체의 일 요인이라는 것은 그 영향이 일본만이 아니라 동아시아 일대에 확대되고 있었음을 예상케 한다. 조선의 호구기록에 따르면 조선인구는 17세기에 급성장한 뒤에 18세기에는 600

만 명대에 정체하고 있어 일본 인구의 움직임과 궤를 같이 한다.

개미지옥이 된 대도시

인구변동의 제로섬게임은 이렇게 일부는 지리적 위치의 차이, 즉 재해년과 평상년 사이에서 전개되었지만, 또 다른 일부는 도시와 농촌 사이에서도 존재했다. 다시 한번 〈표4〉를 훑어보면 키타칸토, 미나미칸토, 키나이 및 그 주변에는 평상년조차 인구증가율이 낮다는 사실을 눈치 챌 수 있다. 이 4지역의 공통점은 무엇일까? 그것은 에도江戸26, 오사카, 쿄토라는 대도시를 안고 있거나 거기에 인접해 있다는 점이다.

에도시대의 도시인구가 어느 정도였는가는 정확히 알 수 없으나, 메이지 8년판『공무정표共武政表』에 의하면 인구 5천 명 이상인 도시의 인구비율은 전국에 13%였다. 지방별로는 토잔東山 5%에서 키나이 33%까지 폭넓은 분포를 보이지만, 표에 없는 홋카이도 34%를 별도로 치면, 칸토[키타칸토, 미나미칸토] 21%로 킨키[키나이와 그 주변] 19%는 다른 어느 지역보다도 발군의 비율을 보인다. 칸토와 킨키를 각각 하나의 지역으로 하여 12지역의 평상년 인구변화율과 도시인구비율의 상관관계를 나타낸 〈그림6〉으로부터도 대도시의 존재가 지역인구의 증가에 마이너스로 작용하고 있다고 볼 수가 있을 것이다. 이것도 공업화 이전 사회에 공통된 인구학적 특징이었다.

26 역주_여기서는 지금의 토쿄를 가리킨다.

그림6 · 도시인구 비율과 평상년 인구변화율(%)

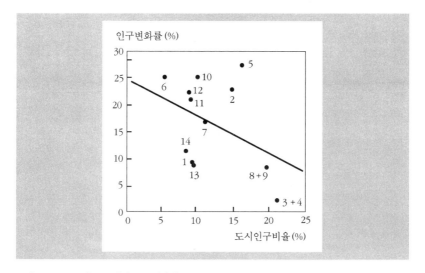

* 자료 : 〈표4〉(번호는 지역을 표시한다.)
* 주 : 대도시의 권역을 고려하여 키타칸토와 미나미칸토를 합해서 칸토, 키나이와 키나이 주변
을 합해서 킨키로 했다.

도시의 존재가 왜 인구증가를 저해하는가에 대해서는 제6장에서 상세
하게 논하겠지만, 결론부터 말하면, 도시의 높은 사망률과 낮은 출생률
에 원인이 있었다. 그 결과, 도시내부에서 인구를 재생산하는 것이 불가
능하게 되고, 인구를 유지하기 위한 주변 농촌으로부터의 끊임없는 인구
유입을 필요로 했던 것이다. 그리고 도시로 흡입된 인구는 농촌보다 높
은 사망률의 위험에 둘러싸여 있었다.

도시는 사람을 잡아먹는 개미지옥27(하야미)과 같은 것이었다. 그리하

27 역주_개미가 모래구멍 속에서 벗어나지 못하고 지쳐서
빨려드는 것을 비유한 것임.

여 경제발전의 상징이라 할 수 있는 대도시를 포함한 지역일수록 인구증가가 일어나기 어렵다는 아이러니한 상황이 연출됐던 것이다.

4
인구정체의 경제학

제3의 물결의 종언

지금까지 보건대, 기근과 영주의 착취가 에도시대 후반기의 인구정체의 원인이라고 단정할 수 없음은 명백하다. 여러 지역의, 또한 다른 시기의, 천차만별의 인구변화가 전국적으로 합성되어 출현한 '정체'였다. 게다가 전국인구가 분명하게 정체적이었던 18세기와 새로운 순환과정에 들어섰던 카세이기化政期(1800~1829년 전후)28 이후를 구별해서 생각해야 한다. 인구동태로부터 보면 18세기는 다음 시대로 변화하는 맹아를 싹틔우면서도 하나의 체계가 완성된 시대였다.

---

28 역주_분카(1804~1817)기와 분세이(1818~1829)기를 합해서 부르는 '文化文政時代'의 약칭. 도쿠가와 이에나리德川家齋가 치세하던 시기.

맬서스의 덫

일본의 인구가 현저한 정체상태에 있던 바로 그 즈음에, 영국의 한 경제학자가 현재까지도 계속해서 강한 영향력을 가지고 있는 『인구론』29을 저술했다. 그가 맬서스Thomas Robert Malthus(1766~1834)이다. 맬서스는 양성 간의 정열은 불변이며, 항상 증가하는 경향을 갖지만, 인구의 생존에서는 불가결한 생존자원(식량)의 증가는 그보다 완만할 수밖에 없다. 혹은 한계생산력은 체감하는 것이므로 인구가 증가함에 따라 필연적으로 생활수준은 저하하여 빈곤에 빠지지 않을 수 없다고 생각했다. 그러나 그 이하에서는 생존할 수 없는 최저한계의 수준, 즉 최저생존비 수준이라는 것이 있기 때문에 이것을 초월하여 인구가 증가할 수는 없다. 따라서 최저생존비 수준에 이르면 빈곤이 질병, 기아, 아동유기, 유아살해, 낙태, 범죄, 혹은 전쟁을 불러일으키고 사망률을 높여서 인구증가를 '강제로' 억제하게 된다. 이리하여 장기적으로는 최저생존비 수준에 균형을 맞추는 출생률과 사망률의 조합이 달성되어 인구는 늘지도 줄지도 않는 상태가 된다고 맬서스는 설명한다. 이것이 '맬서스적 균형상태', 혹은 '맬서스의 덫'이라 불리는 균형상태이다.

맬서스의 덫에 잡힌 사회에서는 소득은 모두 인구를 유지하기 위해서만 소비되어 버리고 저축 = 투자의 여유는 없다. 따라서 언제까지나 소득수준이 최저생존수준에 고정된 채로 그치지 않을 수 없는 것이 되고

---

29 T. R. Malthus, 『An Essay on the Principle of Population』, 1798.

만다. 가령 경지확대나 기술변화가 1인당 소득을 일시적으로 상승시켰다고 해도 이러한 경향을 갖는 사회에서는 바로 인구증가를 일으켜서 생산증대의 효과를 상쇄시키고 말 것이다. 공업화되기 전의 저개발사회의 상태는 일반적으로 위와 같이 설명되고 있다. 그러면 18세기 일본도 빈곤으로 인하여 강제로 사망률이 높아지는 '적극적 제한'이 작동하여 인구가 정체되고 있었던 것일까?

예방적 제한

다른 해석도 가능하다. 인구증가에 대한 방해는 무엇이나 적극적 제한에만 한정되지 않는다. 출생의 억제와 결부되는, 혼인 후의 산아조절과 결혼의 연기라는 '예방적 제한'이 있었다. 맬서스는 산아조절을 부도덕을 동반하는 죄악으로 여겨 그것을 인정하지 않고, 결혼의 연기야말로 도덕적 억제라고 생각했으나, 둘 다 출생하기 전의 억제라는 의미에서는 '예방적' 효과를 갖는다.

적극적 제한은 이미 일어나버린 균형수준을 넘어서는 인구증가를 제한하는 것임에 반해, 예방적 제한은 장래 예상되는 생활의 악화에 대비하는 행동이다. 예방적 제한은 보다 빠른 시점에서 작동을 시작하여 출생률을 저하시키고, 보다 빨리 사망률과의 균형을 달성시킬 것이다. 그때에 달성되는 인구규모는 적극적 제한에 의해 달성되는 균형수준보다 낮아진다. 따라서 적극적인 제한만이 작동한 경우와 비교하여, 훨씬 높은 일인당 소득수준을 확보할 수 있다. 일견 같아 보이는 인구정체여도

115

그것이 적극적, 예방적 어느 제한에 의해 초래되었는가에 따라 경제적 귀결에는 매우 커다란 차이가 발생한다.

에도시대 후반기의 경제발전

종래 18세기는 막번제 경제가 막다른 골목에 와서 이전에 보였던 고도성장이 불가능하게 된 시대이며, 그 시대는 과잉 인구가 기근이나 낙태, 마비키 영아살해로 도태되었다고 하는 맬서스의 덫의 존재를 강조하는 견해가 지배적이었던 것 같다. 그러나 최근의 역사인구학 연구나 '새로운 경제사' 연구의 성과는 이 통설에 비판적인 가설을 제시하고 있다. 두세 가지 예를 들어보자.

우선 에도시대의 인구, 경지, 자본, 석고의 양적 변화를 매크로 레벨에서 검토한 미야모토 지로宮本次郎는 중기 이후 낮은 인구성장률과 상대적으로 높은 일인당 농업산출량 수준이 결부되어 있었다고 결론짓고 있다. 미야모토의 견해에 따르면, 17세기부터 18세기로 바뀔 즈음에 경지와 인구의 사이에 긴장이 발생하여 맬서스적인 억제—적극적 제한—가 나타날 가능성이 있었으나, 의식적인 인구억제가 그것을 회피함으로써 일인당 소득수준을 유지했을 뿐만 아니라, 그것을 상승시키는 데 성공했다는 것이다.[30]

---

30 宮本次郎, 「1인당 농업산출고와 생산제요소비율(一人當り農業産出高と生産諸要素比率)」, 『數量經濟史論集1 日本經濟の發展』.

에도시대 말기의 민간경제가 결코 파탄에 이른 것은 아니며, 상당히 높은 일인당 소득수준을 향유하고 있었다는 것은 텐뽀기 쵸슈長州번의 「번민소득藩民所得」 추계가 밝히고 있다.31 그에 따르면 에도시대 말기의 쵸슈 번민은 최저생존비 수준에 만족하고 있는 것이 아니라, 훨씬 높은 일인당 소득을 얻고 있었으며 상당한 저축이 가능한 정도였다고 한다.

그렇다면 18세기의 낮은 인구성장률은 경제정체에 의해 어쩔 수 없는 상황에 있었던 것이 아니라, 반대로 그것은 에도시대 후반기의 '경제발전'을 가능하게끔 한 여유를 창출했을지도 모르는 것이다.

종문개장의 분석에서 에도시대의 낙태, 마비키 영아살해의 행동을 검토한 사람들 사이에서도 위의 생각을 적극적으로 지지하는 가설이 제출되고 있다. 즉 낙태, 마비키는 곤궁의 결과적인 행위라기보다는 오히려 넓은 의미로 산아제한에 포함될 수 있는 성질의 것이라 보아야 한다는 것이다.

윤리적 문제는 별도로 하더라도 경제적 귀결은 명백했다. 출생제한이 농민 사이에 널리 행해졌던 것이 맬서스의 덫에 빠지는 것으로부터 벗어나서, 에도시대 후반기의 일인당 소득수준의 유지 향상을 가능하게 했다. 이것이야말로 17세기의 출발점에서는 비슷한 상황이었음에도 불구하고 19세기에는 공업화의 발달에 있어 일본이 중국보다 훨씬 앞서게 되는 원인이기도 했다.32

31 西川俊作, 『에도시대의 폴리티컬 에코노미(江戸時代の ポリティカル・エコノミー)』.

32 Nakamura and Miyamoto "Social Structure and Population Change", *Economic Development and*

이 절에서 소개해온 견해의 모든 것에 대해 증명이 끝났다는 것은 아니다. 그러나 에도시대 후반기의 인구와 경제에 관한 통설에 의문을 품게 하는 역할을 충분히 달성했다고 할 수 있을 것이다.

겨우 100년 정도 이전의 일인데도 에도시대와 메이지 전기의 인구사에는 아직 잘 알지 못하는 것이 많다. 다행히 에도시대는 사료의 보고라 할 정도로 인구에 대하여 가르쳐주는 사료는 풍부하게 존재하고 있다. 그것을 기반으로 과거 십수 년 사이에 인구사 연구가 크게 발전했다. 지금까지 축적되어온 역사인구학의 성과는 아직 잡다하지만, 이것을 딛고 복잡하게 얽혀있는 인구와 사회·경제를 연결하는 실마리를 풀어내는 작업을 다음 장 이하에서 좀 더 진전시켜 보도록 하자.

Cultural Change, 30-2).

제4장

에도시대 사람들의 결혼과 출산

1
추적조사

종문개장

　지방 사이에 인간 이동이 없는 에도시대에 인구성장의 물결은 출생률과 사망률의 조합이 변화함으로써 발생했을 뿐이다. 따라서 에도시대 전반기의 성장과 후반기의 정체 사이에는 인구동태의 큰 변화가 있었다는 말이 된다. 소위 근세의 인구전환이었다. 이 변화의 와중에 한 사람 한 사람의 인간은 어떠한 인구학적 일생을 보냈던 것일까? 에도시대의 농민은 토지에 긴박되어 있어 이동이 자유롭지 못했다고 한다. 또한 여성은 조혼해서 10대일 동안 엄마가 되는 일도 드물지 않으며, 게다가 한평생 잔뜩 아이를 낳아 그 일생을 출산과 육아에 쫓기며 살았다고 한다.

　이러한 통념은 사실인가? 에도시대 사람들이 보낸 일생의 길이는 어느 정도였을까?

　하나의 인구집단이 매년 사망, 전출로 인한 인구의 손실을 출생과 전입으로 채워 인구규모를 유지해가는 것을 인구의 재생산이라 한다. 이 장과 이어지는 두 장에서는 17~19세기 남녀가 몇 살에 결혼하고, 결혼기간을 통하여 몇 명의 아이를 낳아 기르고 있었는가를 부부의 행동 추적 조사에 의거하여 살펴보고자 한다. 개개의 부부레벨의 행동이 집단레벨의 인구 재생산을 얼마나 실현하고 있었는지, 해명되어야 할 과제이다.

제3장에서 서술한 바와 같이, 공업화 이전 사회의 민중의 인구학적 행동을 찾아내기 위하여 가장 유용한 것은 종문개장이다. 한 책 한 책의 종문개장에는 세대 구성원의 이름, 호주와의 관계, 성별, 연령이 기재되어 있는 데에 지나지 않지만, 조사는 원칙적으로 매년 실시되었기 때문에 해를 이어 기록을 이음으로써 누가 언제 나타나서 언제 몇 살에 모습을 감추는지를 알 수 있다. 변동이 생겼을 때에는 간혹 종문개장의 여백에 기록하고, 쪽지종이로 첨부하거나, 혹은 별도의 증감 장부增減帳를 작성하는 등의 형태로 그것을 나타낸다. 이러한 정보도 더해 종문개장의 기재 내용을 세대 단위로 한 장의 카드─시트─에 기입함으로써 해마다의 변동사항을 일목요연하게 할 수 있다. 이렇게 하여 25년을 단위로 작성된 것을 기초데이터시트「BDS」라고 부르는데, 모든 인구통계가 이것을 기반으로 작성된다.

가족복원

기초데이터시트는 나아가 개인, 부부, 세대마다의 행동기록이 별도의 시트로 정리된다. 여기서는 인구 재생산과 관계되는 부부의 행동조사법에 대해 설명해 두자.

종문개장을 인구사료로 이용하는 것은 전전부터 행해졌으나, 위와 같은 조직적 이용방법은 하야미 아키라에 의해 1960년대에 확립된 것이다. 25년 단위의 기초데이터시트의 발명 자체가 획기적이었으나, 에도시대의 인구연구를 역사인구학의 영역으로 진전시킨 것은 뭐니 뭐니 해도 '가족복원'법의 채용이었다.

구미의 근대적 센서스는 18세기 말부터 19세기 초에 걸쳐 시작된다. 그 전의 인구상태를 전하는 사료의 하나로 교회의 교구부책[소교구의 장부]이 있었다. 영국에서는 1538년부터 전 지역의 국교회에서 교구부책을 작성하게 되었다. 프랑스에서 전국적으로 실시하게 된 것은 루이14세에 의해 내려진 1667년 왕령 이후의 일이었다. 가족복원법family re-constitution method은 본래 유럽에서 이 교구부책을 이용하기 위하여 개발된 기법이다.

교구부책parish register이라는 것은 교회가 그 교구민의 세례, 혼인, 장례 의식을 수행할 때에 본인의 이름과 함께 양친이나 배우자의 이름을 남긴 기록이다. 보통 날짜별로 기록되어 있기 때문에 출생, 결혼, 사망의 사건을 각각 집계하여 발생건수의 연차 변동을 보는 것이 그리 어렵지는 않다. 그러나 보다 상세한 인구학적 행동, 특히 결혼과 출산 등의 인구 재생산에 관한 데이터를 얻는 것은 자료 그대로는 불가능하다.

추적조사를 행하는 데에는 개별적으로 제각기 날짜에 따라 기록되어 있는 사건을 한군데에 모을 필요가 있었다. 동일한 성명을 빌미로 한 사람의 출생으로부터 사망에 이르기까지 일생을 재구성하고, 나아가 친자 배우자의 이름을 이어 붙여 부부가족을 복원하는 것이다. 가족 짜맞추기 게임과 같지만, 지루하고도 아득한 작업이 필요하다. 이렇게 하여 정보는 결혼의 기록을 출발점으로 부부마다 FRF(family reconstitution form, 가족복원용지)에 정리된다. 1950년대에 프랑스에서 개발되어, 뒤에 영국으로 도입된 이 연구법이 개발자의 이름을 따서 앙리 프류리Henri-Fleury 법, 일반적으로는 그 작업내용으로부터 가족복원법이라 불리는 것이다. 프랑스에서 성립된 역사인구학과 그 발전 경위에 대해서는 후지타 소노코藤田苑子에 의해 상세하게 소개되어 있다.[1]

가족복원법은 교구부책을 응용하는 데에 새로운 길을 열었으며, 역사인구학의 지식을 매우 풍부하게 했다. 영국에서는 캠브리지대학의 연구 그룹이 지방사가의 협력을 받아서 영국의 404교구의 교구부책을 이용했다. 그 결과가 『영국인구사E. A. Wrigley and R. S. Schofield, The Population History of England 1541-1871』로 1981년에 발표되었다. 일본에서도 1982년에 『영국의 인구와 경제발전英國の人口と經濟發展』이라는 제목의 연구서가 야스모토 미노루安元稔에 의해 저술되었다. 교구부책을 이용한 연

---

1 藤田苑子, 「解說」, 삐에르 구베르, 『역사인구학서설-17·18세기 보베 지방의 인구동태-(歷史人口學序說-17·18世紀ボーヴェ地方の人口動態-)』.

구는 현재에도 세계 각지에서 지역사 연구에 빠질 수 없는 기초연구로서
널리 행해지고 있다.

종문개장과 가족복원

일본의 종문개장은 본래 세대마다 조사되어 있기 때문에 가족의 '복
원'은 필요하지 않은 자료이다. 그런데도 군이 가족복원법을 적용한 것
은 부부를 단위로 하는 인구학적 행동을 명확하게 파악하려 한 때문이
다. 나아가 종문개장에는 교구부책에 없는 이점이 있다. 부부나 친자관
계라는 의미의 가족만이 아니라, 거주집단으로서의 가족, 세대를 파악할
수 있다. 그뿐 아니라 촌락의 인구, 연령구조 등의 모 집단에 관한 정보
를 얻을 수 있다. 호적형 자료라는 말이다. 중국 고대사회에서부터 존재
하는 호적형 자료는 동아시아 여러 지역에서는 드문 것이 아니지만, 세
계적으로는 실로 일반적이지 않은 자료이다. 통상의 출생률, 사망률, 결
혼율 이외에 용이하게 연령별 사망률을 산출할 수 있고, 외부와의 인구
이동에 대해 정보를 얻는 것이 가능하다.

여기에 한 쌍의 부부를 등장시키기로 하자. 시나노信濃국 유부네자와湯
舟澤촌[현재 기후岐阜현 나까즈카와中津川시]의 하치로八郞·나베なべ 부부이다.
남편 하치로는 호주 덴시치傳七의 아우로 처음으로 혼인―초혼初婚―했
다. 아내 나베는 오치아이落合촌에서 태어났는데 아버지의 죽음으로 어
머니와 함께 이 촌락으로 돌아왔으며, 역시 초혼이다. 결혼한 것은 1745
년, 햇수로 41년을 함께 산 후 1785년에 하치로의 죽음으로 결혼을 종료

했다.

나베는 21세에 시집온 이래, 42세가 될 때까지 7명의 자식을 낳았다. 그 가운데 3명의 딸은 요절했으나 4명은 무사히 성장하여 남은 딸 하나는 인근 마을로 시집가고, 3명의 아들들은 모두 그 마을에서 배우자를 얻었다고 기록되어 있다. 마을 안에서 결혼한 아들들에 대해서는 따로 가족복원표가 작성되어 있기 때문에 이것을 따라가면 세대를 넘어서 출산행동을 관찰할 수 있다.

하치로 · 나베 부부는 처의 재생산연령의 상한[여기서는 50세]까지 결혼이 지속된 완결가족completed family이다. 유부네자와촌에서는 처가 1661~1740년에 출생한 부부 352쌍 가운데 완결가족은 41%, 143쌍이며, 50세 미만으로 결혼이 완료된 케이스가 59%, 209쌍이었다. 하치로—나베 부부는 행운의 4할에 속해 있었다.

종문개장의 신뢰성

나베는 16~50세의 재생산연령 중에서 결혼계속기간 29.5년 동안에 7명의 산아를 얻었다. 따라서 이 기간의 1년당 출생률은 0.237, 즉 약 4년에 한번 꼴로 출산한 것이 된다. 나베는 이 마을에서는 다산한 편이었다. 그러나 실제로 출산횟수는 7회뿐이었을까? 나베의 사례에 한정되지 않고, 이 마을의 가족복원표를 보면 많은 유아사망이 기록되어 있다. 그런데 그 가운데 젖먹이 영아嬰兒2가 그다지 없다는 것은 아무리 생각해도 부자연스럽다.

실은 이 점이 종문개장의 인구사료로서의 최대 문제점이다. 종문개장에 기록되는 것은 조사시점에 거주, 또는 재적하고 있는 자만이며, 전년도의 조사일 이후에 출현[출생, 전입]하여 당년 조사일 이전에 소멸[사망, 전출]한 자는 조사대상이 되지 못한다. 따라서 출생아 가운데 그에겐 처음으로 종문개장이 작성되는 날 이전에 죽어버린 아이는 기록에 전혀 남아있지 않은 것이다. 영아사망률이 높으면 높을수록, 어디든 탈루는 많고, 그만큼 출생력이 낮게 평가되는 것은 분명할 것이다. 간혹 종문개장에서 계산된 출생률이 전근대의 것으로는 비정상적으로 낮다고 지적되는 것도 그 때문이다. 이 나베의 경우도 실제로는 더 많은 출산을 경험했음에 틀림없다.

에도시대의 영아사망이 어느 정도 빈도로 일어나고 있었는가에 대해서 실마리가 전혀 없는 것은 아니다. 영아사망에 의한 출생의 과소등록은 대개 20%, 또는 그 이하로 추정되는데, 그것에 대해서는 뒤에 언급하기로 하고, 여기서는 영아사망의 탈루를 종문개장의 피할 수 없는 사료적 제약으로 지적해 두는 데에 그친다. 이하 유부네자와촌의 1675년부터 1796년까지 1세기 동안 관찰된 에도시대 서민의 인구학적 행동의 추적조사를 중심으로, 결혼과 출산, 그리고 아이들의 성장에 대해서 보기로 하자.

---

2 역주_혹은 嬰兒. 돌을 지나지 않아 만으로 0세라는 의미이다.

2
결혼

유배우율

인구 재생산에 최초의 관문은 결혼으로 아이를 양육하는 장으로서의
가족이 형성되는 것이다.

16~17세기는 혼인혁명이라 불러도 좋을 정도의 커다란 변동이 일어
난 시대이다. 그 이전과 비교해서 유배우율有配偶率, 즉 결혼한 자의 비율
이 현저히 높아졌다. 그 이유는 제3장에서 말한 바와 같이, 소농민 자립
의 과정에서 배우자를 갖기 어려웠던 예속농민이 사라지고 가족형성이
진전된 데에 있다.

17세기부터 18세기에 걸쳐 유배우율이 어떻게 변화하였는가에 대해
서는 유부네자와촌의 예가 그 편린을 보여준다. 키소木曽 최남단에 위치
하는 이 마을에는 17세기 초기의 히고肥後 농촌만큼은 아니지만, 17세기
말기가 되어도 비교적 다수의 후다이게닌譜代下人3이 존재하고 있었다.

---

3 역주_대대로 주인에게 종사해온 후다이譜代 하인.

1675년에는 전 세대의 3분의 1이 하인을 가지고 있으며, 인구비로는 13%를 점하고 있었다.

표5 · 세대 내 지위별로 본 배우관계(시나노국 유부네자와촌, 16세 이상)

분류		1675년				1771년			
		명 수	유배우	이·사별	미혼	명 수	유배우	이·사별	미혼
남	직계가족	100명	54%	7%	39%	135명	69%	8%	23%
	방계가족	21	38	0	62	50	46	6	48
	예속자	15	33	0	67	15	60	7	33
	합 계	136	49	5	46	200	63	7	30
여	직계가족	76명	70%	9%	21%	129명	72%	22%	6%
	방계가족	15	53	0	47	44	52	16	32
	예속자	16	31	0	69	14	64	7	29
	합 계	107	62	6	32	187	67	19	14

그러나 여기에도 1세기 후인 1771년에는 하인을 갖는 세대는 5%로 감소하고, 하인인구도 7%로 감소한다. 그 사이에 평균 세대규모는 9.0명에서 7.2명으로 축소했다.

이러한 세대규모와 인구구성의 변화를 배경으로 유배우율, 기혼율은 상승했다. 16세 이상 인구의 유배우율과 이별·사별死別을 합산한 기혼율은 남성 전체에서 54%에서 70%로, 여성은 68%에서 86%로, 모두 15포인트 이상씩 높아졌던 것이다.

예속가족의 자립과 방계친족의 분가에 의한 유배우율의 상승은 전국적으로 발생했다고 생각되고 있다. 이렇게 하여 18세기까지 인구의 대부분이 생애 한번은 결혼을 경험하는 것을 관행으로 하는 '개혼'사회가 출현하게 되었다. 헤이날J. Hajnal은 러시아의 레닌그라드[현재 상트페테르부르크]와 이탈리아의 트리에스테를 잇는 선의 서쪽에는 만혼과 높은 생애 미혼율을 특징으로 하는 '유럽형 결혼패턴'이 있음을 제기했다. 이 점에서 에도시대의 일본은 같은 공업화 이전 사회이면서도, 생애 독신자가 높은 비율로 존재하는 서유럽의 중핵지대와도, 동유럽과도, 전혀 다른 인구학적 특징을 가지게 되었다. 이 현상은 다음 장에서 보는 바와 같이, 가家(이에)의 존속을 중시하는 직계가족제의 정착과 관련이 있으나, 그 결과 유배우율을 통해 출생을 컨트롤하는 사회적 규제력은 축소되고 그 대신에 결혼 후의 부부에 의한 출산조절이 중요시되었다. 통계적으로도 에도시대 중·후기에는 유배우율과 출생률의 상관관계는 약화하는 경향을 보이고 있다.

단지 위에서 서술한 것은 유배우율이 변화하지 않았다는 말은 아니다. 유배우율은 초혼연령, 이별·사별의 빈도, 성비, 인구의 연령구성 등에 따라 증감한다. 일반적으로 고령층의 그것은 이별·사별의 빈도가 영향을 주며, 젊은 층에서는 경제 환경의 변화에 따른 초혼연령의 증감에 영향을 받았기 때문이다.

결혼연령

에도시대의 남녀는 상당히 조혼이었다고 한다. 초혼연령이 여성 27세, 남성 28세에 근접해가는 현재로부터 본다면 확실히 그러하다. 그러나 그것은 여성에게는 부합하는 말이지만 남성의 초혼연령은 일반적으로 현대의 수준에 가까웠다. 일본 중앙부의 농촌에서는 18~19세기의 장기적인 평균초혼연령은 남자 25~28세, 여자 18~24세 사이였다. 부부의 연령차는 보통 5~7세, 남자가 연상으로 현재보다 상당히 컸다. 그러나 에도시대의 초혼연령은 지역과 계층 등에 따라 매우 큰 편차가 있었다는 사실이 알려져 있다. 여성의 초혼연령에 대해 18~19세기의 각지 농촌을 비교해 보면, 무츠陸奧국의 여러 마을에서 현저한 조혼임을 볼 수 있다. 세 마을의 평균으로 16.2세, 가장 조혼인 시모모리야下守屋촌에는 놀랍게도 14.3세였다. 가장 만혼인 지역은 당시에 나가토長門국 시부키紫福촌으로 22.7세이다. 오와리尾長국 고베신덴神戸新田의 21.8세가 뒤를 잇는다. 서일본 연구가 늦어져서 확실한 것은 말할 수 없으나, 에도시대 후반의 조혼 경향이 강하고, 반대로 중부 일본의 노비濃尾 지방 주변에는 그보다 3~5년은 만혼이었던 것은 확실하다.[4]

이 지역 차가 무엇 때문에 생겼는지는 아직 불분명하다. 노동력의 확보라든가, 아시이레혼足入れ婚[5]과 같은 시험적인 결혼이라든가 하는 여러

---

4 鬼頭宏, 「전근대 일본의 출산력-고출생률은 사실이었는가(前近代日本の出産力-高出生率は事實だったか)」, 『上智經濟論集』36권 2호.

5 역주_정식 결혼 전에 시험적으로 결혼하는 지방풍습.

가지 해석이 있다. 그러나 확실한 것은 출산력이 낮은 지역에서는 조혼이 될 경향이 있다는 것, 그리고 조혼 지역에서는 여성의 최종 출산연령이 낮아서 30대 전후의 젊은 나이에 출산을 마감하는 것에 비해, 만혼 지역은 40세 가까이 될 때까지 출산을 지속하고 있었다는 것이다. 그것과 함께 또 하나 중요한 것은 조혼 지역이든, 만혼 지역이든 예외 없이 18세기부터 19세기에 걸쳐 여성 초혼연령이 3년 정도 상승하고 있다는 것이다. 만혼화의 정도는 근소하지만 출산 1회를 줄이는 효과를 낳았다.

평균 초혼연령은 일반적으로 에도시대를 통하여 상승하는 경향이 있었던 듯하다. 노비 지방 농촌[43개 촌락]은 그 일례이지만, 거기서는 17세기 3~4분기부터 19세기 3~4분기까지 2세기 동안에 남성 약 2년, 여성 3년의 상승이 보인다.

초혼연령의 계층 간 차이는 명료하며 더구나 여성에게 현저했다. 미노국 아사쿠사나카淺草中촌에서는 1716년 이후 출생하여 1831년 이전에 결혼한 자에 한해서 보면, 석고 18석 이상인 상층농민의 초혼연령은 남성 26.7세, 여성 17.6세였음에 반해, 4석 이하인 하층농민은 남성 28.2세, 여성 22.6세였다. 남성에서 차가 적었지만 여성에서는 5세나 차이가 있었다 (Smith "Nakahara"). 이 같은 현상은 노비 지방 6개 촌락(1676~1871년)에서도 보이는데, 남성은 계층 간 격차는 거의 없이 평균 28세였음에 비해 여성은 10석 이상의 상층에서 18.7세, 2석 이하의 하층에서 21.1세이다.[6]

야나기다 쿠니오柳田國男는 '여성의 근로가 높이 평가되는 계급에서는

---

6 速水融, 『근세 노비 지방의 인구·경제·사회(近世濃尾地方の人口·經濟·社會)』.

자연 시집가는 것을 가능한 한 늦추려는 노력이 작용했다'고 서술하고 있다.7 시집가는 것은 노동력의 방출을 의미하므로 여성의 결혼은 친가의 가족 노동력의 상태나 경제력에 의해 좌우되었다. 그 증거의 하나로서 여성의 초혼연령의 계층 차는 출가율의 차이가 초래했다고 하는 미노니시죠西條촌의 1773~1825년 코호트cohort8 사례를 들 수 있다. 여기서 초혼연령은 지주층인 남성 27.4세, 여성 21.6세였음에 반해, 소작인층에서는 남성 27.9세, 여성 24.0세였다. 한편 여성 출가노동9 경험자의 초혼연령은 25.9세로 비경험자의 21.5세보다 4세 이상 늦다. 출가노동 경험자끼리, 혹은 비경험자끼리는 계층 차를 볼 수 없으므로 결국 하층농민 여성의 초혼연령을 늦춘 것은 출가노동 경험자가 많았기 때문이다.10

니시죠촌에서도 남성의 결혼연령은 계층 간에도, 출가노동의 유무에 의해서도 거의 차이가 없다. 이것은 남성의 결혼 타이밍이 여성과 달랐다는 것을 의미한다. 남성의 경우, 결혼은 가계계승과 관련하여 결정되었다. 가령 부친이 60세 전후로 은거隱居11하기 전까지 후계자가 결혼하는 것과 같은, 가족주기의 일정 단계가 결혼의 적령기로 여겨지고 있었

7 柳田國男,『혼인 이야기(婚姻の話)』.
8 역주_인구학에서 코호트cohort란 특정한 기간에 출생하거나 결혼을 한 사람들의 집단을 말한다. 통계상의 인자를 공유하는 집단이다.
9 역주_출가出稼라 하여 도시나 다른 지방으로 일하러 가는 것을 말한다.
10 速水融, 앞의 책.
11 역주_재산과 가족감독권 등을 상속하고 호주의 지위에서 물러나 있는 것을 말한다.

을 것이다.

일반적으로 경제상황은 남성의 초혼연령을 크게 변동시키고, 반대로 여성의 초혼연령은 재생산에 영향을 주었다고 생각된다. 그러나 높은 유배우율을 배경으로 가를 계승하는 자식의 가족이 그 부모와 동거하는 직계가족제가 지배적인 에도시대의 농촌에서, 결혼은 경제적 독립과 동의어가 아니었다. 또한 가의 존속을 위하여 일정 수의 자식을 출산하지 않으면 안 된다는 요청도 강했기 때문에 농민 상·중층에서는 후계자의 확보라는 요인이 우선되어, 경제적 요인에 응하여 초혼연령이 움직이는 폭은 서유럽 사회ー경제적 요인에 민감하게 반응하는ー보다 좁았다고 생각된다.

결혼이 지속되는 기간

혼인은 남편 혹은 처의 사망과 이혼에 의해서 종료된다. 따라서 평균 여명이 짧은 에도시대에는 부부가 함께 사는 기간은 현대보다 훨씬 짧았을 것이다. 이혼을 고려하지 않는다면 결혼 시의 평균여명으로부터 유배우 기간은 30~35년이 될 것이다. 그러나 실제로 관찰한 유배우 기간은 어디에도 그것보다 짧았다. 긴 편에 속하는 시나노信濃국 요코우치橫內촌에서(전기 1671~1750년) 27.7년부터, 히다飛驒 고원에서[시외 출생인 처의 경우]8.9년이라는 단명의 사례까지 커다란 지역 차가 있었다.

지역 차는 사망률의 차이보다는 오히려 높은 이혼율에 원인이 있었다. 결혼 종료의 이유 가운데 연을 끊는 이연離緣이 점하는 비율은 요코우치촌에서[결혼 지속기간 전기 27.7년, 후기 23.4년] 11%, 유부네자와촌[마찬가지로 22.7년] 35%로, 지속기간과 이혼율은 반비례하고 있다. 노비 농촌의 경우는 처의 사망과 이연을 구별할 수 없는 케이스가 많기 때문에 실제의 이혼율은 더욱 높았을 가능성이 있다. 평야부 농촌이나 도시부와 같이 취업기회가 많고, 사람들이 보다 유동적인 지역에서 결혼 지속기간이 짧다는 것도 높은 이혼율과의 관련을 예상케 한다.

덴지로의 결혼

유부네자와촌의 하치로·나베 부부가 40년이나 되는 긴 기간을 무사히 함께 보낼 수 있었던 것은 평균여명이 짧은 에도시대에는 정말로 행운이었다. 그것과 대조적으로 같은 마을에 태어난 덴지로傳二郞[뒤에 요헤이與兵衛로 개명]의 결혼은 그야말로 파란만장했다.

덴지로는 1739년 21세에 처음으로 처를 맞았다. 상대는 같은 마을의 시와しわ라는 이름의 소녀로 15세의 어린 나이였다. 그러나 이 결혼은 길게 가지 않았다. 덴지로는 다음해 1740년에 시와를 이연시키고 말았던 것이다. 친정으로 돌아온 시와는 1년 후인 1741년에 같은 마을의 다른 집으로 17세의 나이로 시집갔다.

한편, 덴지로는 이혼 2년 후인 1742년에 인근 마을의 마고메馬籠촌에서 19세의 처자를 신부로 맞이했다. 새로운 처의 이름은 알 수 없다. 나이로 보건대 아마도 초혼이라 여겨진다. 두 번째 결혼도 처의 이연으로 단기간에 종료하여 1744년에 덴지로의 처는 생가로 돌아갔다. 덴지로가 두 사람의 처와 헤어진 이유는 분명하지 않으나 어느 경우든 아이는 태어나지 않았다.

요헤이로 이름을 바꾼 덴지로는 1751년에 세 번째 결혼을 한다. 세 번째 처는 같은 마을의 타케たけ, 18세의 초혼이다. 이 결혼에서는 5년째에 아들 요토지與藤次가 태어났음에도 불구하고, 1757년에 다시 이혼하고 말았다. 타케는 아이를 남편의 집에 남겨두고 친정으로 돌아간 뒤, 1758년에 25세로 근처 테가노手賀野촌에서 재혼했다.

덴지로는 네 번째 처를 세 번째 이혼 직후인 1758년에 근처 세토瀬戸촌에서 맞이했다. 26세로 결혼 이력은 불분명하다. 그러나 이 결혼도 '단명'이었다. 다음해 처는 친정으로 돌아갔다. 전처로부터 낳은 요토지는 새로운 처가 들어온 같은 해에 4세의 짧은 생을 마감했다.

다섯 번째 결혼은 아마도 이혼 직후에 이루어진 듯하다. 1759년에 인근의 야마구치山口촌에서 26세의 처를 맞이한 덴지로는 41세가 되어 있었다. 이번 결혼은 6년간 지속되어 아들 쥬타로十太郞를 낳았으나 또 다시 1765년에 이혼하고 말았다.

덴지로의 마지막 결혼은 1767년, 그의 나이 49세였다. 남은 생애를 함께 보내게 되는 처는 야마구치촌 출신의 34세 여성이다. 결혼 다음해에 딸 아키あき가 태어났다. 이번에야말로 덴지로는 안정된 부부관계를 얻을 수 있었던 듯하다. 결혼은 15년간 지속되어 덴지로가 사망함으로써 종료되었다. 덴지로 64세, 처 49세인 1782년의 일이다.

결혼의 행방

표6 · 결혼 지속기간과 종료 이유(시나노국 유부네자와촌, 1701~1750년 결혼 코호트)

기간(년)\이유	1	2	3	4	5	6~10	11~15	16~20	21~25	26~30	31~35	36~40	41~45	46~50	51 이상	합계	평균연수
남편의 죽음	1	1			1	3	7	7	6	9	9	13	4	6	8	75	31.0
부인의 죽음	3	4	2	1	1	7	4	11	4	4	1	7	3	1	2	55	20.3
부·처의죽음								1			1			2	3	7	43.3
이 연	9	5		3	2	5	2									26	4.0
그 외·불명	3	2			1	1		1								8	5.0
합 계	16	12	2	4	5	16	13	20	10	13	11	20	7	9	13	171	22.7

*주 : 기간이 불분명한 22건은 제외한다.

이미 우리는 하치로—나베 부부와 위의 덴지로의 경우를 예로 하여 매우 대조적인 결혼을 견주어 보았는데, 평균적인 모습은 어떠한 것이었을까? 유부네자와촌의 경우로부터 혼인의 행방을 쫓아가 보기로 하자. 〈표6〉에 의하면 결혼 지속기간의 분포 중 1년 이하가 가장 많은 9%를 차지하며, 다음으로 2년 이하가 많다. 5년 이하에 결혼을 종료한 부부가 전체의 4분의 1이나 차지하고 있다. 평균적인 지속연수를 나타내는 이 마을에서도 단명하는 결혼이 매우 많았음을 알 수 있다.

지속기간 5년 이내에 결혼을 종료한 이유로 가장 많은 것이 '이연'이며 다음이 처의 사망이다. 이연은 대부분 결혼 초기에 집중되어 있으며, 10년을 넘으면 이연은 드물어진다. 이연의 경우 평균지속기간은 4년으로 매우 짧다. 따라서 이혼율이 높다는 것은 평균지속기간을 현저히 단축하는 것으로 연결되는 것이다.

결혼 후 1~2년 사이에 이혼하는 확률이 높다는 특징은 현대의 일본에서도 그러하다. 에도시대에 신부의 위상은 낮았다고 하는데, 유부네자와 촌의 경우에도 모두 처가 이연당하는 케이스였다. '삼년 동안 자식이 없으면 사라져라'는 말도 있지만, 이연의 이유까지는 알 수 없다. 이연한 26쌍의 부부 가운데 11쌍은 출산경험이 있고, 또 그 가운데 9쌍은 이연할 때에도 아이가 있었다. 9명의 남편 모두가 자식 전부 또는 일부를 데려갔으며, 처가 자식의 일부라도 데리고 간 경우는 두 사례에 지나지 않았다. 소위 '석 줄 반'[미쿠다리한三くだり半]12이라는 이혼증서를 모아 분석한 연구는 의외의 사실을 가르쳐준다. 지금까지는 단지 한 장의 종이 조각으로 집에서 쫓겨나는 신부라는 이미지로 인식되고 있었으나, 실은 적잖은 수의 이혼장이 이혼하여 재출발을 기하는 처의 요청에 의해 쓴 것이라고 한다. 즉 '석 줄 반'은 시집을 떠난 신부가 재혼할 자유를 보증하는 것이었다.13

결혼 후 10년 이내에 처의 사망으로 인한 결혼의 해소가 많은 것도 에도시대의 특징이다. 10년 이내에 처가 사망한 경우는 남편의 세 배나 되는데, 그것은 명백히 출산에 동반되어 임산부 사망률이 높았던 것에 원인이 있다. 20년을 넘으면 반대로 남편의 사망이 증가하는 것은 처의 사

---

12 역주_이혼의 사유를 짧게 써주는 것만으로 그만이라는 차별적 의미가 포함되어 있다.

13 高木侃, 『석 줄 반-에도의 이혼과 여성들(三くだり半-江戸の離婚と女性たち)』.

망률이 내려가서 평균여명이 남편을 상회하기 때문이다. 이리하여 젊은 부부에게는 처를 잃은 남편이 많고, 지속기간이 20년을 넘기는 고령층에서는 남편을 잃은 과부가 많아진다.

표7 · 이별 · 사별 후의 행동(시나노국 유부네자와촌)

남(1685~1735년 출생)					여(1685~1746년 출생)				
연 령	재혼안함	재혼	합 계	재혼율(%)	연 령	재혼안함	재혼	합 계	재혼율(%)
21~25	0	5	5	100	11~15	0	3	3	100
26~30	2	15	17	88	16~20	0	6	6	100
31~35	2	13	15	87	21~25	2	9	11	82
36~40	5	12	17	71	26~30	4	7	11	64
41~45	2	10	12	83	31~35	5*	3	8	38
46~50	5	5	10	50	36~40	10	1	11	9
51~55	7	2	9	22	41~45	4	3	7	43
56~60	6	0	6	0	46~50	11	0	11	0
61이상	12	0	12	0	51이상	40	0	40	0
합 계	41	62	103	60	합 계	76	32	108	30

* 주 : *를 표시한 수는 불분명한 1명을 포함한다.

이별 · 사별 후의 남편, 또는 처의 행동은 남녀 사이 및 연령에 따라 크게 차이가 있었다(표7 참조).

남성은 45세 이전, 여성은 30세 이전에 이별 · 사별하는 경우의 8할 이상이 재혼했다. 그러나 이 연령을 넘으면 재혼율은 급격히 떨어져서 남성은 55세, 여성은 45세가 넘으면 재혼이 전무하다. 높은 재혼율은 인구 재생산연령에 있는 남녀의 유배우율을 높이 유지하고자 하는 사회적 요청이 그렇게 시킨 결과라 생각된다. 간단한 시뮬레이션을 행해 보면 그것을 잘 알 수 있다. 유부네자와촌에서 재혼이 전혀 일어나지 않았다고 한다면, 부부 1쌍 당 출생 수가 감소함은 물론, 마을의 차세대 인구 재생산이 불가능했다. 그런데 재생산연령의 여성이 100% 재혼하지 않아도 유부네자와촌에서 실제로 발생했던 확률대로 재혼이 행해진다면 충분히 인구 재생산이 가능하다.[14]

---

14 Kito, Remarriage and Reproduction in a Rural Japanese Village in the Late Seventeenth and Eighteenth Century. 『上智經濟論集』33권 2호.

3
출산과 출생

많고도 적은 자식 세 명

현대사회의 일본에서는 두 사람, 혹은 많아야 세 사람의 출생이 보통이다. '만 개의 저장고보다 자식은 보물'이라 하여 자식은 가져야 할 것, 그리고 가질 것이라면 '더도 말고 덜도 말고 자식 세 명'이 이상이라는 시대에 실제로 부부는 몇이나 아이를 낳아서 어떻게 양육해 간 것일까?

표8 • 출생아수별로 본 부부수의 분포(시나노국 유부네자와촌, 1731~65년 코호트)

분류	출생수 (명)										평균 출생수
	0	1	2	3	4	5	6	7	8	9	
완결가족	1	3	7	6	13	19	11	7	2	2	4.66
비완결가족	24	25	12	11	8	7	2	1	0	0	1.87
합 계	25	28	19	17	21	26	13	8	2	2	3.10

〈표8〉은 유부네자와촌의 부부당 출생 수의 분포이다. 관찰대상이 된 것은 1731~1765년에 결혼한 부부 가운데 처가 30세 이전에 결혼한 케이스 161건이다. 이 가운데 처가 45세까지 결혼이 지속된 케이스를 완결가족, 그렇지 않은 것을 비완결가족으로 나타냈다. 전체의 평균출생 수 3.1명으로부터는 의외로 적다는 인상을 받는다. 그러나 18~19세기 평균출생 수는 어느 지역의 농촌에서도 대체로 그 정도였다.

평균출생 수가 적은 것은, 첫째로 에도시대의 결혼 지속기간이 짧기 때문에 비완결가족이 다수[여기서는 56%]를 점하고 있었다는 점에 기인한다. 그러나 그 경우에도 한 집안에서 자식의 수가 적었다는 것은 아니다. 젊은 연령에서는 재혼하는 남녀의 비율도 높았기 때문이다. 완결 출생 수는 4.66명, 출생 수의 피크는 5명이었기 때문에 이것만으로도 현재의 두 배 이상의 출생이 있었다는 것이 된다.

나아가 평균출생 수를 작게 보이는 숨은 출산이 있었다. 종문개장에서 알 수 있는 '출생'은 두 살[만 나이가 아니라—옮긴이]에 등록된 자의 통계 수치이며, 영아사망의 대부분은 파악되지 않는다. 거기에 또 하나 숨은 출산인 '마비키 영아살해'가 행해지고 있었다고 한다면 실제의 출산횟수는 더욱 늘어나게 된다.

출생아 수를 결정하는 요인

결혼에서 자식의 출생에 이르는 과정에는 여러 가지 요인이 작용하고 있다. 생애의 출생 수를 결정하는 요인으로, 여기서는 우선 처의 결혼연령과 유배우기간을 들고, 이어서 연령별 출생률과 출생간격의 측면에서 검토를 더하기로 한다.

처의 결혼연령이 낮고 유배우 기간이 길수록 출생아 수가 많아지는 것은 쉽게 상상할 수 있다. 그러나 두 가지 요인이 출생 수에 미치는 영향은 서로 달라서 예상하는 만큼 단순하지는 않다. 재생산연령[여기서는 16~50세]에서 유배우기간은 명백히 출생 수를 결정하는 데 큰 힘을 가지고 있다. 양자의 상관계수[단순상관으로 0.781. 단지 N = 161]는 충분히 크며, 유의미 수준이 높다.

한편, 처의 결혼연령과 출생 수의 관계는 애매하여 영향력은 적다[상관계수는 단순상관으로 −0.159]. 젊은 나이에 결혼해도 이별·사별에 의한 결혼 완료가 있어서 결혼이 장기간 지속되리라 보장할 수 없기 때문이다. 그 증거로 결혼연령과 유배우기간 사이에는 유의미한 상관관계가 전혀 없었다. 그것과 더불어 결혼이 늦어진 경우에 그것을 만회하듯이 결혼 초기의 출생률[1년당 출생확률]이 높아지는 경우가 있다는 것도 결혼연령과 출생 수의 관련을 약화시키는 또 하나의 원인이 되었다.

단지 결혼이 중단되지 않았던 완결가족만을 보면 당연하게도 결혼연령과 출생 수의 관련은 강해진다. 이 경우, 결혼이 1년 늦어지면 0.24명, 따라서 4년에 약 1명의 출생 수가 줄어드는 관계가 성립한다.

'가난한 집에 자식은 많다?'

경제계층과 출생 수 사이에 마이너스의 관계가 있다는 것을 나타내는 말로 그다지 듣기 좋은 말은 아니나, '가난한 집에 자식은 많다'는 말이 있다. 정말로 있을 법하다고 여겨지지만, 에도시대에는 그 반대의 현상이 일반적이었다. 농촌에서는 토지를 많이 보유하는 가족일수록 완결가족의 출생 수는 많았던 것이다.

가령 무사시武藏국 가부토야마甲山촌에는 보유 석고 5석을 경계로 상층 4.3명, 하층 3.6명이었으며,[15] 노비 지방 농촌 6개 마을에서는 석고 10석 이상 계층의 5.9명에 대해 10석 미만 계층 3.8명으로 두 명이나 차이가 있었다.[16] 출생 수에서 계층 간 격차를 낳은 원인에는 앞에서 본 바와 같이, 출가노동 경험률의 차이 등에 의한 여성의 결혼연령의 차이가 있다는 것은 부정할 수 없다. 그에 더해 크게 작용하고 있었던 것은 결혼한 처의 유배우 출생률의 차이였다.

---

15 鬼頭宏, 「도쿠가와시대 농촌의 인구 재생산 구조(德川時代農村の人口再生産構造)」, 『三田學會雜誌』71권 4호.
16 速水融, 앞의 책.

연령별 출생률

연령층별로 그 기간의 출생 수를 결혼 지속연수로 나눈 것이 연령별 출생률이다.

표9 · 유배우 여성의 연령별 출생률(1000명. 1년당)

지 역	사례	16~20세	21~25세	26~30세	31~35세	36~40세	41~45세	46~50세	합계 출생률
동일본		172	202	171	139	96	44	12	4.18
무츠	6	179	188	152	113	72	27	7	3.69
데와	2	143	217	197	179	134	75	20	4.83
칸토	2	180	231	201	180	133	63	20	5.04
중부		260	309	271	233	175	88	16	6.76
호쿠리쿠	2	352	354	308	241	177	64	–	7.48
시나노	2	180	226	223	191	142	83	19	5.32
노비	4	254	329	277	250	190	102	22	7.12
서일본		305	301	241	214	145	70	14	6.45
킨키	2	345	335	270	235	165	85	15	7.25
나카토	1	225	232	184	173	106	41	12	4.87
8지역 평균		232	264	226	195	140	67	14	5.69

* 자료 : 鬼頭宏, 「전근대 일본의 출생률－고출생률은 사실이었는가前近代日本の出生率－高出生率は事實だったか」, 『上智經濟論集』36권 2호.
** 주 : 합계출생률은 16세부터 50세까지 여성의 기대출생 수(명).

〈표9〉에서는 대표적인 4개 지역의 여러 레벨의 출생률을 나타냈다. 각 연령층의 출생률을 합계하여, 그것을 5배 곱하면 16~50세의 출산가능연령 동안 끝까지 모두 결혼이 지속된 경우의 기대출생 수[합계출생률]를 얻을 수 있다. 이것으로 비교하면, 전체적으로 출생률이 낮은 치치부

오미야고秩父大宮鄕 4.2명과 출생률이 높은 고베신덴 7.8명의 사이에는 큰
차이가 있다는 것을 보다 구체적으로 알 수 있을 것이다.

그림7 · 처의 연령층별 출생률(무사시국 가부토야마촌, 석고계층별)

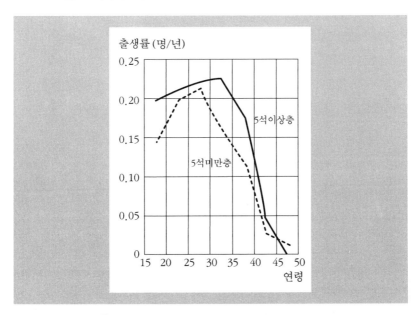

* 출처 : 鬼頭宏, 「도쿠가와시대 농촌의 인구 재생산 구조德川時代農村の人口再生産構造－
武蔵國甲山村, 1777~1871年」, 『三田學會雜誌』71권 4호

출생 수의 계층 간 격차의 원인이 된 계층별 출생률의 사례로서 무사
시국 가부토야마촌의 경우를 〈그림7〉로 나타냈다. 이러한 출생률의 계
층 간 격차나 〈표9〉에서 본 지역 차의 배경에는 영양섭취의 수준이나 거
주환경의 차이, 그리고 그로부터 유래하는 유산流産·사산死産 등이 '자연
출산력'의 수준을 결정하고 있을 뿐만 아니라, 그것에 더해 의도적인 출

생 억제의 실행 정도의 차가 오히려 큰 역할을 하고 있다고 생각된다. 그 가능성을 자식을 낳는 방법, 즉 출생간격에서 찾아보자.

초산과 단산

최근의 일본여성은 결혼 후의 극히 짧은 기간에 소수의 아이를 낳아 출산을 끝내버리는 것이 일반화되었다. 그에 반해 현재보다 훨씬 많은 아이를 오랜 기간에 걸쳐 지속해서 출산하는 것이 에도시대의 모습이었다.

18세기의 키소木曾 유부네자와촌의 부부─완결가족─는 남편 28.4세, 처 20.8세에 결혼하여 첫째 아이를 평균 3.1년 후, 처가 23.8세일 때에 낳는다. 가장 많은 경우는 결혼 2년 후로 현재와 비슷하다고 할 수 있다. 최다 출생 수인 5번째를 결혼 후 18.0년[38.8세], 그리고 7번째를 22.4년 후[43.2세]에 출산하여 대부분(94%)의 부부가 그 즈음까지 출산을 끝냈다 (표10 참조). 최종 출생아를 출산했을 때에 처의 나이는 25세에서 48세까지로 넓은 분포를 보이지만, 42세에 가장 많이(17%) 집중되어 평균 39.3 세로 나타난다.

표10 · 출생 수별·순위별로 본 출생간격(년)(시나노국 유부네자와촌, 완결가족)

(A) 출생순위

출생수	조 수	1	2	3	4	5	6	7	8	9
1	3	9.0								
2	7	3.1	6.7							
3	6	3.0	4.3	5.2						
4	13	3.8	4.2	4.9	5.6					
5	19	2.8	4.6	3.7	4.8	5.2				
6	11	1.9	3.2	3.0	3.3	4.4	3.7			
7	7	2.1	3.1	4.0	2.7	2.3	3.9	4.0		
8	2	2.5	3.5	3.5	2.0	6.5	2.5	3.5	4.0	
9	2	3.0	2.5	3.0	2.0	2.0	2.5	4.5	1.5	7.0
합 계	70	3.1	3.8	4.0	4.2	4.6	3.5	4.0	2.5	7.0

(B) 출생순위(케이스별)

사 례	독자녀	첫 째	중 간			L-2	L-1	막 내
			L-1, L-2 제외	L-1 제외	전 부			
건 수	3	67	80	134	194	54	60	67
출생간격	9.00	2.82	3.49	3.51	3.80	3.54	4.44	5.08

* 주 : 1) 독자녀는 첫째 아이, 막내에 포함시키지 않는다.
　　 2) L-1, L-2는 각각 막내로부터 세어서 밑으로부터 두 번째, 세 번째를 나타낸다.

출생간격

〈표10〉으로부터 어느 정도의 간격을 두고 아이를 낳는지 보자. 출생 순위별 평균출생간격[최하단의 칸]은 결혼에서 첫째 아이까지의 기간은 짧고[3.1년], 둘째 아이 이후는 거의 1년 더한 4.1년이다. 결혼에서 첫째

아이까지의 간격이 짧은 것은 그 경우에는 출생 억제가 그다지 행해지지 않았기 때문일지도 모른다. 또한 부부의 동거, 또는 결혼 등록[종문개장에 기재]이 사실상의 결혼 개시시점보다 늦기 때문일지도 모른다.

둘째 아이 이후의 출생간격이 출생순위와 함께 벌어지는 것이 아니라, 거의 균등하다는 것은 다른 지역에서도 공통되는 특징이다. 단지 최종순위의 출생간격은 5.1년으로, 첫째 아이 출산은 물론 중간순위 자식들의 출생간격 3.8년보다 확실히 길다. 개개의 부부에게 바람직하다고 여겨지는 출생 수에 달했을 때에 그 단계에서 출산을 피하는 경향이 있었던 것으로 생각할 수 있지 않을까 한다.

그러면 중간순위의 아이들에 대해 출생억제는 행해지지 않았던 것인가? 자연출산력이 연령과 함께 떨어지는 것이라면, 오히려 출생간격의 균등성이야말로 부자연스럽다고 할 수 있다. 오히려 일정한 간격을 유지하는 것이 바람직한 것으로 의도되었다고 생각하는 쪽이 좋지 않을까? 또한 둘째 아이 이후의 출생간격이 4년이라는 것은 다소 간격이 넓은 것으로 생각된다.

출산간격은 (1) 출산 후의 무월경기간, (2) 유산에 의하여 잃어버린 기간, (3) 임신으로부터 출산까지의 기간으로 구성된다. 종문개장에서 계산되는 출생간격에는 영아사망에 의해 잃어버린 기간도 더하지 않으면 안 된다. 따라서 실제의 출산간격보다도 종문개장의 출생간격은 상당히 넓어졌다고 보지 않을 수 없다.

유산, 사산, 그리고 영아사망이 어느 정도 출생간격을 넓혔는지는 종문개장에서 알 수는 없다. 다행히도 특정 지역에서 실시된 임산부조사의 보고서인 회임서상장懷妊書上帳이 단서를 제공해준다. 19세기 초에 무츠陸 奧국 시라카와白河군의 한 농촌 사례를 소개하기로 한다.[17]

회임서상은 낙태, 마비키 영아살해를 방지하기 위하여 행해진 조사로, 회임서상장에는 회임한 여성이 등록되고, 그 뒤의 경과[유산, 사산, 출생, 영아사망]가 기록되어 있다. 모친의 이름을 단서로 가족복원을 시도하여 출산간격을 계산한 결과가 〈표11〉이다.

표11 · 형·누이의 인구학적 경과별로 본 출산간격(년) (무츠국 나카이시이中石井촌, 1808~1829년)

출산간격 (년)	(1) 사산, 불명후	(2) 출생후	(3) 유아사망후	(4) 생존(2)−(3)	(5) 사망(1)+(3)	(6) 종문개장
0						1
1	5	18	10	8	15	3
2	4	28	6	22	10	23
3		38	1	37	1	18
4	2	7		7	2	11
5		2	1	1	1	2
6		2		2		
건수합계	11	95	18	77	29	58
평균간격(년)	1.91	2.51	1.67	2.70	1.76	2.71

* 출처 : 鬼頭宏, 「도쿠가와시대 농촌의 영아사망德川時代農村の乳兒死亡」, 『三田學會雜誌』69권 8호.
** 주 : 종문개장에 의한 출생간격은 1803년, 1805~1809년, 1811년의 7개년에 관한 것이다.

17 鬼頭宏, 「도쿠가와시대 농촌의 영아사망(德川時代農村 の乳兒死亡)」, 『三田學會雜誌』69권 8호.

평균출산간격은 2.44년으로 종문개장에서 얻은 출생간격보다 1년 정도 짧다. 출산간격은 앞 순위인 형이나 누나의 생사에 따라 넓어지거나 축소되거나 한다. 케이스별로 보면, 앞의 자식이 생존해 있는 경우에는 2.70년으로 가장 길고, 사산 및 영아사망의 뒤에는 1.76년으로 짧다. 그 차는 약 1년이며, 수유의 유무가 크게 영향을 준다는 사실을 추정케 한다. 겐로쿠기元祿期의 소아과의사였던 카즈키 고잔香月牛山은 수유에 관한 흥미로운 지적을 하고 있다. 아이를 유모에게 맡기면 바로 다음 아이를 임신하기 때문에 모유로 키울 것, 그리고 가능한 한 오래 수유를 행해서 이유의 완성은 다섯 살 정도가 좋다고 한다.[18] 모유 수유는 영양을 확보하고 빈번한 임신을 피하기 위하여 WHO 등이 현재도 발전도상국에 추진하고 있는 시책이다. 3백 년 이전의 의사도 다산이 초래할 모체의 부담과 가계경영 부담을 피할 것을 목적으로 현대와 같은 것을 권하고 있었던 것이다.[19]

종문개장에서 얻은 출생률은 서유럽과 비교해서 확실히 낮은 수준이지만, 숨어있는 영아사망만이 아니라 오랫동안의 수유관행에 의해서도 낮아지고 있음이 분명하다.

---

18 香月牛山,『소아필요양초(小兒必要養草)』.

19 鬼頭宏,「전근대일본의 출생력과 수유관행(前近代日本の出生力と授乳慣行)」,『上智經濟論集』40권 2호.

4
어린 생명의 손실

다산의 이유

'에도시대 부부는 다산이었다'라고 하기보다 그러지 않을 수 없는 이유로써 다음과 같은 것을 생각할 수 있다. 우선 첫째로, 소극적 이유로서는 피임에 대한 지식과 확실한 기술이 없었기 때문에 임신을 유효하고 안전하게 제한하기가 어려웠다는 점이다. 다음으로, 적어도 후계를 이을 한 사람의 사내아이를 갖는 것이 집안을 계승하여 선조를 제사지내기 위해서도 또한 늙은 부모를 부양하기 위해서도 필요했다.

그러나 이것은 반드시 다산이 아니면 충족되지 않는 것은 아니다. 생후 얼마 안 되어 죽어버리는 아이가 많고, 성년이 되기까지 도달한 아이가 적었다. 그야말로 아이의 생존이 불확실한 사회였기 때문에 가계를 잇고, 다음 대를 짊어질 자를 얻기 위해서는 가능한 한 많은 아이를 낳아서 위험을 피하지 않으면 안 되었던 것이다.

여기서는 인구 재생산 과정의 단계를 (1) 출생 이전의 사망, 즉 사산, (2) 종문개장에 등록되기 이전, 1년 미만의 영아사망, (3) 두 살 이후의 사망으로 나누어 출생아의 육성과정을 관찰하기로 한다.

사산

에도시대의 사산과 영아사망을 나타내는 예로 〈표12〉에 무츠국 나카이시이中石井촌과 무츠국 카와토川戸촌에 있는 출산아의 경과를 제시했다. 나카이시이촌은 271건의 출산 가운데 사산이라 명기되어 있는 것은 21건으로, 사산율은 출산 1000에 대해 78이 된다. 나아가 출생 전에 경과 불명인 9건을 더하면 사산율은 111퍼밀로 상승한다. 카와토촌의 경우, 사산은 11건이지만 불명을 더하면 14건으로 95퍼밀이 된다. 무츠국 카와치河內군에 속하는 농촌, 쇼코小萱촌과 로쿠토마키六斗蒔촌의 회임서상장에도 에도시대 말기 1851~1871년의 사산율은 149퍼밀[총출산 235건 가운데 35건]이었기 때문에, 출산 가운데 10~15%가 사산이라는 것이 에도시대 후반의 모습이었다고 추찰된다.[20]

20 鬼頭宏, 「회임서상장으로 보는 출생과 사망(懷妊書上帳にみる出生と死亡)」.

표12 · 사산과 영아사망

	성별	(1) 회태 (출산)	(2) 출생	(3) 태사 · 사산	(4) 경과 불명	(5) 유아 사망	(6) 사산율[1]	(7) 유아 사망률	(8) 주산기 사망률[2]
A.무츠국 시라카와군 나카이시이촌 카(1808~26년)	남	120	117	3	0	25	25	214	233
	여	123	113	10	0	15	81	133	203
	불명	28	11	8	9	3	607	273	714
	합계	271	241	21	9	43	111	178	269
B. 히타치국 카와치군 쇼코촌·로쿠토마키촌 (1851~71년)	남여계	239	183	39	17	21[3]	234	115	322
C. 히타치국 이바라키군 카와토촌(1854~72년)	남	61	60	1	0	9	16	150	164
	여	68	68	0	0	9	0	132	132
	불명	18	5	10	3	3	722	600	889
	합계	147	133	11	3	21	95	158	238
D. 히타치국 이바라키군 카미야마카와촌 (1854~72년)	남여 계	131	96	2	33	3	267	31	290
합　계		788	653	73	62	88	171	135	283

* 출처: A) 鬼頭宏,「도쿠가와시대 농촌의 영아사망－회임서상장의 통계적 연구德川時代農村の乳
　　　 兒死亡－懷妊書上帳の統計的研究」,『三田學會雜誌』69－8.
　　　 B) 鬼頭宏,「회임서상장으로 보는 출생과 사망－에도시대 말기~메이지 초기 키타칸토
　　　　의 사례懷妊書上帳にみる出生と死亡－幕末~明治初期の北關東における事例」,『三田學會雜誌』6.
　　　 C·D) 鬼頭宏,「종문개장과 회임서상장－19세기 키타칸토 농촌의 영아사망宗門改帳と懷
　　　　妊書上帳－19世紀北關東農村の乳兒死亡」,『上智經濟論集』42－2.
** 주 : 1) (3)태사胎死·사산과 (4)경과불명의 (1)회태懷胎(출산) 1000에 대한 비율.
　　　 2) (3)태사·사산, (4)경과불명, (5)영아사망의 (1)회태(출산) 1000에 대한 비율.
　　　 3) '불보不保'는 영아사망으로 가정한다.

　높은 사산율의 배경에는 임신하기에 혹독한 노동환경, 영양부족, 모자
위생에 대한 배려 부족 등의 문제 이외에 출생제한, 즉 마비키 영아사망
도 숨어있음에 틀림없다. 성별불명이 많아서 확실하다고는 할 수 없으나
나카이시이촌에서는 여아의 사산율이 남아보다 높은 듯하다. 만일 사실

이라면 성별 선택적인 마비키가 존재했음을 암시하는 것인지도 모른다.

영아사망

영아사망률은 사회·경제의 근대화를 측정하는 중요한 척도라고도 한다. 현재 일본의 영아사망률은 세계에서 가장 낮아 어린 생명의 희생이 적은 나라 가운데 하나이다. 그러나 그것은 정말로 좀 전에 달성된 성과이며, 19세기로 거슬러 올라가보면 현대의 발전도상국만큼이나 높았다. 무사히 출산한다 해도 그 뒤의 안전한 육성이 보장되어 있었던 것은 아니다. 돌을 맞이하기까지, 인생의 최초시기에는 많은 난관이 기다리고 있었다.

회임장이나 과거장過去帳21에서 직접 산출한 것과 모델 생명표를 적용한다든지 하여 지금까지 몇 가지의 영아사망률이 추계되고 있다. 7개의 사례를 비교하면, 가장 높게는 288[히다飛驒 남아], 최저 125[미노美濃 여아]로 중간치는 188이었다. 소집단의 통계에 항상 따라붙는 심한 편차를 고려해도, 에도시대 후반에는 출생아의 20% 가까이가 1세 미만에 사망한 것이 된다. 메이지기의 수준과 거의 같은 정도이며, 공업화 이전 시기의 유럽 제국 가운데에서는 영국의 수준과 동일하거나 오히려 낮은 편이었다고 할 수 있을 것 같다.

---

21 역주_고인의 법명, 속명, 사망 연월일, 향년 등을 기록한다.

표13 · 생존기간별 영아사망

사망월령[1]	건 수		생존기간[2]	추정사망비율 (%)	
	나카이시이촌	카와토촌		나카이시이촌	카와토촌
1개월	16	3	1개월 미만	62.8	69.0
2 ~ 3개월	9	5	3개월 미만	20.9	16.7
4 ~ 6개월	4	1	6개월 미만	9.3	4.8
7 ~ 9개월	2	0	9개월 미만	4.7	—
10 ~ 12개월	1	2	1년 미만	2.3	9.5
불상(不詳)	11	10			
합 계	43	21	합 계	100.0	100.0

* 출처 : 〈표12〉를 참조.
** 주 : 1) 나카이시이촌은 날짜기록으로부터 산출한 만 월령月齡. 카와토촌은 출생월을 제1월로
한 월령.
2) 사망월령불명은 모두 1개월 미만으로 처리했다. 카와토촌에 대해서는 3개월 미만 각
시기 사망의 반수를 이전 시기의 사망에 집어넣어서 산출했다.

영아사망의 양태에 대해서 몇 가지 각도에서 살펴보도록 하자. 우선
나카이시이촌의 생존기간별 사망비율을 나타낸 것이 〈표13〉이다. 생존
기간불명인 11건 가운데 8건은 11월과 12월의 출생아로, 해가 바뀌고부
터 며칠 지나 사망한 케이스로 여겨진다. 따라서 월령月齡이 낮은 사망이
강조되는 경향은 부정할 수 없다. 그러나 출생 후 4주 미만의 신생아 사
망이 극히 많다는 것, 생존기간이 길수록 생존확률이 높아지고 있다는
것은 분명하다.

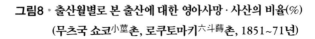

그림8 · 출산월별로 본 출산에 대한 영아사망 · 사산의 비율(%)
(무츠국 쇼코小蔀촌, 로쿠토마키六斗蒔촌, 1851~71년)

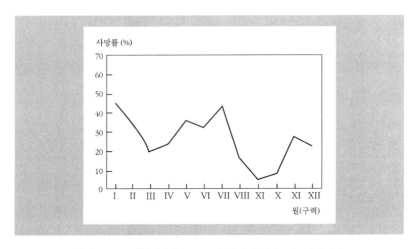

* 출처 : 鬼頭宏, 「회임서상장으로 보는 출생과 사망－에도시대 말기~
메이지 초기 키타칸토의 사례懷妊書上帳にみる出生と死亡－幕末–
明治初期の北關東における事例」, 『三田経済学研究』6.

다음으로 사망의 계절성은 어떠한가? 키타칸토 두 마을, 쇼코촌과 로
쿠토마키촌의 사례에서는 사산과 영아사망으로 여겨지는 사망을 포함하
여 출산에 대한 전 사망률은, 음력 정월을 중심으로 하는 겨울 피크와 7
월을 중심으로 하는 여름 피크라는 두 가지의 피크를 보여준다. 나카이
시이촌의 사례로부터는 월별 사망률에 명료한 계절성을 발견하기 어려
우나 계절별로 보면, 봄[양력 3~5월]에 태어난 아이들의 사망률이 가장 높
고[233퍼밀], 다음으로 겨울[12~2월] 출생아[172퍼밀]였다.

최근에 영아사망은 12~3월에 걸쳐 집중되는 경향이 현저한데, 20세기
초기에는 겨울과 함께 여름의 피크가 현저히 높았다. 신생아에게 특유의

선천적 장애와 출생 시의 손상 등에 유래하는 사인을 제외하면, 현재에도 80년 전에도, 월령이 적지 않은 아이의 사망 원인으로 폐렴, 기관지염과 설사, 장염이 많다는 것은 공통된다. 그런데 현재에는 어느 것이나 겨울의 질병임에 비해 80년 전에는 설사, 장염은 여름의 질병이었다. 이것이 사망률의 계절적 패턴을 변화시키고 있었던 것이다. 에도시대에도 20세기 초기와 마찬가지로, 비위생적인 물과 식사가 여름에 설사와 장염을 유발시키고, 낮은 영양과 불충분한 난방이 겨울의 폐렴, 기관지염을 조장했다고 추측할 수 있다.

유아사망

5세 미만의 유아가 사망하는 계절성은 위에서 본 것과는 상당히 달랐던 것 같다. 시모우사下總국 쵸시銚子 한 사원의 과거장에서 얻은 1761~1854년의 5세 이하의 사망을 보면, 그것은 음력 12월과 1월에 집중된 완전한 '겨울집중형'이다. 단지 이것은 지역의 특수성일지도 모른다. 왜냐하면 메이지기의 사망에 대한 계절형태를 연령별로 상세히 조사한 결과, 유아와 소아기의 사망은 무엇보다도 현저한 여름집중형을 나타내기 때문이다.[22]

단지 쵸시의 경우도 연대에 따라 계절형태가 다르다. 평상년인 Ⅰ기

---

22 鬼頭宏, 「또 하나의 인구전환-사망의 계절성에 있어 근세적 형태의 출현과 소멸(もう一つの人口轉換-死亡の季節性における近世的形態の出現と消滅)」, 『上智經濟論集』44권 1호.

(1761~1780년)와 텐뽀기를 포함하는 IV기(1811~1854년)는 겨울집중형,
텐메이 흉작기를 포함하는 II기(1781~1790년)는 6, 7월에 사망이 집중하
는 기근형이다. 텐뽀기에는 시모우사 지방은 예외적으로 인구가 증가한
지역이었는데, 이때에 영유아사망도 겨울집중형을 띠고 있었다. 음력 4,
5월에 사망이 집중된 III기(1791~1810년)는 홍역의 유행에 기인한다고 여
겨진다.

출생아의 인구학적 경과

생후 1년이 지난 두 살 이상의 유아·소아가 어떠한 인구학적 과정을
거치는지는 종문개장을 추적, 조사함으로써 비교적 쉽게 알 수 있다. 그
일례로서, 시나노국 유부네자와촌에서 1731~1762년에 태어난 아이들의
인구학적 경과를 〈표14〉에 제시했다. 이것에 따르면, 296명의 출생아 가
운데 두 살부터 다섯 살까지 2명이 전출하고, 40명이 사망했다. 이 연령
층에서 사망률은 14%에 이른다. 6~10세의 사망 수는 9명, 사망률은 4%
로 급격히 하락한다. 표시하지 않았지만, 11~15세도 7명, 3%로 낮았다.

표14 · 출생아의 인구학적 경과(시나노국 유부네자와촌, 1731~62년 출생아)

성별	출생아	사망·출타		11세 재촌자	결 혼		출타·사망 11~30세	31세 미혼자
		2~5세	6~10세		촌내	촌외		
남	163	28(2)	6(2)	129	87	4	30	8
여	133	14(0)	8(2)	111	74	21	11	5
합계	296	42(2)	14(5)	240	161	25	41	13

이렇게 5세 이상의 유아사망률이 꽤 높은 현상은 다른 지역에도 공통적으로 보여 20%에서 25%의 사망률을 나타내는 것도 드물지 않았다. 영아사망을 고려하면 출생아 10명 가운데 6세를 무사히 맞이하는 것이 가능한 아이는 7명 이하, 16세까지 생존할 수 있는 것은 5, 6명밖에 안된다. 얼마나 큰 손실인가!

히다의 사원 과거장에는 18세기 말부터 19세기 중엽까지 10세 이하의 소아에 특유한 사망원인으로, '충蟲' '저충疳蟲' '경풍驚風' 등으로 불리는 소아병을 많이 볼 수 있다. 구체적으로 그것이 오늘날의 어떤 병에 해당하는지는 잘 알 수 없으나, 많은 경우 폐렴, 기관지염 및 위장염의 종류였을 것이다. 메이지기의 유아 사망 원인의 약 2할은 주로 여름의 설사, 장염, 혹은 '뇌막염—뇌척수막염—'이었다. 그 다음으로 겨울에 집중하는 폐렴, 기관지염과 급성기관지염이 순위를 잇고 있다. 여기에 더해서 에도시대에는 성인의 사인으로도 비중이 높은 장티푸스, 천연두, 이질, 동상 등이 큰 피해를 주었다.

사망률은 남녀 사이나 출생순위 사이에 무언가 차이가 있었던 것일까? 나카이시이촌에서는 영아사망률은 남아 214퍼밀, 여아 133퍼밀로 명백히 남아가 높다. 통계적으로 충분히 유의미한 차이라고 할 수는 없으나, 남아보다 여아가 기르기 쉽다고 하는 상식에 일치한다. 2~5세의 유아사망률은 지금까지 알려진 지역[주로 칸토에서 츄고쿠 지방]에서는 남녀 차이가 별로 없든지, 혹은 약간 여아 쪽이 낮은 경향이 있다. 유부네자와촌에서는 남아 16%, 여아 11%였다.

출생순위 및 출산 시 모친의 연령과 영유아사망률의 관계는 복잡하여 일반화하기는 어렵다. 영아사망은 나카이시이촌에서 보는 한, 출생순위와의 관련은 희박하며, 모친의 연령에서는 16~20세의 젊은 나이층과 41세 이상의 고령층으로 출산한 영아의 사망이 높은 경향으로 나타난다.

2~5세의 유아사망은 출생순위가 늦을수록 또는 모친의 나이가 높을수록 상승하는 경향이 있는 듯하다. 그러나 어느 것이나 공통된 점은 첫째 아이, 그리고 16~20세의 젊은 모친에게서 태어난 아이의 사망률이 확실히 다른 아이들보다 낮았다는 것이다.

어미의 사망

출생과 그 후의 생존이 아이들에게 불확실했던 것과 같이, 모친에게도 출산은 위험에 둘러싸인 것이었다. 히다의 과거장에서 작성한 위생통계에 따르면, 21~50세의 사인 가운데 남녀 섞어서 12%가 산후사망 및 난산사망에 의한 것이다. 여성에 한정하면 4분의 1을 상회하게 될 것이다.

표15 · **출생과 처의 사망(시나노국 유부네자와촌, 1701~50년 결혼 코호트)**

| 유배우기간 | 출생 없음 | 출 생 | | | | 합 계 |
		출생과 동시	출생1년 후	출생2년 이후	소계	
10년 이내	6	7	4	2	13	19
11 ~ 20년	1	2	4	8	14	15
21년 이상	1	1	0	20	21	22

* 주 : 처의 사망에 따라 결혼이 종료된 56개 사례를 대상으로 했다.

〈표15〉에 처의 사망과 출산의 관계를 나타냈다. 결혼기간 10년 이내의 젊은 처일수록 출산하는 그 해에 사망하는 경우가 많았음을 알 수 있다. 이 그룹에서는 출생경험자의 54%가 아이의 출생과 같은 해에, 그리고 31%가 출생의 다음해에 죽었다. 출산과의 관련이 강했음을 추측할수 있다. 이 외에 종문개장에는 나타나 있지 않지만, 모자가 함께 사망한케이스도 많았음에 틀림없다. 임신이나 출산에 동반된 위험이 많은 어미의 생명을 앗아갔던 것이다.

5
인구 재생산의 가능성

인구 재생산 라인의 계산

앞에서는 에도시대의 부부가 왜 다산하지 않으면 안 되었는지 하는 문제를 높은 영유아사망률과 관련하여 검토했다. 끝으로 인구규모를 유지하기 위하여 필요한 부부 1쌍 당 출산 수를 얻기 위한 조건에 대해 고찰해 보자.

시험적으로 〈표14〉에서 차세대 인구를 유지하는 데에 필요한 출생 수를 계산하면 다음과 같다. 남녀 합해서 296명의 출생아는 사망 또는 전출에 의해 매년 감소하여 11세에 마을 내 잔존자는 240명, 출생아의 81%였다. 칸토나 노비 농촌의 50~60%와 비교하면 잔존율이 상당히 높다고 할 수 있다. 이 가운데 161명은 30세까지 마을 안에서 결혼했다. 이 161명으로 같은 세대와 동수의, 즉 296명의 차세대를 재생산하지 않으면 안 되므로, 1인당 1.84명의 동성의 아이를 가질 필요가 있다. 따라서 부부 1쌍 당 출생 수는 출생성비를 부모세대와 같다고 가정하면, 4.14명이 된다.

얼른 봐서 평균 4명 정도의 아이를 가지면 되므로 아무 문제가 없을 듯이 보이지만, 실제로는 상당히 힘겨운 일이었다. 유부녀자와촌의 출생률을 전제로 하면 45세까지 결혼이 지속된다고 보고, 여성은 23세에 결혼하지 않으면 안 된다. 반대로 평균초혼연령에 가까운 20세에 결혼한다고 해도 39세까지 계속 낳지 않으면 안 된다는 계산이 나온다. 출산기간 도중에 사망한다든지 이별한 채로 재혼하지 않는 여성이 있다는 것도 생각하면 완결가족의 출생 수는 더욱 많아지지 않으면 안 된다. 다행히 이 마을에서는 완결가족의 평균출생 수는 필요출생 수를 상회했기 때문에 18세기를 통하여 인구를 증가시킬 수 있었다.

인구 재생산의 격차―분가와 절가

여성이 재생산이 가능한 연령의 대부분을 소비해서 출산을 지속시키지 않으면, 인구를 유지할 수 없는 사회에서 출산력과 사망률의 수준은 지역인구나 개개 집안의 유지에 결정적인 요인이 되었다. 지역 차―특히 도시와 농촌―에 대해서는 다음 장에서 언급하기로 하고, 여기서는 농촌 내부에서 인구 재생산 격차가 의외로 크고, 그 때문에 사회적 유동성이 상당히 높았던 것을 지적해두기로 한다.

미노국 니시죠촌[1773~1835년 코호트]에는 4.07이라는 출생 수가 완결가족의 인구치환人口置換 수준이었다. 그리고 여성의 결혼연령이 25세 이하면 이 출생 수를 얻을 수 있으며, 인구의 유지는 가능하다는 계산이 나온다. 그러나 비완결가족의 수가 완결가족을 상회하는 것이나 재혼과 혼

외 출산을 고려하면, 인구유지에 필요한 여성의 결혼연령은 24세가 된다.[23]

그런데 이 마을에서는 앞에서 본 것처럼, 출신계층에 따른 여성의 결혼연령에 격차가 있었다. 평균초혼연령이 24세 이상인 자소작층에서는 인구 재생산은 불가능하며 지주층만이 가능한 것이 된다. 게다가 연령별 출생률도 상층과 하층의 생애 출생 수에 거의 1명의 격차가 있었기 때문에, 지주층의 인구증대와 그 외의 층의 인구감소라는 결과가 예상되는 것이다.

사실 18세기 말부터 메이지 초기에 이르는 거의 1세기 사이에 지주층은 많은 분가를 내었다. 반대로 절가絶家하는 가家는 지주층에는 전혀 없었는데 하층으로 갈수록 절가가 많았다. 호주의 교체 건수에 대한 절가의 비율은 소작층에서 35%에 이르렀다. 그러나 이것으로 계층구성에 큰 변동이 초래되었다는 것은 아니다. 오히려 안정적이었다고까지 말할 수 있다. 상층에서 하층으로, 분가의 계층 간 이동이 있었기 때문이다. 그로 인하여 상층의 분가로 발생한 많은 세대가 하층의 절가에 의한 가의 소멸을 보상했다.

---

23 速水融, 「인구학적 지표에 있어 계층 간의 교차(人口學的指標における階層間の較差)」, 德川林政史研究所『研究紀要』1973年.

표16 · F2세대의 인구학적 경과
(무사시국 가부토야마촌, 1792년 세대주를 P세대로 하는 손자세대)

계 층		출 생	15세 이하의 사망·출타			16세 재촌	촌내 결혼 (아기 출생)	출산아 수	평균출생 수		
			5세 이하	10세 이하	15세 이하				부부 한쌍당	출생 한자 일인당	선조 일인당
I	남	14	1	2	—	11	7(4)	9¹⁾			
	여	14	1	—	2	11	3(3)	11²⁾			
	합계	28	2	2	2	22	10(7)	33³⁾	3.33	4.71	5.50
II	남	63	9	1	2	51	25(21)	38¹⁾			
	여	42	6	3	5	28	8(6)	7²⁾			
	합계	105	15	4	7	79	33(27)	82³⁾	2.48	3.04	3.90
합계	남	77	10	3	2	62	32(25)	47¹⁾			
	여	56	7	3	7	39	11(9)	18²⁾			
	합계	133	17	6	9	101	43(34)	115³⁾	2.78	3.38	4.26

* 주 : 1) 남아만 집계. 2) 여아만 집계. 3) 출생아의 남녀합계 수.

인구 재생산력의 계층 간 격차를 엄밀하게 비교하기 위하여 세대를 통일해서 관찰한 결과를 무사시武蔵국 가부토야마甲山촌의 경우에서 살펴보자. 〈표16〉에는 1792년의 호주를 선조로 하는 그 손자세대(F2세대)의 인구학적 경과를 나타내고 있다. 단지 관찰대상이 된 것은 1871년까지 존속한 28가계이다. 석고 5석을 기준으로 그 이상을 상층(I), 그 이하를 하층(II)으로 한다.

우선 전체를 보면, F2세대 133명 가운데 마을 안에서 결혼하여 아이를 가진 자는 겨우 34명인데, 이들로부터 115명의 F3세대가 태어났다. F2

세대 1인당 출생 수는 0.86으로 1명을 넘지 못하므로 인구 재생산이 가능하지 않은 것이 되나, F2세대 가운데 아직 결혼이 완결되지 않은 자가 있으므로 실제로는 어떻게든 재생산이 가능했다고 볼 수 있을 것이다.

계층 간에 비교해 보면, 평균출생 수는 어느 것이나 상층(I)이 하층(II)을 상회하고 있다. F2세대 1인당 I은 1.18, II는 0.78이었으므로 상층에서는 충분히 인구 재생산이 가능하고, 하층에서는 곤란했다는 것이 판명되었다. 그 결과는 명백히 집안의 존속에 나타나 있다. 여기서도 분가율은 상층에서 높다. 절가 및 전출률은 상층의 본가本家에서는 전혀 없고[분가에서 1사례가 있다], 하층에서는 29%에 이르렀다. 세대 수 증가율은 P세대[선조]가 I에 속하는 가계에서 1.29배, II에서 0.76배로 각각 F2세대 1인당 출생 수와 비슷하다.

이 마을에서는 16세에 마을 안에 잔존하는 비율과 여성의 초혼연령에 계층 차는 보이지 않았기 때문에, 재생산력 격차는 오로지 연령별 출생률의 차에 의해서 설명된다. 합계출생률[기대치]에서 그 격차는 거의 1명이었다. 그러면 출생력 격차는 어디에서 연유하는 것일까? 자연적─생물학적─인 것인가, 아니면 인위적인 것인가? 이 점을 다음 장에서 검토하기로 한다.

제5장

에도시대인의 사망과 수명

1
사망률

공업화 이전 사회의 특징

공업화되기 이전인 농업사회의 사망률은 전국 어디나 매우 높은 수준이었다. 현대 일본의 보통 사망률은 고령화의 영향으로, 1980년대 이후 조금 상승했는데, 그렇다고는 해도 인구 1,000에 7 정도로 낮은 수준이다. 인구동태 통계가 개시된 1899년(메이지 32)에는 22, 에도시대 말기 (1860년대)에는 25를 내려가는 일은 없었다고 추정되고 있다. 이와 같이 보통 출생률도 에도시대 말기에는 31~35퍼밀[천분율을 말함, ‰이다 - 옮긴이]이라는 높은 수준이었다. 높은 사망률을 보완하는 수준으로 많이 낳아서 인구를 유지하지 않으면 안 되었기 때문이다. 높은 사망률이야말로 공업화 이전 사회의 인구를 특징짓는 첫 번째 요소였다.

공업화 이전 사회의 사망률은 다음과 같은 특성을 나타내고 있었던 것에도 주의하지 않으면 안 된다.

첫째로, 사망률이 항상 높았던 것은 아니다. 비교적 평온하게 진행되는 '평상년'의 중간 중간을 가르듯이, 몇 년 만에 한번의 비율로 '이상년

(재해년)'이 나타나, 유행병과 흉작으로 사망률이 급격하게 상승했다. 둘째로, 지역 차가 컸던 것도 특징이다. 인구위기는 종종 국지적으로 일어나고, 이웃하는 두 개의 영역에서 전혀 다른 현상이 보이는 경우조차 있었다.

셋째로, 신분제사회라는 것이 사망률에도 반영되고 있었다. 높은 사망률은 '민주화'되지 못한 것을 나타내며, 사회계층 및 경제적 지위와의 상관지수를 나타냈다고 생각된다. 그러나 병을 예방하고 치료하는 기술이 불확실했다는 것이 계층 차를 좁히는 요인으로 작용하기도 했다. 마지막으로, 성·연령에 따른 사망 질서는 현대와 현저하게 차이를 보인다. 남자보다도 여자의 평균수명이 짧았던 것은 그 일례이다.

이러한 여러 특징에 대해 조금 자세히 살펴보자. 먼저 여기서는 첫째와 둘째의 특징을 다루고, 셋째와 넷째에 대해서는 다음 절에서 평균여명과 함께 다루어보기로 한다.

평상년과 재해년

공업화 이전 사회를 사는 사람들의 생존은 가끔 자연의 힘에 위협당할 수밖에 없었다. 인구증가가 자원을 압박하는 그러한 사회가 아닐지라도, 유행병이나 흉작으로 생기는 옛날 형태의 인구위기는 많은 인명을 빼앗아갔다. 이제까지 관찰한 정촌町村마다의 혹은 사원寺院 단위의 사망 수가 해마다 크게 변화하고 있는 것은 인구규모가 작았던 때문만은 아니다. 사망 수가 들쑥날쑥한 심한 변동이야말로 공업화 이전 사회의 특징이었다.

농촌에서는 보통 평상년의 출생률은 사망률을 상회하고 있고, 인구는 증가하는 경향이었는데, 인구위기의 시기에는 이것이 역전했다. 사망률은 상승하고, 출생률은 저하하기 때문에 평상년의 '축적'은 없어지고 인구는 감소했다. 무츠陸奧국1의 인구는 18세기(1721~1786)에 계속되는 흉작으로 20%나 감소했다. 난부료南部領2에서는 1755~1756년에 약 5만 명, 1773~1775년에 약 6만 명이나 기아 혹은 병으로 죽었다. 그래도 평상년을 보면 증가율이 결코 작지는 않았다.

의외로 인구의 복원력이 강했다는 점은 강조되어도 좋을 것이다. 그 이유를 여러 가지 생각할 수 있지만, 한마디로 말한다면 인구를 일정 규모로 유지시키는 피드백 기구가 움직이고 있었다고 할 수 있다. 인구감소를 메우는, 즉 결혼율을 높이거나, 출생억제를 완화시키는 의식적 및 무의식적, 보험적인 인구 재생산 행동이 활발해지는 것이다.

이상년의 뒤에 사망률이 극히 낮은 해가 계속되는 것도 인구 통계학상, 주의할 필요가 있다. 예를 들면, 에치젠越前의 85사寺의 과거장에서 얻은 사망 수는 1834~1836년(텐뽀 5~7)에는 4,200~4,400명이었는데, 인구 위기의 해인 1837년에는 1만 4,403명으로 평상년의 3배 이상이나 늘었다. 그러나 다음해인 1838년의 사망 수는 2,500명 정도, 평상년의 6할

---

1 역주 _ 메이지 이전 일본의 지방구분의 하나로 오슈奧州라고도 한다. 혼슈의 북동단에 해당하는 후쿠시마현, 미야기현, 아오모리현, 아키다현 북동의 가즈노鹿角시와 고사카小坂정에 해당한다. 그러나 메이지 원년의 분할에 따라 아오모리현과 이와테현 니노헤二戸군에 걸친 지역으로 축소되었다.

2 역주 _ 에도시대 이와테현

이하로 대폭 감소했다.[3] 이것은 질병 등으로 체력이 약한 사람들이 도태된 뒤에 체력이 강한 사람들이 남거나, 두창이나 홍역과 같이 면역성을 획득한 사람들이 늘어났기 때문이라고 생각된다.

인구위기의 지역성

에도시대 후반의 지역별 인구 변동에서 분명하게 보았듯이, 기후 한랭화에 따른 흉작의 피해는 동일본에서 컸다. 이렇게 공업화 이전 시대에는 지리적 위치의 차이가 기후변동에 따른 인명 손실의 크기를 결정하는 데 강한 영향력을 지니고 있었던 것이다. 그러나 이것이 기본적으로 중요한 인구변동 요인이었다고 해도, 오늘날과는 다른 형태로 자연의 힘을 증폭시키거나, 거꾸로 완화시키는 작용이 인간 측에서도 부가되었다.

일례를 들어보자. 마쓰다이라 사다노부松平定信가 『우게노히토고토宇下人言』에서 술회하고 있는, 텐메이天明 기근 때의 무츠국 시라카와白河번과 소우마나카무라相馬中村번의 대조적인 현상은 유명하다. 1783년(텐메이 3)의 대흉작으로, 소우마나카무라번에서는 그 해의 10월부터 다음해 3월까지 반년 여 사이에 약 4,400명, 전 인구의 9%가 사망하고, 약 1,800명, 전 인구의 4%가 누락되는 커다란 참사를 당했다. 이에 대해 인접한 시라카와번에서는 한 사람의 아사자도 내지 않았다고 한다.

이런 매우 대조적인 현상의 배경에는 어느 정도의 지형적 차이가 있었

---

3 佐久高士, 『근세농촌의 수적 연구(近世農村の數的硏究)』, 1975.

을지도 모르지만, 그 이상으로 번주였던 사다노부의 대책이 효과를 올린 것이다. 시라카와번의 사다노부가 8대 쇼군 요시무네吉宗의 손자에 해당한다는 혈연관계를 통해 막부의 원조를 얻기 쉬운 입장이었던 것, 그리고 고크도메穀留4로 영내의 쌀을 곤궁한 다른 영지로 가져가는 것을 금지하는 조치를 취한 것 등, 정치적 요인을 놓쳐서는 안 된다.

정보전달·운송수단의 미발달, 유통기구의 불합리성 등으로도, 각 번의 영지藩領가 각각 배타적인 정치·경제적 영역을 만들고 있었다. 이것이 현저하게 사망률의 정도를 달리하는 인접지역 간의 격차를 발생시킨 원인이었다.

인구위기의 시기에 인적 피해가 지역마다 차이가 나는 것은 집락의 기능적 차이라고 하는, 거의 인문학적인 요인에 의한 것이기도 하다. 앞에서 본 에치젠의 1837년에서 사망자 수는 평상년(1834)의 3.3배였지만, 도시(2.7배), 농촌(2.9배)에서는 낮고, 어촌(5.6배)에서 가장 높았다. 농산촌(4.0배), 산촌(4.2배)은 그 중간이었다. 농촌에서 사망률이 낮은 것은 식량이 자급가능해서였다. 또 예상한 바와 달리, 도시가 낮은 것은 영주나 대상인 등에 의한 공적·사적인 구휼과 부조가 있어서였을 것이다. 반대로 곡물을 구입하지 않으면 안 되고, 가옥도 밀집해 있어 전염병이 만연하기 쉬운 것이 어촌의 사망 배율을 높이는 원인이 되었다.

4 역주 _ 미곡의 반출을 막는 일.

2
사망의 양태

과거장의 연구

종문개장과 함께 에도시대 인구사 연구의 자료로 쌍벽을 이루는 것이 사원의 과거장이다.

과거장을 재료로 삼아 연구한 업적 가운데 특필할만한 것은 스다 게이조須田圭三의 『히다0사원 과거장의 연구飛驒0寺院過去帳の硏究』일 것이다. 이 것은 히다 다카야마高山의 한 사원의 과거장에서, 1771~1870년의 사인분류 등의 사망통계 작성과 인구동태를 분석하여, 에도시대 농촌의 질병상황을 해명한 노작이다.

또 최근 우리들은 공중위생학과는 다른 시점에서, 하나의 성과를 얻게 되었다. 전국 189개 사원의 과거장 사망기록을 기반으로, 1771~1871년의 1세기간의 화산분화, 지진, 기후악화, 유행병이라는 '역사재해'에 따른 인적피해를, 지리학의 입장에서 분석한 기쿠치 가즈오菊池万雄의 『일본의 역사재해-에도 후기의 사원과거장에 의한 실증日本の歷史災害-江戸後期の寺院過去帳による實證』이 그것이다.

이 두 연구는 공중위생학과 지리학이라는 입장의 차이와 함께, 접근방법도 매우 대조적이다. 하나는 한 지역을 깊이 연구하려고 한데 대해, 다른 하나는 동질의 자료를 전국에서 구해 지리적 범위를 가능한 한 넓혔던 것이다. 이하, 두 업적을 중심으로 에도시대의 사망현상에 대해 살펴보기로 하자.

사망의 계절성

에도시대 사람들이 어느 계절에 많이 사망하는가, 왜 그러한가에 대해 먼저 검토하자. 〈그림 9〉에는 에도 혼죠에코우인本所回向院5의 과거장에서 얻어진 1815(분카 12)~1876년(메이지 9)의 사망 수가 월별[양력] 지수로 표시되어 있다.

전 기간을 살펴보면, 사망이 많은 것은 여름철로 8월에 피크이고, 사망 수가 적은 것은 5월을 중심으로 봄부터 초여름에 걸친 계절이다. 1월은 눈에 띠지 않지만, 극히 작은 피크가 있다고 해도 좋을 것이다. 1899년 이래의 '계절병 달력'의 역사적 변천을 밝힌 모미야마 마사코籾山政子에 의하면, 현대의 달력은 겨울집중형을 나타내는데, 메이지 후기[20세기 초두]의 달력은 질병 사망의 다수가 여름에 많이 발생하고, 심장병, 뇌졸중, 노쇠 등의 성인병은 여름과 겨울로 두 개의 피크를 나타냈다. 총사망의 계절적 패턴도 그것을 반영하여 1920년경까지는 여름에 최대의 피크

---

5 역주_토쿄 스미다구墨田區에 있는 정토종의 절.

를 나타내고, 겨울에도 작은 피크를 나타내고 있다.6 에도시대에 18세기 사망의 계절변동은 20세기 초두의 패턴에 준하지만, 여름의 피크가 좀 더 강조되고 있는 것이 특징이다.

그러나 이 패턴이 항상적이라고는 할 수 없다. 여러 원인으로 대량 사망이 일어난 위기의 해에는 특유의 형태가 나타났다. 10년마다 분할하여 공통의 변동형태를 그리는 시기를 정리해보면, 세 가지 형태로 구별할 수 있다. I기(1815~20, 21~30, 41~50년)는 가장 평균적인 여름집중형을 나타내는 '평상년'이다. III기(1851~1876년)는 8, 9월의 피크가 특히 강조되고 있다. 1858년(안세이 5)과 다음해의 콜레라 및 1862년(분쿠 2) 여름의 콜레라와 홍역이 대유행했기 때문이다.

II기(1831~1840년)는 가장 특이한 패턴을 나타낸다. 사망의 피크는 4월부터 8월에 걸쳐 고원형상을 나타낸다. 말할 것도 없이 이 시기에는 1837년(텐뽀 8)을 피크로 하는 대흉작이 포함되어 있고, 단경기端境期7의 식품 앙등에 기인하는 영양부족과 유행병의 발생이 겹쳐 수확기 전인 봄과 여름의 사망을 증가시킨 것이다.

에도시대 사망의 계절형에 관한 연구는 사료상의 제약도 있어서 거의 18세기 중기 이후에 집중되어 있다. 그러면 17세기에는 어떠했을까? 나아가 에도시대 이전은 어떠했을까? 아직 확실한 것은 말할 수 없다. 그러나 실마리는 있다. 과거장을 사용한 사망 연구는 종문개장이 만들어지기

---

6 籾山政子, 『질병과 지역·계절(疾病と地域·季節)』.

7 역주_시장에서 햅쌀과 묵은쌀이 교체되는 9월, 10월경을 말함.

훨씬 이전의 사망현상에 대해서도 가르쳐주기 때문이다.

그림9 · 에도 주민의 월별 사망지수(回向院 과거장)

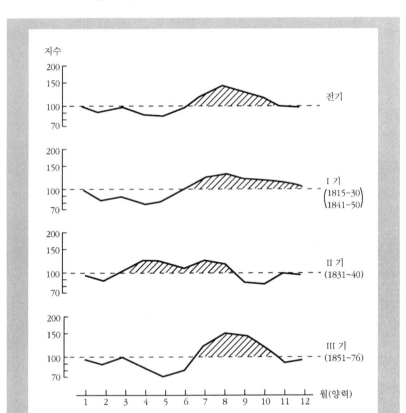

* 자료 : 菊池万雄, 「回向院 과거장」 일본대학 문리학부 자연과학연구소 , 『연구기요』5.
** 주 : 1. 상기자료에서 필자가 계산했다.
　　2. 원 자료는 음력 월인데, 양력 월로 환산했다.
　　3. 각 기간의 1개월 당 사망 수를 100으로 하는 지수로 표시.

　다무라 노리요시田村憲美는 시모우사下總의 사원[日蓮宗 本土寺] 과거장으로 1394년부터 1592년까지 2백년간에 걸친 사망의 계절성을 밝히고 있다.[8] 여기서 이 시대 사망의 계절형은 에도시대와 크게 달랐다는 것을 알 수 있다. 근세 이전형이라고 할 만한 계절형은 여름집중은 약하고, 음력 5월을 중심으로 봄부터 초여름에 걸친 사망의 피크가 있는 것이 특징이었다. 이 패턴은 에도시대에도 보이는데, 이것은 특히 대규모 기근으로 인한 것이었고, 언제나 보이는 것은 아니었다. 그런데 15세기에 전 기간에 걸쳐 예외 없이 보인다는 것은 쌀 단경기에 식량부족이 항상적이었다는 것을 나타내고 있다. 이 패턴은 16세기 이후 변화한다. 5월의 사망비율이 저하되어 가고 있는데, 그 원인은 이모작裏作[9]으로 여름보리 재배가 보급된 것이 중요했다고 지적되고 있다. 중국에서 동족집단의 계보를 기록한 족보에서 사망의 계절성을 살펴본 연구에서도, 절강성浙江省 농촌에서 17세기에 이모작을 중심으로 하는 집약적 농업이 보급된 것이 계절변동의 격차를 완화시켰음을 볼 수 있다.[10]

　모미야마[1971년 연구]는 인구동태 통계로 1912년부터 1966년까지의 '계절병 달력'을 작성하여, 사망의 계절변동은 여름집중이 현저하고, 다

8 田村憲美, 『일본 중세 촌락형성사의 연구(日本中世村落形成史の研究)』, 校倉書房, 1994.

9 역주_하나의 경지에 시기를 바꾸어가며 1년간 두 종류 이상의 작물을 재배할 때, 주요한 작물을 오모테사쿠表作, 기타를 우라사쿠裏作라고 한다.

10 우에다 마코토上田信, 『전통중국-〈盆地〉〈종족〉에서 보는 명청시대(傳統中國-〈盆地〉〈宗族〉にみる明淸時代)』, 고단샤(講談社), 1995.

이쇼기까지는 매해 변동이 심했다는 것을 지적했다. 쇼와기가 되면 여름의 사망률은 저하하여, 여름집중의 정도는 약해졌다. 쇼와기 전후戰後에는 전체적으로 사망률이 저하됨과 동시에, 여름의 피크는 빠르게 소실되고, 1950년대 후기 이후에는 겨울의 낮은 피크가 남을 뿐이다. 사망의 계절형에서 보이는 이러한 전환은 출생률과 사망률의 조합으로 인한 인구전환과 보조를 함께 하는 또 다른 하나의 전환이었다.

메이지·다이쇼기의 인구전환 이전인 계절형은 역사적으로 어느 시대까지 거슬러 올라갈 수 있을까? 또 그것은 언제 성립했을까? 종문개장과 과거장이 나타내는 에도시대 사망의 계절형은 분명히 메이지·다이쇼기의 '전환 이전형'과 비슷하다. 대규모의 흉작과 유행병이 발생한 재해년에 평상년과 다른 계절형이 보이는 것을 별도로 하면, 전환 이전의 계절형은 늦어도 에도시대 후기에는 성립되어 있었음이 명백하다.

그러나 전환 이전형은 에도시대 전반에 나타나는 것은 아니었을까? 메이지·다이쇼기의 패턴을 특징지은 사망의 현저한 여름집중은 분명히 물과 음식물을 매개로 감염하는 소화기계의 질환, 특히 장티푸스, 콜레라, 이질赤痢로 초래된 것이다. 이러한 감염증을 전파시키기 쉬운 사회상황이나 생활양식으로는 도시의 인구집중, 활발한 인구이동, 외식의 보급, 청정한 물 공급과 배수의 미정비, 불완전한 쓰레기처리 등을 생각할 수 있다. 한마디로 이야기하자면 도시화, 공업화, 국제화가 원인이었다고 말할 수 있다.

18세기 후반의 에도시대는 프로토proto 공업화와 함께, 지역 간 무역이 활발하게 되어 출가노동을 체험하는 자가 늘어나 여행이 대중화하는 것으로, 모빌리티mobility가 상승한 시대이다. 19세기가 되면 콜레라가 일본에 침입하여 대유행이 시작된다. 콜레라는 1822년(분세이 5), 1858년(안세이 5), 1862년(분큐 2)에 폭발적으로 유행한 뒤, 메이지기에도 사망자 10만 명 이상의 대유행이 계속되었다. 인플루엔자도 세계적으로 유행pandemic에 동조하는 등, 병의 '국제화'가 진행되었다. 그렇다면 전환 이전형의 성립은 비교적 새로운 현상이었던 것이 아닐까.

에도시대 후기부터 메이지·다이쇼기에 걸친 일본의 사망 계절형은 인구전환 이전의 서유럽 제 사회의 그것과는 크게 달랐다. 영국의 교구 부책敎區簿冊에서 관찰된 1540년부터 1834년까지 반세기마다 사망 계절형을 살펴보면, 봄[3~4월]에 피크가 나타나고, 7월에 골짜기를 이룬다. 또 최고치와 최저치의 비율[변동지수]은 메이지기 일본의 경우보다 약간 작았다. 에도기는 전국 규모의 수치가 없어 정확히 비교할 수는 없다. 그러나 일본 쪽이 변동지수가 컸다고 해도 좋을 것이다. 영국에 관해 다른 하나의 변동을 추가하자면, 16세기 중반부터 19세기 전기까지 3백 년 사이에, 이 계절형은 거의 변하지 않고 안정적이었다.

다른 서유럽제국은 제각기 개성적이었다. 스코틀랜드, 네덜란드는 잉글랜드와 비슷한 봄집중형, 핀란드는 피크가 5월에 오지만 여름사망은 적은 점에서 공통그룹을 구성한다. 이에 반해 유럽대륙의 독일, 프랑스에서는 겨울, 봄[2~3월]과 함께 여름[8~9월]에도 같은 정도로 높은 트윈피크형이다. 스페인은 여름집중형[7~10월, 피크는 8월]으로 일본과 비슷하지만, 겨울에 피크는 없다. 즉 에도기, 메이지기 일본의 사망 계절형은 트윈피크형이라는 점에서 독일, 프랑스와 비슷하고, 여름 피크가 높은 점에서 스페인과 비슷하다고 말할 수 있다. 여름의 무더위, 겨울의 한랭을 모두 받을 수밖에 없는 가혹한 환경에 있었다고 할 수 있다.

질병으로 인한 사망

평상년에 위와 같은 사망의 계절변동을 특징짓고, 재해년에 대량 사망의 원인이 된 질병에는 어떠한 것이 있었을까?

히다 다카야마의 1771~1852년 사망원인통계를 요약하면 다음과 같다. 전 연령계층을 통해서 가장 많은 것은, '질병' 혹은 '긴 투병' 등이라고 막연히 표현된다. 내인성 사인이라고 생각되는 질병으로, 이것이 전 사망의 34%를 차지한다. 이것을 다시 구분하면 각종 급성전염병(18%)과 소아병(12%)이 커다란 비중을 차지하고 있다.

10세를 경계로 어른과 어린아이 두 개의 연령 군으로 나누면, 연장자 집단에서 눈에 띄는 것은 '상한傷寒(장티푸스)'과 '시역時疫(돌림병)'이라고 기록된 급성열성 전염병으로, 이것은 봄에서 가을에 걸쳐 다발하고 있다. 아사는 산발적으로 보이지만 특정 연대에 여름을 중심으로 발생하는 것이 특징이고, 가끔 돌림병, 천연두, 이질 등을 동반한다. 즉 흉작년의 사망원인은 단순히 순수한 아사만이 아니고, 유행성 질환이 뒤를 쫓고 있는 것이다.

영유아사망에 대해서는 앞 장에서 언급했지만, 연소자 군에서 가장 무서운 병은 두창(천연두)일 것이다. 이것은 7~9월에 발생해서 다음해까지 넘어가는 것이 많았다. 다음에 홍역[5~8월], 이질[7~8월]도 연소자를 중심으로 하는 사망원인이었다. '충虫(선천성약질)' 소아병은 특정 계절에 집 중되지는 않는다.

기근

18세기 중엽에서 메이지 초기에 이르는 시대는 한랭기후가 지배적이 고, 대소의 기근이 빈발했다. 텐메이기 및 텐뽀기의 흉작이 일어난 비참 한 정황에 대해서는 많은 공적, 사적 기록이 그것을 전하고 있다. 기쿠치 의 과거장 연구에 나타난 두 번의 흉작기에 발생한 인적 피해의 확대와 그 정도가 다음과 같았다.

기근년[텐메이 2~6년, 텐뽀 3~12년]의 연평균 사망자 수를 1771~1870년 의 평균 사망자 수로 나눈 피해율의 분포는, 텐메이 · 텐뽀 두 기간 모두 동일본에서 높고, 특히 토호쿠 지방[하치노혜八戸 주변에서 산리쿠三陸 지방 에 걸쳐]에 현저하게 높게 나타났다. 다만 텐메이기는 사망이 3년 말에서 4년 초에 극단적으로 집중해서 기근형을 드러내는 데 반해, 텐뽀기는 중 소규모의 피크가 장기에 걸쳐 반복적으로 보인다. 피해 지역도 텐뽀기에 는 훨씬 광범하여, 츄부 지방 내륙산지에도 비교적 큰 피해가 미치고 있 었다. 더구나 텐뽀기의 피해는 지역 차가 현저했다는 특징도 있어, 두 시 기의 인구위기를 동렬로 다룰 수 없음을 보여준다.

토호쿠 지방에 한해서 보더라도 텐뽀 7~9년의 월별 사망 수의 변동 패 턴은 음력 5, 6월에 피크를 보이는 기근형을 나타내는 경우가 많은데, 히 로사키弘前, 시치노혜七戸, 쿠지久慈의 3개 사찰에서는 텐뽀 3~5년의 월별

지수가 11~2월에 높아서, 기근 이외의 사망원인이 컸던 것으로 생각된다.

히다의 사원 과거장에 따르면, 1831~1840년의 총사망, 1,256건 가운데 아사는 8%를 차지해서, 확실히 다른 어느 시기보다도 많았다. 사인의 순위로 보면, 아사는 소아병(24%), 급성전염병(12%) 다음으로 노인병과 나란히 제3위이다. 하야미 아키라速水融의 조사에 따르면, 기슈 오와세구미紀州尾鷲組의 해변 15개 촌에서는 1837년부터 1838년에 걸쳐 인구의 16%가 사망했는데, 아사 기록은 없고, 급성전염병[급병·돌림병·풍병·역병·상한·온역溫疫11]이 전 사망의 58%를 차지하고 있었다.12

텐뽀기의 인구위기가 흉작만이 아닌, 무엇인가의 유행병이 가해졌다는 것은 지역인구의 비교에서도 추측할 수 있다. 전국인구는 1828~1840년에 크게 감소했는데, 1828~1834년에 분명한 마이너스가 된 것은 데와出羽, 칸토關東, 호쿠리쿠北陸를 제외한 츄부 및 킨키近畿 지방이었고, 거의가 칸토·토카이東海·킨키의 라인에 집중하고 있다. 다른 지역의 감소는 이로부터 늦어져 1834~1840년에 현저했는데, 이때 칸토는 예외적으로 플러스로 바뀌고 있었다.

그러면 어떤 질병이 유행했을까. 후지카와 유富士川遊의 『일본질병사』(平凡社, 2006)의 연표에 따르면, 1801~1870년을 10년씩 구분하여 비교한 결과, 1831~1840년에는 다른 어느 시기보다도 많은 유행병이 발생하

---

11 역주_장질부사를 말함.
12 「기슈 오와세구미의 인구추세(紀州尾鷲組の人口趨勢)」, 德川林政史研究所, 『연구기요』, 1968년.

고 있었다. 대략적인 것은 천연두(1838~1839년), 홍역(1836~1837년), 풍진(1835~1836년), 유행성 감기(1831~1832년), 장티푸스와 같은 역병(1830~1836년)과 이질(1841년)이었다.

영양과 흉작

공업화 이전의 물산 문서를 근거로 영양섭취 수준을 추계한 분석이 발표되었다. 그것에 따르면, 1840년대의 조슈長州번에서는 서민 한 사람 하루 에너지 섭취량은 곡류·콩·감자류의 '주식'만으로 1,664킬로칼로리, 1870년(메이지 3)의 히다국에서는 총식품에 대해 1,851킬로칼로리였다.[13] 조슈번의 경우, 주식 외의 식품과 술을 더하면 더욱 에너지 섭취량은 많았을 것이고, 아마도 히다의 수준에 필적했다고 추정할 수 있다. 이 수준은 1975년(쇼와 50)의 85%에 지나지 않지만, 연령구성이나 체격[성인남자로 157센티미터 정도]을 고려하면, 공업화 이전 시기로서는 필요량을 채우는 수준이었다고 생각된다.

그러나 다른 지역, 예를 들면 토호쿠 지방 등에서는 더욱 낮은 수준이 아니었을까 생각되고, 평상년에도 단백질이나 지방질의 섭취량이 반드

---

13 니시카와 슌사쿠西川俊作, 「이행기의 조슈에서 곡물소비와 인민의 常食(移行期の長州における穀物消費と人民の常食)」, 『三田商學研究』25권 4호, 小山修三 外, 「『히다 후풍토기』에 의한 식량자원의 계량적 연구(『斐太後風土記』による食糧資源の計量的研究)」, 『國立民族學博物館研究報告』6권 3호, 1981.

시 충분했다고 말할 수 없을 것이다. 그러한 상태에서 흉작을 만나면, 그 영향은 심대했음에 틀림없을 것이다.

20세기에 들어서서 얼마 되지 않은 1902년(메이지 35)과 1905년(동 38)에 대흉작을 만난 이와테岩手현에서는, 대용식물로 옛날에 먹던 구황식물이 이용되었다. 성분분석을 하면 지방분이 전혀 없거나 적으며, 단백질이 부족하고, 섬유분이 많은 등의 특징이 있고, 충분한 영양분이나 에너지를 취하는 것이 어려웠음을 알 수 있다.[14] 이 때문에 영양부족이나 위장염이 많이 발생하고, 사망자도 많았다.

에도시대의 흉작과 질병의 관계는 충분히 설명되어 있지 않지만, 일상적으로 겨우 유지되던 평형이 흉작으로 깨어지고, 극도의 영양부족 상태가 되었을 때, 전염병이 만연하기 쉬운 상황이 생겼으리라는 것은 쉽게 상상할 수 있다. 더구나 흉작기에는 농촌을 버리고, 도시로 몰려드는 인파도 증가했기 때문에 조건은 보다 악화되었던 것이다.

14 시미즈 가츠요시淸水勝嘉, 「메이지기의 토호쿠 지방에서 흉작의 위생 상태에 미친 영향에 대하여(明治期の東北地方における凶作の衛生狀態に及ぼした影響について)」『防衛衛生』28권 7호, 1981.

3
평균여명

인생은 불과 30년

'한평생 기껏해야 50년'이라는 말은 사람의 일생이 짧은 것을 비유한 것이지만, 에도시대 일본인의 수명[출생 시 평균여명]은 아무리 해도 거기까지 도달하지는 못했다. 출생 시 평균여명이 50세를 넘은 것은 제2차 세계대전 후 1947년이었다. 이 해에 조사된 제8회 생명표에서 남자 50.1세, 여자 54.0세로, 비로소 50대에 올라섰던 것이다. 제1회 생명표[1891~1898년도 조사]에서는 남자 42.8세[마쓰우라松浦公一에 의한 수명치로 37.1], 여자 44.3세[동 39.4]였다.

에도시대까지 거슬러 올라가 전국 규모의 생명표를 얻을 수는 없지만, 종문개장이나 과거장을 이용하면 정촌 단위의 평균여명을 알 수 있다. 이로부터 추계하면, 1600년경의 수명은 많아야 겨우 30세 정도였을 것이다.

표17 · 에도시대의 평균여명

지 명	연 대	성	나 이							
			1세	2세	5세	10세	15세	30세	45세	60세
I. 출생 코호트										
(1) 시나노국 스와군 요코우치촌	1671~1725	남	—	36.8	46.7	50.0	46.9	35.3	23.9	12.9
		여	—	29.0	35.9	38.3	25.6	27.3	19.3	10.9
	1725~1775	남	—	42.7	48.3	49.9	46.6	34.9	24.6	14.0
		여	—	44.0	48.8	48.1	44.6	33.9	23.9	13.1
(2) 미노국 에나시(惠那)군 이이누마촌	1711~1781	남	—	41.8	—	—	49.2	37.0	26.0	13.6
		여	—	39.7	—	—	42.8	33.6	22.7	11.5
(3) 미노국 안빠치(安八)군 니시죠촌	1733~1800	남	—	34.6	37.8	37.5	34.2	23.7	—	8.3
		여	—	34.4	39.9	40.6	35.6	27.4	—	14.2
II. 사망 코호트(보정 없음)										
(4) 데와국 야마가타군 얀베촌	1760~1870	남	36.0	—	45.9	45.9	42.3	32.8	21.0	11.9
		여	37.2	—	45.5	45.5	42.2	33.2	23.0	13.6
(5) 시나노국 키소군 유부네자와촌	1675~1740	남	—	37.1	45.8	44.1	39.8	33.1	23.3	13.6
		여	—	37.6	42.6	41.0	36.8	29.3	23.5	12.5
	1741~1796	남	—	43.2	48.2	45.1	42.7	33.4	22.1	13.0
		여	—	42.0	44.6	41.7	37.7	31.3	23.8	13.5
(6) 미노국 에나시(惠那)군 이이누마촌	1712~1750	남	—	37.4	—	—	40.4	33.2	23.1	13.7
		여	—	37.4	—	—	39.9	31.4	21.1	11.5
	1751~1800	남	—	45.6	—	—	46.2	33.3	23.2	12.6
		여	—	43.8	—	—	43.6	33.8	24.8	12.9
	1826~1867	남	—	44.4	—	—	42.1	31.4	21.0	12.1
		여	—	44.9	—	—	39.6	32.1	23.7	13.2
III. 사망 코호트(보정 있음)			만 나이							
			0세	1세	5세	10세	15세	30세	45세	60세
(7) 시나노국 시모이나(下伊那)군 토라이와촌	1812~1815	남	36.8	46.6	48.8	46.6	43.9	33.8	22.7	13.3
		여	36.5	43.9	46.3	46.4	45.0	34.4	22.3	14.4
(8) 미노국 3개의 촌	1751~1869	남	37.2	45.6	48.5	46.5	42.5	32.1	21.6	11.9
		여	40.1	47.5	50.5	47.7	43.4	34.1	23.5	13.3

* 출처 : 鬼頭宏, 「역사인구학에서의 사망동태」, 小林和正·大淵寬편, 『생존과 사망의 인구학』 (시리즈 인구학연구4), 大明堂(1994).

〈표17〉은 종문개장에 근거한 대표적 생명표에서 발췌한 평균여명이다. 종문개장에는 두 살(만1세)로부터 등록된 것이 보통이므로, 표의 Ⅰ 및 Ⅱ에 내건 6예의 평균여명은 두 살 때의 것이다. 만 연령으로는 대략 0.5세에 해당한다. 출생 시의 여명을 계산하기 위해서는 어떠한 방법으로 한 살에서 영아사망을 보정하여 추계하지 않으면 안 된다.

보다 엄밀한 방법으로는 모델 생명표를 적용하는 방법과 경험적인 곡선을 끼워 맞추는 방법이 있다. 표에서 Ⅲ(8)의 미노美濃 세 농촌에 대해서는 전자의 방법으로 얻을 수 있었다. 이 경우 출생 시 여명은 예를 들면 후지토藤戶촌에서 남자 41.1년, 여자 44.9년으로 두 살 때의 여명보다 7년 정도나 짧아져버린다. 곡선 적용에 의한 추계로는 고바야시 카즈마사小林和正가 시도한 시나노信濃국 토라이와虎岩촌의 선구적인 추계가 있다 (Ⅲ(7)). 거기서는 1812~1815년의 사망 코호트로부터 산출한 출생 시 평균여명은 남자 36.8년, 여자 36.5년이고, 이것은 만 1세의 여명보다도 7~10년이나 짧았다.[15]

간편한 방법으로 일정한 영아사망률을 가정해서 출생 시 여명을 추계하는 것도 가능하다. 한 살 때의 사망률을 종문개장에 나오지 않는 진짜 출생 수의 10%와 20%라는 두 가지로 가정해 보자. 그러면 예를 들어, 유부네자와湯舟澤(1675~1740년)촌의 남성으로 10%의 경우에는 34.3년 및 20%의 경우에는 30.1년이 된다.

15 小林和正, 「에도시대 농촌주민의 생명표(江戶時代農村住民の生命表)」, 『人口問題硏究』65, 1956.

평균여명의 변화

매해 사망률이 크게 변동한 공업화 이전 사회에서, 과거 백 년간에 걸친 일본인의 수명은 일관되게 더구나 높은 비율로 신장해 왔지만, 단기적으로는 크게 늘어난 시기도, 반대로 단축된 때도 있었다.

연대를 폭넓게 취해 장기적인 비교를 요코우치橫內촌, 유부네자와湯舟澤촌, 이이누마飯沼촌에 대해 시도해보면, 17세기 말 이후 에도시대 말기까지의 2세기 동안 평균여명에 상당히 커다란 신장이 있었음을 인정할 수 있다. 아마도 7년 이상 신장 되었을 것이다. 이 3개 츄부 지방 촌의 예를 참고로, 출생 시 평균여명의 장기적 추이를 그려보면, 17세기에는 20대 후반 내지 30대 정도였던 것이 18세기에는 30대 중반, 그리고 19세기에는 30대 후반의 수준을 획득하여 메이지 중기의 수준으로 연결되었다고 생각된다.

지역 차

표에서는 연대적 변화와 함께, 평균여명의 지역 차도 컸던 것으로 추측된다. 신전新田 촌락인 고베神戸신전, 어촌을 포함하는 오와세구미尾鷲組 12개 촌은 동시기의 다른 지역보다 단명이었다. 모母집단의 규모가 작다는 것, 연령 구성의 차이가 조정[표준화]되어 있지 않다는 것, 또 연대의 취급방법이 일정하지 않다는 것 등 통계상의 원인도 있을 것이다. 그러나 그것만이 아니다. 현대와 비교해서 인구를 둘러싼 자연적·사회적 차이가 사망 질서, 즉 평균여명에 직접적인 영향을 미치고, 지역 차를 두드러지게 했다고 생각된다.

지방도시 다카야마高山[貳之町]에서는 에도시대 후기 1세기 동안의 평균여명[남자 37.9년, 여자 36.2년]이 그다지 짧다고 할 수는 없지만, 조건이 좋은 농촌과는 7~8년의 격차가 있다. 다카야마에서는 출생지별로 여명이 계산되어 있는데, 시내 출생인구에 대해서는 남자 36.3년, 여자34.5년, 시외[농촌] 출생인구에 대해서는 남자 39.9년, 여자 38.6년으로 되어 있다. 분명히 농촌으로부터 이입인구가 여명이 길고, 그 차이는 3~4년이었다. 도시인구는 단명이었던 것이다.

계층 간 격차

평균여명에도 적지 않은 계층 차, 신분 간 격차가 존재했다. 미노美濃국 아사쿠사나카淺草中촌에서는 석고石高 12석을 경계로 하여, 상층에서는 하층보다도 여자가 4년, 남자가 6년이나 길었다.[16] 셋츠攝津국 하나구마花熊촌에서도 1789~1828년에 두 살 때의 평균여명[남녀 포함]은 하층[보유석고 3석 미만 층] 40.8년, 중층[3~5석] 44.6년, 상층[5석 이상] 45.1년으로, 하층에 대해 상·중층 쪽이 4년 정도 길었다.[17]

민중 이외의 평균여명에 관해서는 비교할만한 데이터가 부족하기 때

---

16 T·C·스미스.

17 마츠우라 아키라松浦昭, 「근세 후기의 인구동태(近世後期における人口動態)」, 『六甲大論集』19권 3호, 1972.

문에 충분하게 검토할 수 없다. 야마무라 고조山村耕造가 계산한 하다모토의 평균 사망연령은 1561~1590년생의 42.3세가, 1세기 후의 1681~1710년 출생자의 51.3세로 크게 늘어난 것을 나타내고 있다.[18] 이 숫자는 사망연령을 알 수 없는 자가 1할 전후 있기 때문에 다소 에누리가 없으면 안 되지만, 동시대의 서민인구보다 장수했다는 것을 예상케 한다. 히다 다카야마의 사원 과거장에서 계산된 18세기 말부터 19세기 전반에 걸친 민중의 평균 사망연령은 32세 정도였던 것이 이것을 뒷받침해준다. 그러나 에도시대 후기에 아마도 무사계급의 여명은 더 이상 늘어나지 않고, 뒤늦게 여명을 늘려온 서민인구와의 격차가 좁아진 것이 아닐까 생각된다. 서민인구 내부에서 계층 사이의 격차도 18세기 후반 이후 축소하는 경향이었다.

평균여명은 왜 늘어났는가

전국인구가 정체하고 있는 덕분에 중앙 일본의 농촌의 평균여명은 50% 가까이 늘어나고 있었다고 생각되는데, 그 원인은 무엇이었을까?

메이지 이후의 여명연장이 의료와 의약의 진보에 많은 것을 힘입은 바 큰 것에 반해, 에도시대에는 19세기에 시작되는 종두를 제외하고, 질병에 대한 유효한 예방법이나 치료법의 진보가 크게 공헌했다고는 생각할 수 없다. 통속적인 위생지식의 보급, 가정용 상비약, 한방 및 18세기 이

---

18 山村耕造, 『일본경제사의 새로운 방법(日本經濟史の新しい方法)』, 미네르바쇼보, 1976.

후 난방의蘭方醫19의 역할을 무시할 수 없지만, 그것보다도 오히려 평범한 일상생활의 향상에 기본적인 원인이 있었던 것은 아닐까. 사망률 개선이 가장 현저하게 이뤄진 연령이 2~5세의 유아[그리고 아마도 영아嬰兒]계급인 것도 그것을 말해주고 있다.

유부네자와촌의 연령별 평균여명을 보기로 하자〈표18〉. 이 마을의 두 살 평균여명은 Ⅰ기에서 Ⅱ기에 4~6년 늘어나고 있는데, 특히 유년층에서 크게 늘어났다. 가령 5세 이하의 사망률을 반감시키면, 두 살 때 여명은 적어도 5년은 늘어나는 계산이 나온다. 사실, 1675~1750년에 145퍼밀이었던 유아사망률은 1751~1800년에는 텐메이기의 사망률이 높은 시기가 있었음에도 불구하고, 107퍼밀로 저하하고 있다. 다른 지역에서도 여명이 신장한 곳은 어느 곳이나 유아사망률은 개선되고 있었다. 그 현저한 예로 신슈信州 요코우치橫內촌이 있다. 여기서는 1671~1700년 출생 남자는 35%가 5세 이하에서 죽는데, 1751~1775년 출생자에서는 16%, 그리고 1776~1800년 출생자는 8%로, 1세기 사이에 4분의 1 이하로 대폭 하락한 것이다.

19 역주_네덜란드를 통해 일본에 들어온 서양의학(蘭方)을 배운 의사를 말함.

표18 · 연령별 평균여명(信濃國 湯舟澤村)

연 령	I 기 (1675~1740)		II기 (1741~1796)	
	남 자	여 자	남 자	여 자
2	37.1	37.6	43.2	42.0
3	39.6	39.7	45.2	43.7
4	44.3	42.2	47.3	43.9
5	46.0	42.8	47.6	44.8
6	45.8	44.6	48.2	44.6
11	44.1	41.0	45.1	41.7
21	37.7	34.1	38.5	34.8
31	33.1	29.3	33.4	31.3
41	24.7	23.5	25.9	26.6
51	19.8	17.4	18.1	19.5
61	13.6	12.5	13.0	13.5

* 주 : 5세까지는 각 연도마다, 6세 이상은 5세 계급마다 산출하여 추출했다.

그림10 · 연령별 사망률(信濃國 湯舟澤村, 1741~96년)

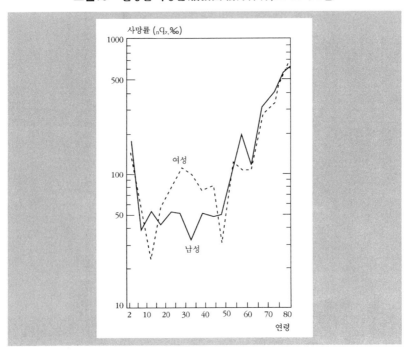

사망 질서에서 보이는 특징

에도시대에 평균여명이 신장되었다 하더라도, 달성된 수명은 현대의 반 정도밖에 안 된다. 차이는 여명의 길이만이 아니라, 남녀 간, 연령 간 사망률의 현상에도 현대의 그것과 차이가 컸다.

첫째로, 영유아사망률이 높았기 때문에 에도시대의 최장 평균여명은 가끔 다섯 살 이후에 나타났다. 유부네자와촌에서도 그것은 5~6세에 나타나고(표18 참고), 그 연령에 도달하기만 하면 50세 혹은 그 이상까지 사는 것이 약속되어 있었다. 평균여명이 짧다는 것은 반드시 모든 사람들이 단명이라는 것을 의미하지는 않는다. 사망률이 높은 위험한 연령을 지나면, 평균여명은 의외로 길어서, 70세 이상의 장수자도 드물지 않았던 것이다.

두 번째의 특징은 가끔 여자보다도 남자 쪽이 장수했다는 것이다. 그렇지 않더라도 남녀 차는 적고, 평균여명은 비슷해져 가고 있었다.

평균여명에서 여성 우위는 공업화의 선물이었다. 그 원인을 푸는 열쇠는 연령별 사망률 곡선에 숨겨져 있다(그림10 참고). 15세 이하에서는 대개 남자의 사망률이 높지만, 15세를 지나면 사망률은 역전해 여성 쪽이 높아져 버린다. 이 상태는 40세를 지나기까지 계속되고, 30세 전후에서 남녀의 차이가 가장 멀어져 있다. 40대 후반에서는 다시 접근하고, 평균 여명도 여성이 남성을 상회한다.

사망률 곡선에 보이는 남녀의 차이는 여성이 20대부터 40대 전반까지 출산연령에 해당한다는 데서, 임산부의 사망에 의한 것임을 알 수 있다.

193

적절한 의료와 모체보호인식의 결여, 그것에 더하여 불확실한 피임이 가져온 낙태의 습관이 출산을 매우 위험하기 짝이 없는 것으로 만들었다. 현대보다도 출산횟수가 훨씬 많았던 시대에 여성은 그만큼 목숨을 많이 잃는 위험에 처해있었다. 여성의 20~50세의 사망률을 남성과 동등한 수준까지 끌어내려보면 여성의 평균여명은 앞으로 4, 5년 길어진다는 계산이 나온다.[20]

유부네자와촌은 가장 극단적인 예일 것이다. 그러나 20세부터 40세까지의 남녀의 사망률 격차는 미노美濃 농촌에서도, 히다 농촌에서도 관찰되고 있다. 더욱이 놀랄만한 것은 여전히 다산이 일반적이었던 쇼와 초기[제5회 생명표, 1926~1930년]에 이르기까지, 그 격차가 축소되었다고 하더라도 명료하게 남아 있는 사실이다.[21]

단명의 영향

매우 높은 영유아사망률은 평균여명이 짧은 것과 연관되어 있었다. 높은 사망률을 극복해서 인구를 유지하려면 그만큼 높은 출생률을 필요로 한다. 에도시대 후반의 전국인구의 보통 출생률과 보통 사망률은 아마도 둘 다 30퍼밀을 넘어, 40퍼밀에 가까웠을 것으로 추측되고 있다.

이것을 개별 가족의 차원에서 생각하면, 많은 자녀를 가져야만 된다는

---

20 유부네자와촌 II기의 경우.

21 사이토 오사무齋藤修, 「인구전환 이전의 일본에서의 mortality-패턴과 변화(人口轉換以前の日本における mortality-パターンと變化)」, 『經濟研究』43권 3호, 1992.

것을 의미한다. 출생아의 반은 결혼연령에 도달하기 전에 요절해버리므로, 집안을 유지하기 위해서는 여유를 가지고 많은 자녀를 낳아두지 않으면 안 되었다. 20세경에 결혼하고, 50세까지 결혼상태를 유지한 부부는 보통 적어도 5, 6명의 자녀를 출산했다.

높은 출생률과 높은 사망률은 인구의 연령구성에도 현대와 다른 양상을 가져왔다. 연령구성을 나타내는 인구 피라미드는 낮은 연령층 부분이 크고 넓어지는 형태를 나타낸다. 물론 도시와 농촌, 인구증가기와 감소기는 서로 다르지만, 인구이동이 적은 농촌에서는 일반적으로 15세 이하의 인구는 30% 이상, 16~65세의 청장년 인구는 60% 이상, 66세 이상의 노년인구는 겨우 수%에 그치고 있다.

자녀의 생존권

단명인 사회는 많은 어린이들의 희생 위에 성립한 사회이다. 아이들의 생명은 매우 덧없고, 위태로운 존재였다. 거기에 아이들에 대한 모순된 감정과 가치관이 생겨났다. 아이들은 보물로 소중하게 여겨지는 반면에, 의지가 없는 자로서 생명조차 어른 측의 형편에 따라 주어지기도 하고, 빼앗기기도 했다.

일본에 '7세까지는 신의 손안에'라고 하는 속담이 있다. 생존의 가능성이 불확실한 동안에는 인간으로 승인하지 않는 것은, 요절을 탄식하는 감정을 완화시켰다. 생활고로 아이를 죽이는 일을 해도 일종의 합리성을 가지고 있었다. 이 속담을 발달심리학적인 해석과 다르게, 그 배경이 된

사회의 인구학적 특징에서 설명할 수 있다.

야나기다 쿠니오柳田國男는 "성인식冠禮 전의 인간이 하나의 생명이 되어 가는 단계가 있었다"고 말하면서, 그 가장 중요한 시기가 7살이라고 보고 있다.[22] 7살이라고 하는 연령은 대개 만 5.5세에 해당하는데, 이 연령은 사망할 위험이 가장 큰, 인생의 최초 5년을 지난 단계인 것이다. 영유아사망이 많은 시대야말로 아이들의 발달단계에 동반하는 시치고산七五三[23] 등 통과의례에 대한 엄숙한 의미가 살아있었다. 그 연령까지의 생존과 성장을 축하함과 동시에 의례를 통과함으로써, 인간으로서의 존재를 공동체에 승인시키는 이중의 의미가 있었던 것이다.

22 柳田國男, 「소아생존권의 역사(小兒生存權の歷史)」.
23 역주_남자 아이는 5세, 여자 아이는 3세와 7세 때의 11월 15일에 신사나 절에서 성장을 축하하는 연중행사.

제6장

인구조절기구

1

인구 조절장치로서의 도시

인구의 자체 재생산 능력은 적었다

도시를 인구 조절장치라고 부르는 것이 다소 기묘하게 들릴지도 모른다. 그러나 제3장에서 지적한 바와 같이, 공업화 이전 사회의 도시는 다른 지역에서의 인구유입으로 어느 정도 지역인구의 규모를 크게 하는 데 공헌했지만, 인구 재생산력은 약해서, 일종의 개미지옥으로 기능하고 있었다. 이 경향은 에도시대의 도시적 발전이 일단락된 18세기 이후에 현저해졌다.

도시의 인구 자기재생산력이 적었던 것은 출생률이 농촌과 비교해서 낮고, 사망률은 반대로 높았기 때문이다. 가끔 출생률은 사망률을 밑돌기까지 했다. 그 훌륭한 대조를 쓰시마국 對馬國 이즈하라嚴原의 예에서 보기로 하자.

군부교郡奉行로서 쓰시마번의 민정에 관계했던 스야마 돈오우陶山鈍翁는 퇴임 후 『코죠오보에가키口上覺書』를 저술했다. 그 가운데서 겐로쿠·쇼도쿠기(1701~1712년)의 출생률과 사망률을 부중府中[이즈하라], 향촌, 긴잔

銀山 별로 나누어 계산해보자. 12년간의 평균 출생률이 가장 높은 것은 향촌, 이어서 긴잔, 부중의 순이다. 사망률은 긴잔에서 가장 높고, 이어서 부중, 향촌이었다. 출생률에서 사망률을 뺀 자연증가율은 부중에서 1.1%의 마이너스, 긴잔에서는 1.6%나 되는 마이너스가 된 데 반해, 향촌에서는 큰 자연증가를 가져왔다.

돈오우는 "부중의 수양자식에 대응해서 친자식이 많은['작은'의 잘못인가?] 것은 부중에는 처를 갖지 않는 하인이 많고, 향촌에는 처를 갖지 않는 하인이 적기 때문입니다"[1]라고 출생률의 차이가 생긴 이유를 말하고 있다. 부중[1701년, 인구 약 16,000명]과 긴잔[약 600명]에서는 주민의 3할을 넘는 부분이 다른 지방 출생자였다. 그 대부분은 단신의 출가노동자였을 것이다. 한편, 향촌에서는 다른 지방출신자는 5%가 되지 않았다.

'아홉 자 두 칸의 우라나가야裏長屋'

돈오우는 사망률에 관해서는 언급하지 않지만, 비농업 지역의 생활환경이 농촌보다 열악했다는 것은 상상하기 어렵지 않다. 도시부의 종문개장에 대해서는 아직 충분히 연구가 진행되어 있지 않다. 나라奈良의 도시 사례[히가시무키기타東向北정]를 보면, 농촌과 비교하여 유배우자율이 낮은데 더해서 유배우자에 의한 출생률이 낮다는 점, 반대로 거의 모든 연령층에서 농촌보다도 사망률이 높다는 것을 분명히 알 수 있다.[2] 18세기에

---

1 『일본경제대전(日本經濟大典)』제2권.
2 速水融, 「근세 나라 히가시무키기타정의 역사인구학(近

이미 세계적으로 제일급의 대도시가 된 에도(토쿄)東京에 대해 보면, 쿄호
기享保期 인구를 130만 명이라고 추정했을 때의 인구밀도는 다음과 같
다.3

무가지武家地(概算인구 65만 명)	16,816명/㎢
사원·신사지寺社地(동 5만 명)	568명/㎢
상인지町人地(동 60만 명)	67,317명/㎢

인구의 대략 반수가 면적에서는 20%가 되지 않는 곳에서 생활하고 있
었기 때문에, 상인 지역町人地4의 과밀상태는 미루어 알 수 있다. 덧붙여
서, 1995년에 인구밀도가 가장 높았던 것은 사이타마현 와라비蕨시에서
14,100명, 토쿄 특별구[23구]는 2위로 12,800명이었다. 흔히 말하는 '아
홉 자 두 칸5의 우라나가야裏長屋6'도 결코 말뿐인 것은 아니었다.

대도시에서 한번에 대량의 인명을 빼앗은 것은 재해와 유행병이었다.
목조도시를 자주 습격한 대화재와 대지진, 예를 들면, 17세기 중반의 메

世奈良東向北町の歴史人口學)」,『日本文化研究』.

3 나이토 아키라內藤昌,『에도와 에도성(江戸と江戸城)』.

4 역주_사농공상 가운데 공, 상, 즉 町人이 살던 지역으로
현재의 中央區, 台東區, 千代田區가 해당된다.

5 역주_정면의 폭이 9척(약 2.7미터), 세로의 길이가 2간
(3.6미터)의 집이라는 뜻으로 매우 좁은 집을 말함.

6 역주_에도시대 서민의 대표적인 연립 공동주택(나가야長
屋). 서민은 대부분이 뒷골목에 지은 4조 반 정도의 좁은
방에서 살았다.

이레키明曆 대화재의 사망자는 10만 명이라고 전해지고 있다. 또 안세이 安政 지진7은 큰 불을 동반하여 13만 여의 사망자를 냈는데, 이 숫자는 칸 토 대지진의 3배에 해당되었다.

유행병의 피해로는 1858년(안세이 5)의 콜레라가 가장 큰 규모였다. 이 해 7월부터 9월까지의 2개월간, 에도시의 여러 절에서 다룬 사망자 수는 23만 명에서 26만 명 이상이라고 한다. 그것이 사실이라면 주민의 4분의 1이 사망하는 정도의 대위기였던 것이다.

대도시의 사망률을 높인 것은 이러한 재해년의 대량 사망으로 인한 것 만이 아니다. 콜레라 정도의 세력은 아니었다고 해도 인플루엔자, 홍역, 장티푸스 같은 질병, 두창, 이질의 물결이 차례차례 엄습했다. 만성화한 매독이나 결핵도 역시 도시의 많은 전염병들이었다.

전염병은 아니지만, '에도병' '오사카 부종'이라 불리는 각기병, 열악 한 주택사정과 생활환경에서 오는 영아사망도 역시 도시주민의 사망률 을 높였다. 도시의 사망률이 농촌보다도 낮아지는 것은 콜레라가 진정되 는 러일전쟁 이후의 일이다. 도시의 '개미지옥' 현상이 해소되는 것은 상 수도를 비롯한 근대적인 도시설비나 질병에 대한 방역체제가 정비되기 까지 기다리지 않으면 안 되었다.8

---

7 역주_안세이 원년(1854) 3개의 해일이 시즈오카에서 시코 쿠, 큐슈까지 큰 피해를 주고, 이듬해도 대지진이 일어났 다.

8 이토 시게루伊藤繁, 「인구증가·도시화·취업구조(人口增 加·都市化·就業構造)」, 『일본경제사5 산업화의 시대-하 (日本經濟史5 産業化の時代-下』).

전 근대의 도시가 높은 사망률 때문에 인구를 유지하는 것이 불가능했다고 설명하는 견해를, 유럽에서는 도시묘장설都市墓場說이라고 한다. 그러나 일본의 경우, 농촌과 비교하면 사망률이 높았던 것은 사실이지만, 유럽 정도는 아니었다고 생각되고 있다. 그렇게 말하는 것도, 에도를 필두로 하는 죠카마치城下町에는 광대한 무가야시키武家屋敷와 사원·신사가 산재하고 있고, 이것이 가끔 정원이 되어, 녹지기능을 해내고 있었기 때문이다. 더욱이 도시 내부에는 무사의 승마용과 짐을 운반하는 한정된 수의 우마밖에 없었다는 것, 사람의 배설물이 귀중한 비료로서 경지에 투입되었기 때문에 상품으로 농촌에 환류되었던 것, 자원을 절약하기 위해 모든 물자의 재활용이 철저하게 이루어지고 있었던 것도 중요하다. 입욕 습관과 일상 의복에 빈번한 세탁이 가능한 목면이 사용된 것도 청결을 유지하는 데 효과가 컸다고도 말해진다.

도시와 결혼

높은 사망률만이 아니라 도시의 출생률이 낮은 것도 주목할 만하다. 메이지기의 통계를 보면, 19세기 말까지 대부분의 도시에서 주변의 농촌보다 출생률이 낮았을 뿐만 아니라, 가끔 사망률을 밑돌기까지 했다. 에도시대 도시에서 출생률이 낮았던 이유는, ① 성비의 불균형, ② 낮은 유배우율, ③ 짧은 유배우 기간, ④ 낮은 유배우출생력에서 구할 수 있다.

스야마 돈오우가 쓴 것처럼, 도시는 독신남성의 대부분이 모인 장소였다. 그 전형이 에도(토쿄)이다. 처음으로 인구조사가 행해진 1721년, 에도 도회부 인구 50만 가운데, 남성은 32만, 여성은 18만으로 성비는 여자 100에 대해 남자 182로 높았다. 건설 도상에 있는 신흥도시에서 성비가 높은 것은 당연하지만, 에도는 적어도 18세기 중반까지는 남자가 여자의 1.7~1.8배나 많았던 것이다. 그러나 다시 인구기록이 남아있는 텐뽀天保기에 따르면, 성비는 120 정도까지 떨어지고, 1867년에는 남녀 대략 비슷한 수치로 떨어졌다. 18세기의 에도 만큼 극단적이지는 않아도, 에도시대에는 다른 도시에서도 성비가 현저하게 높은 것이 드문 일은 아니었다. 그 원인은 주로 젊은 남성의 직인職人, 호코닌奉公人[9]의 존재였다.

그들은 대개 독신이었기 때문에 당연히 도시의 유배우율을 낮게 하는 요인이 된다. 게이오 연간의 에도 5개 마치町의 유배우율 평균은 남자

---

9 역주 _ 호코奉公란 본래 시종이 주인에게 부담하는 군역이나 경제부담 등으로 무사의 주종관계를 나타내는데, 에도시대에는 주인에 종사하는 것을 전반적으로 칭하는 말이다. 호코닌은 그런 사람의 통칭.

[16~60세]가 50%, 여자[21~40세]가 59%[10], 에도시대 말기에서 메이지 초기의 쿄토 3개 마치에는 남자 43%, 여자 60%[11]였다. 인구 3,000명 정도의 재향도시, 무사시武蔵國[12] 치치부秩父 오미야고大宮鄕(1771~1775)에서도 16세 이상의 유배우율은 남자 41%, 여자 58%로 동시대의 시나노信濃국 유부네자와湯舟澤촌보다도 20%나 낮았다. 오미야고에는 전 인구의 17%를 차지하는 고용인이 있고, 그들은 모두 독신이었다. 농촌과 비교하여, 도시의 유배우율이 현저하게 낮은 것은 오로지 남자 쪽이었다.

지금까지 도시 지역의 결혼지속 연수를 계산할 수 있는 것은 극히 적다. 치치부 오미야고에서는 23.4년으로 긴 편이지만, 히다 다카야마飛驒高山에서는 시외 출생 여성으로 8.9년, 시내 출생 여성으로 11.3년 밖에 안 된다.(1773~1871년)[13] 도시의 사망률이 높은 것을 계산에 넣으면, 결혼 지속기간은 농촌보다도 짧은 것은 당연하다. 그것도 사회 환경이 이혼을 증가시키고 있었다면 그것 때문에도 기간은 단축되었을 것이다.

10 미나미 가즈오南和男, 『막말 에도사회의 연구(幕末江戸社會の研究)』.

11 速水融, 「쿄토마치가타의   종문개장(京都町方の宗門改帳)」, 德川林政史研究所, 『研究紀要』, 1980년.

12 역주_현재의 사이타마현, 토쿄 일부와 가나가와현 북동부를 포함한 지역.

13 사사키 요이치로佐佐木陽一郎, 「에도시대 도시인구 유지능력에 대하여(江戸時代都市人口維持能力について)」, 『새로운 에도시대상을 구하여(新しい江戸時代像を求めて)』.

낮은 출생력

제5장에서 본 것처럼, 도시 지역에서는 유배우 출생률도 농촌보다 낮았다. 치치부 오미야고의 경우, 처 21~45세의 합계출생률[기대출생 수]은 3.1명으로, 가장 출생률이 높은 신전新田 촌락의 약 반 정도밖에 안 된다. 그 원인까지 밝히는 것은 어렵지만, 연령별 출생률 곡선을 비교하면 26세 이후의 합계출생률 하락이 매우 부자연스러워 무언가 출생억제가 있었던 것을 추측할 수 있다. 도시의 좁은 주택, 상속할 만한 많은 재산을 가지지 못한 층의 존재, 농가와는 다른 이에家 의식 등이 배경에 있었을 것이다.

다만, 히다 다카야마飛驒高山와 같이 합계출생률[여자 21~45세]이 4.3명[시외출생 처] 내지 4.5명[시내출생 처]으로, 농촌의 수준과 다름없는 것도 있었다. 본래 다카야마의 경우에는 시내 출생 여자 인구의 유배우율이 시외 출생자와 비교해서 극단적으로 낮았다[반 정도]. 그리고 어느 쪽이나 공통적으로 이혼율이 현저하게 높고, 그 때문에 유배우 연수가 매우 짧아졌다. 이것이 한 쌍의 부부가 두는 자녀 수를 실제로 적게 하고 있었다.

이렇게 어느 요소가 강하게 움직이는가 하는 그 조합은 각각 달랐지만, 출생률을 저하시키는 힘이 도시에서는 강하게 움직이고 있었다고 할 수 있다. 낮은 출생률은 높은 사망률과 어울려 필연적으로 도시의 인구 자기재생산을 곤란하게 했다. 도시의 노동수요를 채우기 위해서는 주변 농촌에서 대량의 인구유입이 필요하게 된 것이다.

출가노동자와 타지 출생자

토쿄도 신주쿠의 가구라자카神樂坂에 가까운 정토종 고쇼지光照寺 경내
에 "여러 지역 여행자의 명복을 빈다爲諸國郡邑旅人菩提"라고 새겨진 커다란
석비가 있다. 비문에 따르면, 이 공양탑은 1825년(분세이文政 8) 8월에 간
다神田 마쓰나가松永정의 하타고야旅籠屋14 기노쿠니야紀伊國屋 리하치利八가
건립한 것이라고 한다. 나중에 써넣었다고 생각되는 것도 포함해서 분세
이文政에서 안세이安政기에 이르기까지 여행객 사망자 이름이 약 50 정도
새겨져 있다.

그 출생지를 보면 가장 많은 것이 시나노信濃, 다음으로 에치고越後이
고, 다음은 조슈上州, 야슈野州, 부슈武州, 조슈常州라는 칸토 제국諸國과 무츠
陸奧, 가이甲斐, 그리고 멀리 미마사카美作, 빗추備中라는 지명이 있다. 하나
의 여행자 숙소에서 객사한 자라는 극히 한정된 자료이기는 하지만, 장
사나 출가노동을 위해 에도에 오는 사람들의 출신지를 대략 짐작할 수
있을 것이다. 에도시대 말기 종문개장에 기재된 출생지를 보더라도 타지
출생자의 출신지는 대체로 위의 출가노동자와 같은 분포를 나타내고 있
다. 즉 에도에 노동자가 공급되는 주요한 권역은 칸토 고우신에츠甲信越
를 중심으로, 북은 무츠에 미치고, 서는 토카이도를 따라 이세伊勢 근방까
지 확대되고 있었다(그림11 참고).15

---

14 역주_에도시대 여행객을 숙박시키고 식사를 제공하는
   집.
15 鬼頭宏, 「에도 = 토쿄의 인구발전-메이지유신의 전과 후
   (江戶=東京の人口發展-明治維新の前と後)」, 『上智經濟

쿄토 시죠四條 타치우리나카노立賣中之정의 경우는 에치고, 히젠, 나가도長門, 분고豊後를 제외하면 동쪽은 가가加賀, 미노美濃, 오와리尾張, 서쪽은 다지마但馬, 단바丹波, 셋츠攝津를 한계로 반경 약 120킬로미터였다. 에도와 비교하면 좁은 권내에서 호코닌이 왔던 것이다.[16]

치치부 오미야고와 같은 산간의 재향도시에는 통혼권[17], 노동공급권이 스스로 협소해진다. 그래도 배우자의 출신지는 고향 내의 비율이 비교적 적고, 8킬로미터 먼 곳이 많은 분포를 보여, 농촌과 비교하면 교류권은 상당히 확대되고 있다. 하인과 케호家抱[18]의 출신지는 인근 촌락과 고향 안으로만 과반수를 점하는데, 오미近江 각지에서의 출신자가 2할[하인에 한해 6할]이나 있는 것처럼, 먼 지방 출신자도 적지 않았다.

論集』34권 1·2호.

16 速水融.

17 역주_결혼할 때 배우자를 선택하는 지리적 범위.

18 역주_대대로 주가에 인신적으로 예속되어 노역을 제공하는 하인, 호코닌. 후다이게닌譜代下人의 지방적 표현.

그림11 · 도시로의 인구공급 지역

I 에도 주민의 출생지 – 에도시대 말기, 메이지 초기의 성남 11개 町

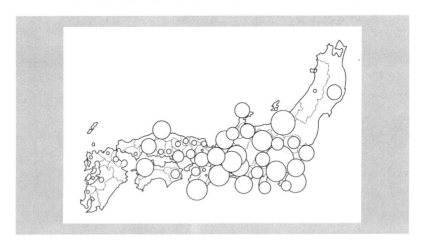

II 쿄토 호코닌의 출생지 – 二条 立賣中之町

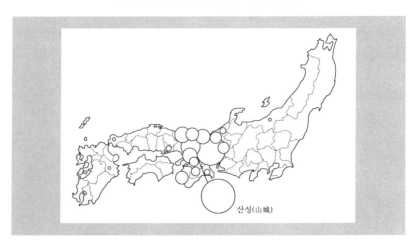

산성(山城)

* 자료 : 南和男, 『막말 에도사회의 연구』, 吉川弘文館. 松本四郞, 『일본근세도시
  론』, 동경대학출판회. 速水融, 「京都町方의 종문장–二条 立賣中之町」,
  德川林政史硏究所 『연구기요』 쇼와 55년도.
* 주 : 원의 대소는 인명의 다소를 나타냄.

불가피한 인구유입

1843년(텐뽀 14), 막부는 도시로의 인구집중을 억제하기 위해 에도의 닌베츠아라타메人別改め19를 엄밀하게 행하여, 당지역·타지역 출생별 이외에 새로 출가노동자에 대해서도 조사할 것을 명했다. 같은 해 7월의 인구조사보고서人數高書上에 따르면, 도시부町方나 사원·신사寺社 문 앞의 초닌町人은 55만 3,257명, 그 가운데 타지 출생자는 16만 5,072명(30%)이 넘었다. 이외에 출가노동자가 남자 2만 5,848명, 여자 8,353명, 합계 3만 4,201명이 있었다. 상주인구에 출가노동자도 포함한 현 거주인구에 대해, 출가노동자와 타지 출생자의 비율은 34%, 즉 에도 주민의 3분의 1은 에도 출생자가 아닌 것이다. 에도에서 태어난 아이는 부모의 출생지에 관계없이 에도 출생자가 되므로, 노동 연령인구에 한해서 생각해보면 타지 출생자의 비율은 훨씬 높아진다. 타지 출생자의 비율은 에도시대 말기에 이르기까지 감소했지만, 여전히 20%를 넘고 있었다.

같은 수치를 쿄토[시조四条 다치우리나카노立売中之정, 1845년]에서 보면, 여기서도 쿄토 출생자 77%에 대해, 타지 출생자가 23%를 차지하고 있다. 가족원[가족구성원]과 비가족원[친구, 친척, 이웃 등]으로 나누어서 보면, 가족원에는 시내 출생자가 많고(84%), 비가족원에는 시내출생자가 적다(47%). 이것은 도시 내부에 타지 출생자의 존재형태를 시사하고 있

---

19 역주_에도시대의 인구조사. 초기에는 임시적이고, 부분적이었는데 나중에 宗門改와 아울러 조사하게 되고, 1726년 이후는 6년마다 정기적으로 했다.

다.

에도에는 에도시대 말기가 되면 타지 출생자라고 해도 혈혈단신이 아니라, 일가 모두 에도에 거주하는 유입민이 많아진다. 그러나 호주의 출생지와 계층[거주형태]의 관련은 명백하다. 타지 출생자의 대부분은 도시 하층민의 주체를 이루는 다나가리층店借層[20]을 만들어갔다. 도시는 이러한 농촌 인구의 부단한 유입으로 인구를 유지하게 되었던 것이다.

도시의 인구유지 능력에 관해 사사키 요이치로佐佐木陽一郎가 행한 시뮬레이션 실험은 매우 흥미로운 결과를 보여준다.[21] 1773~1871년의 99년간에 걸쳐 히다 다카야마飛驒高山의 인구학적 관찰에서 얻은 정보를 근거로, 시외에서 인구유입이 있는 경우와 없는 경우를 각각 가정해서 인구변화를 추계한 것이다. 인구유입이 있는 경우는 인구가 증가하지만, 인구유입이 없는 경우에는 1세기 후에 초기치의 33%로 감소해야 하는 결과를 가져온다.

---

20 역주_집을 빌려서 사는 사람.

21 佐佐木陽一郎, 「에도시대 도시인구 유지능력에 대하여(江戸時代都市人口維持能力について)」.

도시 농촌 간의 인구환류

도시가 인구 조절장치라면, 농촌도 역시 출가노동出稼奉公 등을 통해
그 영향을 직접·간접적으로 받고 있다. 노비濃尾 평야22의 서부에 위치
하는 니시죠西條촌의 출가노동에 관해 하야미가 수행한 행동추적조사에
따라 농촌·도시 간의 인구환류와 그 농촌인구에 준 충격에 대해서 보기
로 하자.

니시죠촌은 1773~1825년 출생자 중 약 반수[남 50%, 여 62%]가 어떤
형태로든 마을 밖으로 호코奉公를 나갔다. 출가노동은 평균 14~15세에
시작하고, 13~14년간 계속했다. 사망 이외에 출가노동 종료 시 연령은
남 30.3세, 여 27.8세이다. 출가노동의 경험은 다음의 몇 가지 측면에서
이 마을의 인구 재생산을 억제하는 작용을 했다.

(1) 출가노동지에서의 사망은 출가노동 종료 이유의 38%나 되는데, 지
    역별로 보면 도시 시가지町場에서 사망률이 높았다.
(2) 귀촌자도 포함하여 도시 출가노동 경험자와 경험이 없는 자를 비교
    하면, 남자 21세 이상에서는 분명히 도시 출가노동 경험자의 연령별
    사망률이 높았다. 여성은 21~30세를 제외하고, 도시 출가노동 경험
    자의 사망률이 높았다. 이상에서 도시의 출가노동 체험은 상대적으
    로 높은 사망률로 이어진다는 것을 알 수 있다.

---

22 역주_기후岐阜현 미노美濃 남서부에서 아이치愛知현 오
와리尾張 북서부에 걸친 평야.

(3) 출가노동 경험자의 결혼연령은 남성에서는 그다지 차이가 없었는데, 여성에 대해서는 경험자가 비경험자보다도 5, 6년이 늦었다. 이 지연으로 출생횟수는 1.5~2.4회 감소할 가능성이 있다.

(4) 출가노동은 16~30세에서 높은 비율로 올랐기 때문에 촌락 인구의 연령구조에 왜곡을 가져왔다. 촌에 있는 자의 유배우율은 높았을지 몰라도, 가장 출생력이 컸을 20년대 전반의 유배우 여성인구는 소수로 억제되었다. (3), (4)를 통해 여성의 출가노동 경험은 분명히 출생을 억제하는 작용을 하고 있었던 것이다.

유럽에서는 16·17세기에 농촌을 기반으로 한 프로토 공업화23가 진전되었다고 한다. 곡물 경작과 원재료 농산물의 생산이 각각 특화하고, 또 농촌 내에 가공업이 가능했다. 이러한 곳에서는 청춘남녀가 취업기회의 혜택을 얻어 임금을 받을 수 있기 때문에 경제적으로 자립하는 것이 가능하게 되었다. 결혼이 용이해졌기 때문에 인구성장이 일어났다는 것이다. 그러나 일본에서 그러한 현상은 일어나지 않았다. 젊은이가 부업, 잔업, 호코, 출가노동 등 다양한 형태로 농업 및 기타 임금노동에 나갈

---

23 역주_proto-industrialization. '원산업화'라고도 한다. '프로토 공업화'는 중세 이후 서양사회에서 활성화된 농촌 공업이 산업 혁명으로 진전되었다는 것을 가리키는 용어로, 멘델스F. Mendels에 의해 1972년 서양의 학계에 소개되었다. 그것은 봉건제에서 자본제로의 이행, 산업 혁명의 기원을 설명하기 위해, 나아가 여성 및 생활 문제를 위시한 사회문화적 측면을 밝히기 위해 제시되고 있다.

기회가 늘어나도 출가노동자의 입장에서 결혼하는 일은 없었다. 이에家 제도 아래에서 결혼은 개인적인 이벤트로서가 아니라, 이에의 문제로 간주되었기 때문이다. 그것이 출가노동 경험이 만혼을 가져오고 출생률의 저하로 이어진 배경이었다.[24]

18세기 도시경제와 인구

17세기는 도시혁명의 시대였다. 도시인구비율은 아마도 2배로, 도시인구는 더욱 몇 배의 기세로 증가했다고 여겨진다. 18세기 전반에 도시인구는 400만 명 이상, 도시인구비율은 13~14%였다고 추정된다.[25]

그것의 가장 상징적인 존재가 에도이고, 오사카였다. 각지에 죠카마치를 중심으로 하는 신도시가 건설되어, 농민은 강제적으로 혹은 자발적으로 도시에 집주하여, 새로운 도시민이 되었다. 농촌에서는 인구팽창을 배경으로 그 정도의 인구를 보낼 여력이 있었던 것이다.

18세기 중기 이후, 도시의 발전은 전환기를 맞이했다. 여전히 막부 및 제 영주의 재정지출을 중심으로 하는 도시 소비수요는 컸지만, 그 흡인력에는 한계가 있었다. 경직화된 석고제와 수확체감적인 농조農租에 기초를 둔 막번 경제의 당연한 결과였을지도 모른다.

24 齋藤修, 『프로토 공업화의 시대(プロト工業化の時代)』.

25 鬼頭宏, 「일본의 국토경영의 기초구조(日本の國土經營の基礎構造)」, 『국토경영에서 대도시의 기능과 역할분담에 관한 연구(國土經營における大都市の機能と役割分擔に關する研究)』(보고서).

대도시로 인구를 보내고 있던 주변 지역의 인구감소도 그 원인이 되었을 것이다. 농촌으로부터의 인구유입이 지속되었는데, 특히 대흉작 시기에는 급증하는 일도 있었을 것이다. 그럼에도 불구하고, 오사카 산고三鄕의 인구는 1765년에 정점에 달한 이후 회복되는 일은 없었다. 쿄호享保기 이후 감소한 에도 시민[쵸닌町시인구가 다시 쿄호의 인구규모를 회복한 것은 텐뽀天保기 이후의 일이었다(그림12 참고). 18세기 후반 이후, 에도와 오사카의 인구 동향은 대조적이었다. 오사카가 경제[생산·유통]의 중심으로 18세기 중기 이후에 현저해지는 지방경제 약진의 영향을 강하게 받았다. 그러나 에도는 최대의 쵸카마치로 항상 큰 재정지출과 무사의 사적인 소비지출이 있었다.

그림12 · 에도·오사카의 쵸닌 町人인구

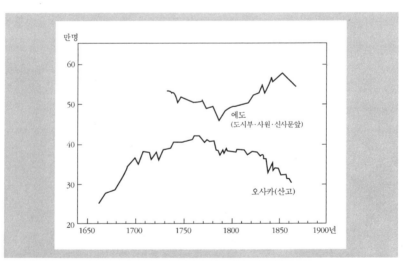

* 자료 : 幸田成友, 『幸田成友著作集』 제2권, 중앙공론사. 大阪市役所 『大阪市史』(복각판) 제1권, 제2권, 淸文堂.

에도시대 후반의 도시인구는 400만 명대로 정체했다. T·C·스미스에 따르면, 18세기 및 19세기 전반에 죠카마치를 중심으로 하는 도시는 일반적으로 정체하거나 인구를 감소시켰지만, 그것은 경제성장이 없었기 때문은 아니다. 오히려 성장했기 때문이라고 한다. 역설적인 이 현상은 도시가 아니라, 주변 농촌 지역의 상공업적 발전에 원인이 있었다. 농촌에서 경제성장은 수많은 재향정在鄕町26을 발전시켰다. 그리고 재향정 성장과정에서 그 수가 늘어나면서, 농촌으로부터 (대)도시로 향하는 인구이동의 흐름을 변화시켰다. 기성의 도시로 유입되는 인구를 줄어들게 한 것이다. 일본의 전근대 경제성장, 혹은 프로토 공업화는 도시의 성장을 동반하지 않는다는 성격을 가지고 있었다.27

26 역주_'자이고마치'라 읽으며 재정在町, 재방정在方町이라고도 한다. 근세 농촌에 성립한 지역의 중심적인 집락지를 말하는데 인근 지역과 교역을 하는 시장의 역할을 하며, 대장간 등의 수공업과 특산물의 가공업이 발달하기도 하였다. 한편, 법제적으로는 촌으로 되어 있는 곳이 많으며, 상인이 농업을 겸하여 농민의 성격을 나타내기도 했다. 영주는 시장을 허락하여 연공을 받고 숙박업이나 운수업을 행하기도 하며, 나아가 별도로 새롭게 시장을 설치하기도 했다.
27 「전근대의 경제성장(前近代の経済成長)」.

2

출생제한의 이유와 방법

후카사와 시치로深澤七郎의 세계

후카사와 시치로의 작품 『나라야마부시코楢山節考』, 『토호쿠의 즌무들 東北の神武たち』, 『미치노쿠노 인형들みちのくの人形たち』에는 하나의 공통점이 있다. 그러면 세 작품을 연결하는 하나의 계통, 그것은 무엇일까?

답은 '인구조절'이다. 잘 알다시피 『나라야마부시코』는 생활비를 줄이기 위해 노인을 버리지 않으면 안 되는 자식과 노모의 이야기다. 『토호쿠의 즌무들』은 분가하지 못하고, 그렇기 때문에 결혼도 불가능한 차남·삼남의 성적 기갈을 둘러싼 희비극, 그리고 세 번째 작품은 생활고로 영아살해[마비키] 풍습이 있었던 토호쿠의 어느 마을을 방문하는 도회인의 이야기다.

물론 후카사와는 노인 유기, 강제된 독신, 영아살해를 인구학적인 의미에서 다룬 것은 아니지만, 다소라도 현실적인 인구조절의 수단이 되고 있던 시대가 있었던 것이다. 여기서 전설적인 노인 유기에 대해서는 다루지 않는다. 이것은 생산에 직접 공헌할 수 없게 된 노인을 사회로부터 배제한다는 극히 거친 방법이었지만, 수렵민의 사회에 가끔 볼 수 있다고 한다. 현대에도 1982년 11월, 우간다에서 르완다 난민의 노인들이 집단자살을 기도했다는 충격적인 사건이 전해졌다. 부족한 식량을 조금이라도 아이들에게 주기 위한 행동이었다고 한다.

결혼의 사회적 억제는 유배우율을 억제하여 출생을 제한하는 방법이다. 서유럽의 전 근대사회에서는 경제적 독립이 결혼의 전제가 되고 있었을 때부터, 이것이 일반적이면서 유효한 역할을 해내고 있었다. 그러나 일본에서는 17세기부터 18세기에 걸쳐, 거의 남녀가 결혼하는 사회로 바뀌고서는 미혼의 역할은 한정적이었다. 대신에 결혼 후의 출생제한으로 중점이 옮겨갔다.

에도시대에 실행된 출생제한은 현대와 비교하면 역시 거친 방법으로 실행되었다. 영아살해와 낙태이다. 수유기간의 장기화나 성생활상의 금욕을 제외하고, 이렇다 할 유효한 기구나 약품이 없었기 때문에 확실한 피임을 바라는 것은 매우 곤란했다. 이것에 대신하여 영아살해, 낙태가 에도시대의 가족에게 널리 수용된 것이다.

낙태·마비키의 동기

에도 후기의 경제학자, 사토 노부히로佐藤信淵(1769~1850)는 저서 『소모쿠로쿠부고슈호草木六部耕種法』(1874) 가운데 다음과 같이 말하고 있다.

어느 지역[쿠니國]도 가난한 백성이 매우 많으면서, 부유한 촌락이 있는 곳은 드물다. 백성이 빈궁하여 음식물이나 의복을 지급할 수 없기 때문이다. 부인이 임신을 해도 그 아이를 양육할 만한 저축이 없어, 왕왕 몰래 이 아이를 낙태하는 일이 많다. 근래 어느 지역에서도 백성인구가 점점 감소하기에 이른 것은 모두 이것 때문이다.

노부히로는 빈궁이 낙태를 재촉하고, 낙태가 왕성하게 이루어진 결과, 농촌인구가 감소한 것이라고 한다. 현대의 통설도 포함하여 이러한 논리로써 인구감소를 지적한 자는 노부히로에 그치지 않는다.

전승, 구전기록, 금지령 등에서 보아도, 공업화 이전 시대의 일본에서 낙태, 마비키가 습관화되어 갔다는 사실은 분명하다. 오타 모도코太田素子를 중심으로 낙태, 마비키에 관한 전승이나 구전기록을 섭렵한 노작[28]에 따르면, 이런 종류의 관행이 어디에서나 널리 행해지고 있었음을 알 수 있다. 그러나 어느 정도의 빈도로, 어떠한 확대를 보이면서 행해지고 있었는지를 생각할 때, 일의 성질상 직접 그것을 나타내는 사료를 구하는

---

28 太田素子, 『근세 일본 마비키 관행 사료집성(近世日本マビキ慣行史料集成)』.

것은 우선 무리라고 할 수밖에 없다. 특히 종문개장을 통해서 낙태, 마비키의 존재를 검증하는 것은 유아의 등록이 불완전한 이상 불가능한 것으로 여겨진다.

그러나 19세기 전반의 무사시국 가부토야마甲山촌에서 관찰된 다음의 사실은, 어느 정도 부자연스러운 출산행동이 있었다는 것을 시사하고 있다. 이것을 출생억제와 연결해서 생각해볼 수는 없을까?

가부토야마촌의 완결가족[처가 50세가 될 때까지 결혼이 지속된 ─ 옮긴이] 가운데 세 가지의 예를 들어 보자.

먼저, 기효에喜兵衛의 처 유후ゆふ의 경우이다. 유후는 1825년에 17세로 결혼, 3년 후에 20세로 여아를 출산, 그 7년 후[27세]에 여아, 그리고 10년 후[37세]에 남아를 낳았다. 다음으로 긴하치金八의 처 소메そめ는 1797년에 19세로 결혼, 20세에 남아를 출산하고, 25세, 29세, 그리고 44세에 남아를 얻었다.

이 두 팀과 대조적인 것은 야하치弥八 · 데츠てつ 부부이다.

1827년에 17세로 결혼한 데츠는 첫째 아들을 18세에 낳은 뒤, 1854년 44세까지 9명의 자녀를 낳고 있다. 16세에 결혼하여 34세까지 9명을 낳은 다른 예와 함께, 데츠는 이 마을에서 가장 다산 여성이었다.

유후, 소메를 이 데츠와 비교하면, 50세가 되기까지 결혼이 지속되었음에도 불구하고, 자녀를 낳는 방법에는 상당한 차이를 인정하지 않을 수 없다. 먼저 출생간격을 보면, 다산인 데츠의 경우 평균출생 간격은 3.0년인데 반해, 유후는 6.7년, 소메는 6.3년으로 2배 이상이나 길다. 그것도 매우 불규칙적인 것이 특징이다. 다음에 소메가 낳은 자식은 4

219

명 모두 남아이고, 유후의 경우도 10년이라는 이상하게 오랜 간격을 두고 낳은 자식이 남아였다. 등록되지 않았던 유아사망이 소산이라는 결과의 원인이었다기보다도, 오히려 성 선택적인 마비키가 행해진 것이 아닌가 의심하게 만든다. 그것도 보유 석고에서 보면, 데츠의 집안은 상층, 유후·소메는 하층농가였던 것은 시사적이다.

다만, 이것만으로 출산 수가 적은 것이 부자연스럽다고 말할 수는 없다. 이를 위해서는 가능한 한 많은 사례를 모아 엄밀한 통계적 관찰을 할 필요가 있다.

인구통계상에서의 낙태·마비키의 흔적을 조사하기 전, 그 동기 내지 목적과 수단, 방법에 대해 개관해 보자. 단서가 되는 것은 1935년 야나기다 쿠니오柳田國男의 지도 하에 은사재단 모자애육회가 실시한 산육습속産育習俗29 조사 결과이다. 전국 각지의 민속연구자가 보내온 회답은 부·현별로 정리되어, 지금 『일본산육습속자료집성日本産育習俗資料集成』으로 간행되고 있다.

출생제한의 동기에 대해, '피임·낙태·마비키'에 관한 회답을 보낸 부·현은 38개 지역이고, 낙태·마비키의 동기에 대답한 것은 연 46개 부·현이었다. 압도적으로 많은 것은 아이 수가 많다는 이유(14)이고, 이에 빈궁(2)을 더한 경제적 이유가 지배적이었다고 말할 수 있다. 당연히 바람직한 아이 수가 사람들의 머릿속에 있었을 것이다. 다른 하나의 커다란 이유는 혼외출산이다. '불의不義·간통'(6), 미혼(5), 과부(2)의 출산은 피하

29 역주_자녀가 어른이 되기까지 행해지는 습속, 관행, 행사.

지 않으면 안 되었다. 출생아가 쌍둥이(3)나 장애가 있는 경우(2), 혹은 고령출산(3)이라는 것 등은 육아상의 부담이 컸기 때문인 것도 있지만, 대부분 세상 소문을 의식한 것이었다. 이러한 동기는 현대의 일본에서도 전혀 변하지 않았다. 1972년(쇼와 47) 조사에 따르면, 생후 24시간 이내에 발생한 영아살해 동기의 첫째는 '세상에 대한 체면으로 부끄러워서'이고, 다음이 '빈곤'이었다. 다만 미혼자와 기혼자는 주요한 동기가 달라, 전자는 '세상에 대한 체면', 후자는 '빈곤'이 중시되고 있었다.30 또한 성별에서는 여아라는 것을 이유로 들고 있는 부·현(5)도 역시 많았다.

출생제한의 방법은 실로 다양하다. 먼저 피임을 보면, 방법으로 회답된 것 가운데에는 전혀 유효성을 기대할 수 없는 것도 많다. 첫째 아이의 수유를 오래 끌어 언제까지나 젖을 먹이거나 뜸으로 치료하는 것은 실효가 기대되지만, 꽈리[쌍떡잎식물 가지과의 다년초 ─ 옮긴이]를 먹는다든지, 이름을 도메トメ, 스미スミ, 기리キリ31 등으로 짓는다든지, 신과 부처에 기원하는 등은 전혀 효과가 없었을 것이다. 임신하고 싶지 않는 햇수 혹은 달수만큼 간난아이 목욕통32 바닥을 두드리는 등의 상징적 행위, 밑 빠진 국자나 주머니를 신불神佛에게 봉납하는 행위도 흥미로운 방법이지만, 피임의 성공을 가져다주지는 않는다.

---

30 佐佐木保行,「우리나라에서 영아유기·영아살해(わが國におけ る子捨て·子殺し)」,『書齋の窓』319호.

31 역주 _ 각각 止め-그친다, 済み-그만둔다, 切り-끊는다는 의미를 포함한다.

32 역주 _ 막 태어난 아이를 처음 입욕시키는 더운 물을 사용한 유부유産湯라는 목욕통을 가리킨다.

피임이 불확실하고 곤란하다면 낙태·마비키에 강하게 의존하는 것은 당연한 귀결이었다. 그러나 낙태는 모체에게 매우 위험한 행위였다. 도시에서는 '츠이다치간朔日丸33' 등으로 칭해지는 낙태약도 이용되었다. 그러나 일반적으로는 어떤 약효가 기대되는 식물, 가령 꽈리, 머위, 우엉 등의 뿌리나 줄기를 질 내에 삽입해 유산시키거나, 가늘고 단단한 식물의 줄기·뿌리나 침을 사용해 소파搔爬 수술식으로 하는 일이 많았던 것 같다. '리키'나 '고사시바아'라고 불리는 전문가도 존재했지만, 모체에 영향을 주는 감염증을 무시할 수 없었기 때문에 낙태의 위험을 피해, 출생 후의 마비키에 의지하는 일이 많았다고 한다.

마비키를 '돌려보내다'나 '되돌리다'로 표현하는 지역이 많다. 보통 임신 중 아이를 떼는 것을 낙태, 출생 후의 영아살해를 마비키로 해석하고 있는데, 에도시대에 엄밀하게 양자를 구별하고 있었는지는 불분명하다. 낙태든 영아살해든, 아이 수를 제한하고 출생간격을 조정하는 행위는 모두 마비키라고 생각되고 있었을 것이다. 당시 사람들의 감각으로는 막 태어난 아이는 아직 '출생'했다고 간주되지 않았으며, 살리기로 결정했을 때에 비로소 출생했다고 사회적으로 인정되었다. 대부분은 울음소리가 나기 전에 질식시키거나 압사시켰는데, 이러한 마비키는 피임이나 낙태와 달리, 성별이나 신체상황을 확인한 뒤에 실행한다는 점에서 당사자에게는 선택의 여지가 더 있었다고 할 수 있다.

---

33 역주 _ 에도시대 매월 1일에 복용하면 임신하지 않는다
는 약.

종문개장과 출생제한

지금까지의 예비적 고찰로부터 에도시대의 출생제한에 관한 다음과 같은 행동가설을 세울 수 있다.

(1) 농업사회에서는 장래의 노동력 확보를 위해 남아의 탄생을 바람직한 것으로 여김으로써 마비키는 여아에 대해 보다 강하게 실행되었다.

(2) 출생제한은 이미 일정 수의 아이가 존재하는 경우에 시작된다. 보유 농지가 적은 계층은 이른 시기부터, 그리고 빈번하게 실행되었다.

만일 위의 가설대로 사람들이 행동하고 있었다면 종문개장의 출생기록에는 다음과 같은 경향이 보였을 것이다.

(1) 여아가 마비키의 대상이 되기 쉬우므로, 종문개장에 등록된 아이의 출생성비−여아에 대한 남아의 비율−는 비정상적으로 크다는 왜곡이 생긴다. 다만, 출생제한의 방법으로 성별을 선택할 수 없는 피임, 낙태가 채용되고 있는 경우에는 이 범위에 들지 않는다.

(2) 아이를 바라는 수만큼 낳은 뒤에 출생제한이 이루어진다면, 출생순위에 따른 출생성비, 출생간격, 모의 연령계급별 출생률에 차이나 부자연적인 왜곡이 생길 것이다.

(3) 그리고 위의 징후는 경제적으로 낮은 계층에서 더욱 명료하게 확인될 것임에 틀림없다.

그러면 실제로 종문개장으로부터 과연 출생제한에서의 왜곡을 읽어낼 수 있을 것인가? 앞서 세 가지 부부 사례를 들었던 가부토야마촌에서의 출생성비를 단서로 검토해 보기로 하자.

이 마을에서는 보유 석고가 큰 농민층과 작은 층 사이에 완결가족의 생애 출생 수에서 1명 이상의 격차가 있었다. 이 차이는 결혼연령보다 처의 출생력에서 초래된 것임이 밝혀졌다. 처의 최종 출산연령은 상층 39세, 하층 36세이다. 이것도 출생력의 격차가 의도적인 출생억제에 기인하고 있는 것처럼 느끼게 하는데, 과연 그럴까?

이 점을 검토하기 위해 〈표19〉를 준비했다. 성비의 불균형은 하층농의 셋째 자식 이후에 집중되어 있으며[출생성비 193], 특히 최종 출생아의 성비가 비정상적으로 커졌다. 또한 이러한 출생성비의 불균형이 항상 있는 것은 아니었다. 출생성비는 출생률이 현저하게 낮은 수준에 있던 1790년대와 1850년대에 집중되며[출생성비 190], 다른 기간에는 정상인 수치를 나타내고 있었다[출생성비 107].

표19 · 출생순위별 성비(武藏國 甲山村, 1792~1871년)

		출 생 순 위[1]					최 종 출생아[2]
		1	2	1+2	3 이상	합 계	
I	상층						
	남	14	9	23	16	39	6
	여	14	8	22	20	42	5
	성비	100	113	105	80	93	120
II	하층						
	남	41	34	75	56	131	39
	여	45	31	76	29	105	14
	성비	91	110	99	193	125	279
합	남	55	43	98	72	170	45
계	여	59	39	98	49	147	19
	성비	93	110	100	147	116	237

* 출처 : 鬼頭宏,「德川時代 농촌의 인구 재생산구조－武藏國 甲山村, 1777~1871년」,『三田學
會雜誌』71－4.
** 주 : 1) 출생 시의 생잔순위
　　　 2) 처가 40세가 되기까지 결혼이 계속된 케이스만.

　이상으로 가부토야마촌에서는 부자연스러운 출생성비가 마비키로 인
해 이루어진 것임을 추측할 수 있을 것이다. 계층, 출생순위, 출산연대에
따라 집중적으로 부자연스러운 성비가 출현한 것은 마비키에 관한 우리
의 '상식'과 모순되지 않는다.

　그러나 미노美濃의 한 농촌에서의 출생 행동을 상세히 분석한 T·C·스
미스는 마비키가 행해지고 있었음을 인정하면서도, 가부토야마촌과는
상당히 다른 측면을 밝혔다. '나카하라'[아사쿠사나카淺草中촌] 마을에서는
보통 예상되는 것과 전혀 달리, 위에서 아래까지 어느 계층이나 마비키
를 실행하였다. 더구나 풍년과 흉년을 묻지 않고 어떠한 해라도 시행했
다. '나카하라'에서 마비키를 행하는 이유는 단순하지 않았다. 농지규모

와 가족규모의 조화, 남녀 수의 균형을 이룬 조합, 육아의 바람직한 출생 간격 등, 요컨대 마비키는 빈궁에 헐떡이는 상태에서 어쩔 수 없이 선택한 수단만은 아니었다. 장래의 생활수준을 유지, 향상시킨다는 목표를 달성하는 능력과 장기적 시야를 필요로 했다. 이것이 스미스의 결론이다.

그러나 스미스 자신이 쓴 것처럼, 이 미노의 농촌이 일본의 모든 사례를 대변하지는 않는다. 토호쿠東北, 칸토關東는 노비濃尾 지방과 다른 행동을 보였을지도 모르고, 호쿠리쿠北陸는 마비키를 특히 엄격하게 금한 신슈眞宗34지대라는 이유로 또한 달랐을 것이다. 도시는 농촌과 다른 전통에 지배되어 있었을지도 모른다. 토호쿠에서 노비에 이르는 각지의 농촌 여성의 출생력을 비교하여, 통계적으로 인구 제한지표를 산출한 토모베 겐이치友部謙一에 따르면, 근세 일본에서는 유럽과 달리, 일정한 아이 수에 달해 출생억제를 행하는 방법—'패리티parity 의존'의 출생력 억제—은 일반적이 아니었다고 한다.35 다만, 토호쿠 농촌에는 그것을 의심하는 연령별 출생률의 형상이 인정된다. 앞에서도 언급한 것처럼 일본에서는 출생간격이 예상보다도 길고 균등한 경향을 보이지만, 이것도 문자 그대로 '마비키'에서 초래된 것이었을 것이다.

본래 그것이 모두 낙태와 영아살해에 의한 것이었는지 아닌지 알 수

---

34 역주_정토진종을 말함. 정토종을 연 法然의 門弟 親鸞 (1173~1262)이 개창한 불교의 일파.

35 友部謙一, 「근세 일본 농촌에서 자연 출생력 추계의 시도(近世日本農村における自然出生力推計の試み)」, 『人口學硏究』14호.

없다. 오히려 성행위에 관한 금기나 습관, 수유기간의 장기화가 더 중시되어야 할 것이다. 어린아이 유기, 양자, 출가노동도 시야에 넣어 폭넓게 아이 수의 조절에 대해 검토하지 않으면 안 된다. 에도시대의 인구에 관해서는 출생제한만이 아니라 아직도 미지의 부분이 많은 것이다.

출생제한의 의미

에도시대의 사람들은 왜 위험이 가득한 비참한 방법을 사용해서까지 인구제한을 행하려고 했을까. 마비키나 낙태는 시대와 지역을 넘어, 계급을 넘어 실행되고 있었다고 한다. 하층무사[하다모토] 사이에서조차 그것은 상식이었다. 이러한 행위는 농촌의 빈궁, 도시의 도덕적 퇴폐의 결과라고 주장되고, 그 비인도적인 면이 비난을 받는다. 그러함은 분명 틀림이 없다.

그러나 입장을 바꾸어 경제학적인 눈으로 보면, 다른 평가를 내릴 수도 있다. 통설에 반해 인구제한은 진정 곤궁의 결과가 아니라고 보는 입장이 늘어나고 있다. 오히려 인구와 자원의 불균형이 가져온 파국을 사전에 피하여 일정한 생활수준을 유지하려는 행동이었다고 하는 것이다. 그 견해를 받아들이면 낙태도, 마비키도 어린 목숨의 희생 위에 살고 있는 사람들의 생활을 지킨다는 '예방적 제한'이었다. 생산의 기반도, 기술·지식의 체계도 현대와 다른 사회였다는 것을 이해하지 않으면 안 될 것이다. 결과적으로 출생제한의 폭넓은 실천은 전근대의 경제성장을 도와 한 사람당 소득을 올리는 데 성공했다고 생각된다. 그것이 19세기 후반, 공업화의 과정으로 이륙하는 사이에 일본과 중국의 역사적 운명을 결정하는 중요한 원인이었다는 가설이 제시되고 있음은 이미 지적한 바와 같다.

낙태·마비키의 금지와 민에 대한 설득

물론 에도시대에서도 낙태·마비키가 시인되고 있었던 것은 아니다. 『시손한죠데비키구사子孫繁昌手引草』와 같이, 마비키의 비인간성을 타이를 목적으로 수많은 인쇄물이 출판되어 불교의 승려나 농촌개량운동가들의 손을 통해 널리 유포되었다.

윤리적이라기보다 오히려 막번 체제의 기초인 농촌경제를 강고하게 유지하기 위해서였지만, 막부와 여러 번정부들도 인구제한에 대한 금령을 냄과 동시에 다양한 대책을 강구했다. 그중에서도 잘 알려진 것은 칸세이寬政에서 카세이化政기에 걸쳐 중책을 맡았던 3명의 막부 다이칸代官36, 히다치常陸의 오카다 간센岡田寒泉(1740~1816)37, 칸토 지방 6개국의 덴료天領38를 지배한 타케가키 나오히로(1742~1814)竹垣直溫, 이와키磐城의 테라니시 타카모토寺西封元(1749~1827)의 치적일 것이다.

토호쿠에서 칸토에 걸친 지대는 18세기 때 인구감소가 심한 곳이었다. 그것은 바로 흉작의 직접적인 타격과 함께 낙태·마비키의 상습지대

36 역주_막부의 직할지 농촌 지배를 담당하는 지방관.
37 역주_칸세이 3박사의 한 사람. 3박사는 오카다 간센, 비도 지슈尾藤二洲, 시바노 리츠잔柴野栗山을 말한다.
38 역주_에도 막부의 직할지. 幕領이라고도 함.

라는 사정 때문이었던 것이다. 위의 3명의 다이칸 지배지에서는 그것을 방지하고자 임신한 자의 감시를 엄중하게 행하여 카이닌가키아게쵸懷妊書上帳가 만들어졌다. 출생아에 대해서는 지금의 아동수당에 해당하는 양육비를 지급함으로써 출산을 장려하고, 낙태·마비키의 주원인이라는 경제적 곤궁을 구하려고 한 것이다. 같은 취지의 조사와 양육수당을 지급하는 제도는 무츠陸奧의 여러 번, 미마사카美作[츠야마津山], 히젠肥前[가라츠唐津] 등에서도 이루어지고 있었다.

제7장

공업화와
제4의 물결

1
현대의 인구 순환

공업화와 인구성장

1872년 근대적 호적제도가 시작된 이래, 일본의 인구는 3,481만 명[호적인구]을 헤아렸다. 그 후 인구는 해마다 증가하여 1900년에 4,385만 명, 1920년의 제1회 국세조사에는 5,596만 명으로 증가했다. 도중에 제2차 세계대전이 끼어있음에도 불구하고, 연율 1%를 넘는 인구성장을 계속하여 1967년에는 1억 명을 돌파, 현재는 1억 2,700만 명에 달하고 있다. 그러나 근대의 인구성장도 영원히 계속되는 것은 아니었다. 일본 인구는 2007년을 경계로 감소한다고 보기 때문이다. 제4의 물결도 점점 최종의 정체국면으로 이행하고 있다.

현대의 인구성장이 공업화와 강한 연관을 가지고 있는 것은 명백하다. 공업화사회를 낳은 산업혁명의 기본적 특징은 문명이 의거하는 에너지원이 생물적 자원에서 비생물적 자원으로 전환된 것에 있었다. 석탄·석유·천연가스라는 화석연료나 원자력, 그리고 주로 수력발전의 형태로 이용하는 자연력 등의 비생물적 에너지 자원을 대규모로 사용하는 것이,

몇 가지 측면에서 미증유의 경제성장과 인구성장을 가능케 했다.

먼저, 비생물적 에너지 자원의 이용은 경지를 대폭 식량생산에 집중토록 했다. 장작과 숯 생산을 위한 임야나 가축 사육을 위한 목초지, 사료를 위한 밭이 필요하지 않게 되었기 때문이다. 다음으로, 생물의 생육 속도를 속박하고 있던 에너지 공급이 그 제약에서 해방되었기 때문이다. 언제라도 필요한 만큼의 에너지를 꺼내서 인구성장을 상회하는 경제성장을 달성할 수 있었다. 그리고 끝으로, 공업생산물이 농업생산력을 높은 수준으로 끌어올린 것도 중요하다. 기계력의 도입, 농업·화학비료의 투입은 그것의 가장 놀라운 사건이었다.

인구성장의 시작

그러나 위에서 말한 사실로부터 인구성장이 공업화=근대경제성장의 결과로 시작되었다고 주장하고자 한다면 그것은 잘못이다. 일본에서 공업화의 시기는 1880년대 중반에서 찾을 수 있지만, 인구성장은 그것보다 대략 반세기 전으로 올라가서 시동되었기 때문이다.

막부의 전국인구조사에 따르면, 18세기 인구감퇴로부터 회복이 시작된 것은 18세기 말이었으며, 19세기에 들어서서 순조롭게 회복하였다. 전국인구는 1792년에 바닥을 치고, 이후는 증가 추세로 바뀌어 1822년에는 당시까지 피크였던 1732년 인구의 99%까지 회복하기에 이르렀다. 그러나 1800년 전후 30년간의 증가는 18세기 중·후기의 감소에 대한 보상적 증가라고 할만한 것이었다. 인구성장의 새로운 국면은 1820년대 이후에 시작된다.

그림13 • 제4의 물결

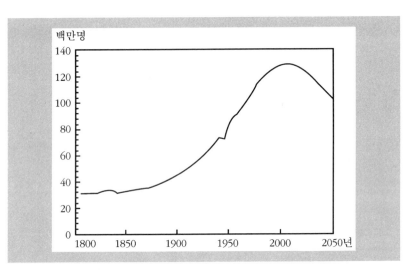

막부의 전국인구조사 결과를 마지막으로 알 수 있는 1846년과 근대 호적제도가 시작된 1872년 사이의 25년간은 전국인구의 공백 기간이다. 그러나 이 기간은 인구성장의 시작을 살피기에 매우 중요한 시대이다. 1828년에 에도시대의 최대 인구를 기록한 뒤, 19세기의 인구증가는 텐뽀기에 타격을 받아 일시적으로 감퇴되었지만, 단기간에 회복되었다. 야스가와安川 · 히로오카広岡에 의한 1865~1920년의 추계인구와 연결시켜보면, 1820년대의 증가는 서서히 가속화하여 메이지기의 인구성장에 접속해 간 것을 알 수 있다(그림13 참조).

일본에서 처음으로 연령별 인구를 공표한 1886년의 『일본제국민적호구표日本帝國民籍戶口表』(메이지 19년 12월 31일 현재)는 공백의 4반세기를 포함하는 인구 정보의 타임캡슐이다. 이것을 이용하여 19세기 초기의 분카文化기 이후의 출생 수를 추계해 보면, 분세이文政기의 1820년 전후에 출생률이 서서히 상승해 간 것으로 추찰될 수 있다.[1]

초기의 인구성장 요인

메이지기의 인구성장을 논한 우메무라 마타지梅村又次는 "상승 트렌드의 시동과 그 지속적 발전과는 분석적으로 구별해서 취급할 것"을 제안하여, 상승 트렌드의 시동은 경제성장을 기다리지 않고도 일어날 수 있다고 지적했다.[2] 그 인구성장 시동가설에 따르면, 카세이化政기의 인구 증가 메커니즘은 다음과 같이 설명될 수 있다.

흉작·역병이 없는 평상상태가 어느 기간에 걸쳐 지속하면, 평상년의 비율은 보통 출생이 사망을 상회하므로 인구성장의 시동이 가능하다. 19세기 초두는 바로 그와 같은 시기였다. 한편, 출생률은 가까운 장래에 예상되는 소득수준과 사망률의 상관지수로 나타난다. 사회에 낙관적인 예상을 기대할 수 있게 된 19세기 초두에는 출생률을 높이는 요인도 또한 갖추어져 있었다고 할 수 있다.

1 鬼頭宏, 「메이지·다이쇼기 인구통계에 있어서 출생(明治·大正期人口統計における出生)」.
2 우메무라 마타지梅村又次, 「메이지기의 인구성장(明治期の人口成長)」.

　아마도 19세기 초기의 인구성장은 18세기 말부터 회복되는 여세를 몰아 이렇게 시작했다고 추측할 수 있다. 그러나 그것만으로는 지속적으로 성장하지 못했을 것이다. 인구성장이 유효수요[실제로 구매력이 있는 수요 – 옮긴이]를 증대시켜 경제성장을 유발하지 않으면 안 되었다. 이 점에서도 최근의 경제사 연구는 긍정적이다. 분세이기의 동전주조文政改鑄3, 그리고 인구증가에 따른 물가상승은 임금과 연공비율이 경직되어 있음에 반해서 이윤을 증대시켰다. 예상이윤이 상승하자 그것은 민간투자를 유발해서 에도시대 말기의 경제발전을 실현시켰다. 신전新田개발 건수의 증가, 일본해 해운의 발전 등에서 이러한 사실을 엿볼 수 있다. 개항도 또한 인구성장을 아래로부터 지탱하여 메이지기로 보내는 역할을 했을 것이다.4

---

3 역주_에도 막부가 분세이 연간에 시작한 화폐주조. 二分金·一朱金·一朱銀의 새로운 주조와 小判·一分金·二分金·丁銀·豆板銀·二朱銀의 改鑄가 계속되었다.

4 梅村又次, 「막말의 경제발전(幕末の經濟發展)」.

인구동태

출생률 상승과 사망률 저하 어느 쪽이 초기의 인구성장에 크게 기여했을까? 출생과 사망의 등록 누락을 후년의 신고에 근거하여 보정한 내각통계국 공표치에 따르면, 메이지기의 성장은 오로지 출생률 상승에 근거하고 있다. 아카사카 게이코赤坂敬子의 수정치도 이것에 가깝다. 그러나 반대로 사망률의 저하를 강조하는 인구학자의 추계도 적지 않다. 어느 쪽이 진실에 가까운 것일까.

다카세 마사토高瀬眞人는 1884년의 '묘지 및 매장 통제규칙墓地及埋葬取締規則'의 시행으로 사망신고를 엄밀하게 행하게 되고, 그에 따라 출생등록도 개선되었기 때문에, 정부의 공식통계도 이때부터 신뢰할 수 있게 되었다고 한다.[5]

과거로 거슬러 올라가 인구동태를 추계할 경우에 '역진생잔율법逆進生殘率法'이라는 수법이 사용되는 일이 많다. 이 방법은 미리 연령별 사망률, 즉 생잔율이 일정한 비율로 개선되어온 것을 전제로 하는 것이 보통이다. 즉 사망률 저하를 전제로 출생률 동향이 결정되므로 처음부터 결론이 나와 있는 것 같은 결점이 있다.

에도시대의 인구현상에 관한 관찰을 전제로 한다면, 완만한 출생률의 상승과 사망률의 저하가 양쪽에서 모두 일어났다고 추측할 수 있다. 에도시대 말기의 경제발전은 서유럽 일부에서 관찰되는 것처럼 본격적인

---

5 高瀬眞人, 「1890~1920년의 우리나라의 인구동태와 인구정태(1890~1920年のわが國の人口動態と人口靜態)」.

공업화에 앞선 '프로토 공업화'가 결혼연령을 저하시켜 출생률을 높이는 작용은 하지 않았던 것이 아닐까? 여자의 결혼연령이 이 시기에 현저하게 저하한 증거는 없다. 오히려 여자의 노동참가는 초혼연령을 높였을 것이다. 오히려 생활향상으로 인한 출생력 상승과 출생억제의 완화가 출생률을 상승시켰을 가능성이 있다.

　사망률 개선은 텐메이기(1781~1789) 이후 평상년 비율로 복귀되는 형태였고, 착실한 생활수준의 상승, 18세기 후반부터 정착되고 있던 서구 의학의 공헌, 특히 분세이(1818~1830)기부터 시도되어 가에이嘉永(1848~1854) 이후 본격적으로 도입된 종두 등으로, 그 효과를 기대할 수 있었다. 종합적으로 판단컨대, 특별히 유배우율과 출생력의 현저한 상승이 없어도, 의도적인 출생억제의 완화로 인하여 초기의 출생률 상승이 용이하게 달성되었던 것이다. 다만 사망률이 곧바로 개선되었다고는 할 수 없다. 특히 수명에 영향을 주는 유아의 사망은 출생 수의 증가로 말미암아 늘어났을 것이며, 도시화도 유아사망률을 상승시키는 경향이 있었다.

인구전환

　1920년대는 일본의 인구에 하나의 전환기가 되었다. 한마디로 말해 인구의 근대화가 시작되었다는 것이다. 공업화에 따라 근대적 도시생활이 형성되고, 도시화가 가일층 전개된 것도 여기에 포함된다. 인구동태를 보면 출생률은 도시부에서는 20세기 초부터 저하하고 있지만, 1920

년의 중반을 지나면 향촌에서도 저하가 명확히 나타난다. 다른 한편 사망률은 1920년 이후 착실하게 저하하는데, 그 속도는 인구 10만 이상의 대도시에서 현저했다. 1920년경은 아직 대도시의 평균여명이 기타 시정촌市町村을 대폭 밑돌고 있었다. 그 따라잡는 속도는 놀라울 정도여서 1930년대 중반에는 도시의 평균여명이 완전히 역전되어 우위에 섰다.

출생률은 제2차 세계대전 직후의 베이비붐을 지나면 1950년 이후 급속한 저하를 보여, 1955년 이후에는 20퍼밀을 돌파했다. 사망률도 1948년 이후 급격하게 저하하여, 1966년 이후는 7퍼밀 이하의 추이를 보였다. 이렇게 일본의 인구전환은 1960년대에 성취되었다.

물론 사망률의 개선은 보건위생·의약기술·사회자본·의식주 향상의 결과였다. 한편, 출생률 저하는 출생력의 현저한 축소가 그 원인이다. 그것은 20세 미만과 35세 이상에서 특히 현저했다. 전자는 여자의 진학률 상승과 취직률 상승으로, 후자는 오로지 산아제한에 따른 출생억제가 원인이었다.

인구의 재생산 측면에서 보면, 여성의 각 연령층별 출생률을 합한 합계특수출생률은 제2차 세계대전 이후 1947년에는 4.54명이었는데, 1950년대는 급격하게 축소되어 1957년 이후는 대개 2명 전후의 추이를 보였다. 그런데 1975년에 드디어 2명으로 안착하면서 이후 저하를 계속하였고, 1989년에는 그때까지 최저였던 1966년 수치를 밑도는 근대 통계 사상 최저치를 기록했다. 이른바 '1.57쇼크'가 일본 전국을 강타했다. 나아가 1998년에는 1.38까지 내려가서 스페인, 이탈리아, 동유럽 여러 나라에 다음가는 낮은 수준이 되었다. 이 현상은 유아사망률의 현저한 개선으로 인해 적은 출산이라도 인구 재생산을 가능하게 했기 때문이지만, 개개의 가족 차원에서 보면, 생활수준의 향상을 의식한 저출산 지향의 결과였다.

합계특수출생률의 저하가 계속되어 인구규모를 유지하는 데 최저한으로 필요한 인구치환수준[2.1]으로부터 대폭 괴리되었다. 2007년이 되면 인구는 한계점에 달하게 되어 사망률이 출생률을 상회하게 됨으로써 인구는 감소추세로 전환된다고 추정되고 있다. 국립사회보장·인구문제연구소의 추계(1997년)에 따르면, 비교적 낙관적인 중위급 추계에서도 21세기 후반에 1억 명선을 깨고, 2100년에는 6,700만 명까지 감소할 것으로 예상되었다.

일본 인구의 변동

현대의 인구 순환은 과거 세 가지 물결과 같은 다양한 구조변화를 가져왔다. 그것은 우리들이 영위하는 생활방식이나 사회와 가족에 대한 사고방식을 크게 전환시키는 힘을 가지고 있었다. 1920년경까지 그 변화는 느렸지만 1950년을 경계로 격변했다. 그 과정에 대해서는 상세한 분석이 다수 있으나, '역사' 인구학의 대상이 아니기 때문에 여기서는 내용을 열거하는 데 그치고자 한다.

(1) 공업화의 진전은 제1차 산업 취업자의 비율을 감소시켰다. 제2차 및 제3차 산업 취업자의 증대는 도시화와 관련되어 있다. 인구의 도시

집중, 특히 7대 도시권으로의 인구집적은 도시인구의 과밀화를 가져 오고, 농어촌 지역에는 인구과소가 심각한 지역이 생겨났다. 인구의 분포 상태는 이후로도 크게 변하지는 않은 것으로 생각된다.

(2) 인구전환에 따른 연령 구조는 현저한 고령화를 초래했다. 65세 이상 인구의 비율은 1997년에는 드디어 연소인구를 상회하여 1998년에는 16%대가 되었다. 그 결과 노년인구의 연소인구에 대한 비율인 노년 화지수는 1920년에 14.4였지만, 1998년에는 107.6으로 상승했다. 말할 필요도 없이 소자화少子化6와 평균여명의 연장이 원인이다.

(3) 출생 시 평균여명은 제4회 생명표(1921~1924년)의 남자 42.06년, 여 자 43.20년에 대해, 1998년에는 남자 77.16년, 여자 84.01년으로 세 계 최장수국이 되었다. 18, 19세기에서 보면 2배 반은 길어졌다. 이 것은 출생 수의 감소와 함께 특히 여성의 라이프 사이클에 큰 변화를 가져왔다.

(4) 저출산 경향과 핵가족화는 평균 세대규모를 현저하게 축소시켰다. 1995년의 보통세대의 평균규모는 2.88명이고, 1920년[4.89]의 59% 밖에 되지 않았다. 늦게 결혼하는 '만혼화'에서 결혼하지 않는 '비혼 화'로 진행하여 '싱글사회'로 향하는 가족개념의 변화는 더욱 규모 를 축소시킬 것으로 추측되고 있다. 단독세대7는 젊은이에 한정되지 않는다. 핵가족은 라이프 사이클의 최종 무대에서는 노년의 단독세

---

6 역주 _ 저출산으로 인해 한 가정에 적은 수의 아이만이 존 재하게 되는 현상.
7 역주 _ 1인이 하나의 세대를 이루는 경우를 말한다.

대를 만들기 때문이다. 1960년과 1995년을 비교하면, 65세 이상의 친족이 있는 일반세대 가운데, 단독세대는 5%에서 17%로, 부부세대는 6%에서 24%로 증가하고 있다.

2
가족과 라이프 사이클

변모하는 가족

현대의 인구학적 변화 가운데 가장 가까운 존재로 가족의 문제를 들어, 우리 시대의 인구학적 특징이 개인의 생활에 어떻게 반영되고 있는가를 살펴보자.

1995년 일본의 평균 세대규모는 3명을 돌파하여 더욱 축소되는 경향이 있다. 일본에서 세대규모의 축소가 시작된 것은 1955년 이후의 일이다. 보통세대의 평균인원은 1955년의 4.97명에서, 1960년 4.54명, 1965년 4.05명, 1970년 3.70명, 1975년 3.45명으로 급속하게 축소되어 갔다.

1955년이라면 전후의 혼란기를 벗어나 고도경제성장의 막이 열릴 즈음이다. 경제·사회가 고도로 공업화되어감과 동시에, 가족에 대한 사고방식이 크게 바뀌었다. 세대규모의 축소도 바로 그 결과이다.

1955년 이전은 어떠했을까? 메이지 이후의 큰 사회변화에도 불구하고, 세대규모에 관한 한 메이지 초기, 아니 에도시대 중기부터 2백 년 동안에 커다란 변화는 볼 수 없었다.

에도시대에 관해서는 전국적인 수치를 얻을 수 없다. 그러나 비교적 넓은 영역에 관련한 인구데이터를 모아보면, 토호쿠·큐슈 등에서는 5.5명 이상, 일본 중앙부에서는 4.5명 이하로 지역 차를 보이는데, 그 점을 감안하여 전체로는 18세기 중기 이후, 대개 5명 정도였다고 추찰할 수 있다. 메이지 이후는 1881년 '일본전국인구표'에 따르면 4.76명, 1920년의 제1회 국세조사 결과는 4.89명으로, 그 후도 30여 년에 걸쳐 5명 전후를 유지해온 것이다.

가족의 유형

세대규모의 축소는 아이 수의 감소와 세대구성이 변화한 결과였다.

16세기부터 현대까지 가족의 변화를 〈표20〉에서 더듬어 보자. 1633년의 히고肥後 농촌은 세대의 '근세화'가 막 시작할 때로, 코시습志군 전역의 평균 세대규모는 6.80명이 있었다. 그러나 세대의 가장 바깥쪽 부분을 구성하는 예속농민[나고名子8·하인]을 제외하고 호주의 혈연가족에만 주목하면, 제시한 바와 같이 4.22명밖에 안 된다.

오래된 타입의 세대규모가 컸던 다른 하나의 원인으로 호주의 형제자매나 할아버지·할머니 등의 방계친족이 많이 동거하는 경우가 있었던 것을 들 수 있다. 다만 방계친족을 포함하는가 아닌가는 지역에 따라 제도적인 차이가 있었던 것 같다. 17세기 초기의 히고 농촌에서는 방계친

---

8 역주_중세 장원 영주나 名主에 예속한 하층농민을 말함. 지방에 따라 근세에도 남아 本百姓에 예속했다.

족이 동거하는 세대가 전 세대의 11%, 인구의 3% 밖에 존재하지 않았던 데 반해, 시나노信濃 유부네자와湯舟澤촌에서는 18세기에 이르러서도 전 세대의 반수나 존재하고 있었다. 그러나 시대를 거슬러 올라갈수록 방계 친족을 넣어 복잡한 구조를 가진 세대가 많았던 것은 〈표20〉에서 분명해 질 것이다.

표20 · 세대의 유형별 구성(%)

연 대 지 역 평균규모	1633년 히고 코시군 4.22명	1792년 시나노 유부네자와촌 5.96명	1802-61년 가이 야마자키촌 4.07명	1920년 국세조사 4.89명	1955년 국세조사 4.97명	1995년 국세조사 2.88명
I 친족세대	99.2	97.8	91.5	93.6	96.1	76.6
1. 핵가족세대	41.2	28.3	40.6	55.3	59.6	60.6
a. 부부	7.7	1.1	5.1	—	6.8	17.9
b. 부부와 자식	30.3	22.8		—	43.1	35.4
c. 부父와 자식	1.5	1.1	35.4	—	1.6	1.1
d. 모母와 자식	1.7	3.3		—	8.1	6.2
2. 그 외 친족세대	58.0	68.5	50.9	38.2	36.5	15.9
a. 확대가족	22.2	17.4	—	—	—	—
b. 복합가족	·35.8	51.1	—	—	—	—
II 비친족세대	—	—	—	0.5	0.5	0.3
III 단독세대	0.8	2.2	8.5	6.0	3.4	23.1

* 출처 : 히고 코시군 肥後 合志郡은 표3을 참조.
　　시나노 유부네자와촌 信濃 湯舟澤村은 鬼頭宏,「근세 농촌에 있어 가족형태의 주기적 변화」,『상지경제논집』27−2·3.
　　가이 야마자키촌 甲斐 山崎村은 小山隆,「가족형태의 주기적 변화」, 喜多野·桑原 편,『家−그 구성분석』, 창문사.
　　국세조사결과는 국립사회보장·인구문제연구소,『인구의 동향−일본과 세계, 인구통계 자료집1999』, 후생통계협회.
** 주 : 1) 에도시대의 세대규모에는 호코닌 등의 비혈연자를 포함하지 않는다.
　　2) 국세조사의 세대는 보통세대.

〈표20〉에서 에도시대의 사례는 어느 것이나 혈연가족에만 주목한 것이나 1955년, 1975년의 사례는 국세조사에 따른 보통세대의 유형별 분류이다. 핵가족화가 진행된 현재는 단독세대를 포함한 광의의 핵가족세대가 4분의 3을 넘어서지만, 에도시대 농촌에서는 40%이하였다. 다만, 에도시대에도 도시에는 핵가족세대가 많았다. 에도시대 말기의 에도[9]를 예로 보면, 단독세대 12%, 핵가족세대 52%로 양자를 합하면 6할을 넘고 있다. 현대는 모든 지역이 '에도'가 된 것이다.

그런데 에도시대 농촌의 핵가족세대 비율이 40%라는 것은 상상 이상으로 높다고 생각될지도 모른다. 그러나 사망률이 높고 평균수명이 짧은 에도시대에 가족이 주기적으로 변화하는 하나의 단계로서, 핵가족 형태는 이 정도의 비율로 출현한 것이다. 그것은 뒤를 이을 아들[주로 장남]이 결혼해서도 부모·형제와 동거하는, 바로 최근까지 지배적이었던 일본의 가족제도[직계가족제] 아래에서 그러했다. 그렇기 때문에 핵가족세대가 제도적으로 널리 존재하고 있다는 것과는 전혀 의미가 다르다.

근세 친족가족의 특징은 '기타의 친족세대'가 많다는 데에 있다. 오히려 이것이 중심이라 해도 좋을 것이다. 여기서는 형태상, 확대가족과 복합가족으로 나누어 두었다. 확대가족은 세대주의 핵가족[부부 및 미혼자식] 외에, 그 자신 핵가족을 형성하지 않는 단신의 친족, 혹은 단신의 방계친족이 더해진 것이다. 복합가족은 세대 내에 복수의 핵가족을 둔 경우를 가리킨다. 17·18세기의 예에서는 '기타의 친족세대'가 60% 혹은

---

9 코지정(麴町) 12丁目, 요츠야덴마정(四谷伝馬町) 新1丁目, 미야마스정(宮益町)의 합계.

그 이상이나 되지만, 19세기에서는 반수, 현재는 22%까지 저하하여 세대구조가 시대와 함께 단순화되어 온 것을 알 수 있다.

근세 전반에 걸친 세대규모 축소는 예속농민과 방계친족의 분리, 자립으로 실현했지만, 그것은 직계가족제도를 취하는 근세적인 소농민 가족이 형성되는 과정이었다. 그 후 이 가족제도는 20세기 중반의 공업화시대까지 이어졌다.

라이프 사이클

현대의 인구학적 특징을 요약하면 현저한 장수 경향, 그리고 출생 수 감소에 봉착한 것이라 해도 좋을 것이다. 그러면 이것이 결혼에서 시작하여 자녀의 출생과 성장, 결혼·독립, 그리고 부부의 사망에 이르는 라이프 사이클(가족주기)을 어떻게 변화시키는가? 에도시대의 라이프 사이클을 복원하여 현대 가족의 일생에 나타나는 특징을 살펴보자.

표21 · 가족주기의 중요시점에 있어서 부부의 연령

시 점	시나노 유부네자와촌 18세기		다이쇼 기 1920년		현 대 1990년	
	남편	부인	남편	부인	남편	부인
1. 결혼	26.4	20.6	25.0	21.0	28.0	26.0
2. 첫째 출생	29.5	23.7	27.5	23.5	29.7	27.7
3. 막내 출생	46.1	40.3	39.5	35.5	32.0	30.0
4. 첫째 결혼	54.5	48.7	52.5	48.5	57.7	55.7
5. 막내성인/졸업	61.1	55.3	54.5	50.5	52.0	50.0
6. 첫손자 탄생	57.6	51.8	55.0	51.0	59.4	57.4
7. 남편은퇴	60.0	54.2	60.0	56.0	65.0	63.0
8. 남편사망	62.6	−	61.5	57.5	77.1	75.1
9. 부인사망	61.4	55.6	−	61.0	−	82.7

* 출처 : 大塚柳太郎 · 鬼頭宏, 『지구인구 100억의 세기−인류는 왜 늘어나고 있는가』, 웨지.
** 주 : 1) 첫째는 남자로 함.
　　　2) 에도시대의 성인, 다이쇼기의 學卒을 15세, 현대의 학졸을 20세로 함.
　　　3) 출생 수를 에도시대 및 다이쇼기는 5명, 현대는 2명으로 함.
　　　4) 남편의 은퇴연령은 에도시대 및 다이쇼기는 60세, 현대는 65세로 함.
　　　5) 부부의 사망연령은 결혼 시의 평균여명에 의함.

〈표21〉은 에도시대의 농촌[2사례]과 최근의 라이프 사이클 패턴을 나타낸다. 어느 쪽이나 평균 초혼연령, 결혼 시의 평균여명, 평균 출생간격, 평균 출생 수를 근거로 그렇게 되었다. 부모의 초혼연령은 표에 있는 그대로이다. 아이들의 결혼연령은 현대에 대해서는 위의 수치를 이용하였고, 에도시대에 대해서는 실측된 아들 세대의 수치를 이용하였다. 출생아 수는 각각 5명, 5명, 2명으로, 결혼 평균여명은 유부네자와湯舟澤촌의 남 36.2년, 여 35.0년, 1920년 남 36.5년, 여 40.0년, 현대(1990년) 남 49.1년, 여 56.7년이다.

알기 쉽게 하기 위해서 라이프 사이클을 (1) 결혼부터 막내 출생까지의 출산기간, (2) 장자 출생부터 막내 성인까지의 아이 부양기간, (3) 막내 성인부터 남편(또는 처) 사망까지의 탈부양기간이라는 세 가지 국면으로 나누면, 각 기간의 연수는 다음과 같다.[10]

	유부네자와촌	1920년	현대
(1) 출산기간	19.7	14.5	4.0
(2) 아이 부양기간	31.6	27.0	22.3
(3) 탈부양기간	1.5	10.5	32.7
(4) 전 기간	36.2	40.0	56.7

라이프 사이클의 역사적 변화과정을 확실히 하기 위해, 1930년과 1950년의 결혼 코호트에 관한 수치를 넣어 검토해 보면, 제2차 세계대전 이전에는 결혼에서 부부 중 어느 쪽의 사망까지 전 기간에 대해서는 에도시대와 그다지 변함이 없다. 큰 변화는 평균여명이 현저하게 신장하여 아이 수가 2명으로 준 1950년대에 나타남을 알 수 있다.

---

10 다만, 여기서는 막내를 남자로 계산하고 있다.

과거와 현대

위에 정리한 수치에서 에도시대 후반의 농민가족과 현대 일본인의 라이프 사이클에 대해 다음과 같은 차이점을 들 수 있다.

먼저, 결혼에서 남편 또는 처의 사망까지의 전 기간의 길이는 에도시대에는 36~37년으로 현대보다 20년 이상이나 짧았다. 물론 이 길이는 결혼 시의 평균여명에 따라 결정된다. 평균여명이 연장됨에 따라 20세기에 들어서부터, 특히 1950년 이후에는 결혼기간이 급속하게 장기화되어간 것을 알 수 있다. 금혼식[결혼한 지 50주년이 되는 날을 기념 ─ 옮긴이]을 축하하는 부부가 에도시대에는 드물었지만 이제는 흔하게 된 것이다.

다음으로, 결혼 전 기간의 길이가 늘어난 데 반해, 결혼에서 막내 출생까지의 출산기간이 대폭 단축된 점을 지적하지 않으면 안 된다. 에도시대에는 16~20년이나 되었지만, 현재에는 그 6분의 1 정도가 되어버렸다. 이 변화도 20세기 중반에 급격하게 생겨났다. 말할 것도 없이 출생아 수의 감소가 그 원인이다. 이렇게 결혼 전 기간에 대한 출산기간의 비율은 현대에는 7% 밖에 안 된다. 에도시대에 그것은 50% 이상을 점하고 있었다.

아이 부양기간은 10년 정도밖에 짧아지지 않았다. 에도시대 농촌의 사례에 비해 70%의 기간이다. 말할 것도 없이 15~16세에 어른들 무리에 들어가는 시대와 20세로 성인이 되는 시대의 차이이다. 여기에 대학진학 등의 고학력화에 따른 효과를 포함하면, 그 정도 기간에 더욱 근접하게 된다.

출산기간과 아이 부양기간을 합하면 에도시대에는 약 35년으로 결혼 계속기간과 대략 같다. 에도시대의 부부는 아들을 낳고, 기르기 위해 일생을 쓰고 있었던 것이다. 현대에는 결혼에서 막내가 성인이 될 때까지 24년으로, 결혼기간 49년의 반밖에 되지 않는다.

따라서 다음 기간, 즉 우리 아이가 결혼으로 독립하고, 사회로 나간 뒤의 노부부 두 사람만의 생활로 돌아가는 기간에 대한 역사적 대조는 매우 선명하다. 직계가족제도를 취한다면, 뒤를 잇는 자식부부에게 가장권·주부권을 양보하고 손자들에게 둘러싸여 지내는 기간은 에도시대의 평균적 부부에게는 거의 조금밖에 주어지지 않았다. 막내(남자)의 결혼은 부모의 사망 후에 이루어지는 것이 보통이었다.

나아가 에도시대의 처도 남편의 사망 후 기간, 즉 과부로 있는 기간이 현대보다 짧았다. 혹은 유부네자와촌의 사례에서 보이는 것처럼, 처 쪽이 먼저 가는 일도 드물지 않았다. 그것은 부부의 연령차가 컸다는 점, 그리고 남녀의 평균여명이 비슷하거나, 남자 쪽이 길었다는 점에 원인이 있다.

여성의 해방

라이프 사이클에서 근세와 현대의 격차는 분명하다. 그것은 특히 가족 주기의 길이와 그 중에 차지하는 출산기간의 극단적인 차이, 그리고 탈부양기에서 나타나고 있다. 그리고 라이프 사이클의 변화는 장기간에 걸친 몇 번의 출산으로부터 해방된 여성에게야말로 혁명적이라고 할 만한 영향력을 미치게 되었다.

출산·육아로부터의 해방이 없으면 여성의 자립과 사회적 제 분야에의 진출은 곤란할 것이다. 오래된 가족제도나 여성의 지위와 역할에 대한 낡은 생각도, 그것을 둘러싼 인구학적 상황과 밀접하게 관련되어 있었다. 이것은 당연히 라이프 사이클의 변화가 신여성상을 만들어내지 않을 수 없다는 것을 이야기하고 있다.

그러나 현대의 일본은 의식과 제도, 사회관행이 반드시 라이프 사이클의 변화에 충분히 대응해서 변화하고 있다고 말할 수는 없다. 가정 내의 성적 역할분담에 대한 고정적인 관념과 결혼·출산·육아에 대한 사회적 지원체제의 불비不備는 가정 외에서의 노동을 통해 사회참가를 계속하려는 여성들이 결혼을 주저하게 되는 요소라고 여겨진다. 여성의 현저한 만혼화와 싱글 지향의 강화는 그러한 구제도에 대한 여성의 반란이라고 할 수도 있다. 높은 초혼연령은 세계에서도 톱 수준에 도달했다. 앞으로는 생애 미혼율이 상승하여 3백 년에 걸친 일본사회의 특징이 되어왔던 좀 전까지의 결혼, 즉 개혼皆婚의 경향은 무너져가고 있는 것일까?

가족의 인간관계

라이프 사이클에서 신구의 차이는 가족유형의 변화와 더불어 가족구성원 간의 인간관계에도 새로운 문제를 낳았다.

예를 들면 현대의 부부는 결혼 후, 극히 짧은 기간에 아이를 낳아버리기 때문에 부모와 자식의 연령차는 작고, 젊은 부모가 많다. 또 형제간의 연령차도 에도시대보다 훨씬 작아진다. 현대의 모친은 28세로 제1자를, 30세로 제2자를 낳는다. 3명 이상 출산하는 부부는 적으므로 형제간의 연령차는 2세 정도에 접근하고 있다. 이에 반해 에도시대의 농촌에서는 모친이 40세를 넘어서까지 출산을 계속하는 것은 보통이었으므로[제4장], 장자와 막내의 연령차도 15세 이상 떨어지게 된다.

핵가족으로 연령차가 적은 양친과 연령이 가까운 형제가 구성하는 현대의 가족이 만드는 분위기와 에도시대의 그것과는 상당히 이질적이라는 것은 쉽게 알 수 있다. 형제관계에 대해 말하면, 현대의 형제는 놀이상대로, 경쟁상대로 성장과정에 관해 상당히 밀접한 관계에 있다고 할 것이다. 그에 반해, 연령이 반세대나 벌어지는 에도시대의 장자와 막내 사이의 관계는 형제라기보다 보호자와 피보호자의 관계가 강했다. 장자는 막내에게 부모에 대신하는 역할을 연출하는 경우가 많았다고 여겨진다. 유부네자와촌의 예를 보면, 모친이 사망하는 것은 막내가 겨우 15세가 될까 말까할 때이고, 부친도 곧 이은 16세 정도에 사망한다. 그러면 막내가 결혼하여 자립하기까지 보살피는 것은, 동거하며 이미 처를 데리고 있는 총령惣領[장남을 말함 ─ 옮긴이]의 일이 될 것이다.

고령자 문제

에도시대의 라이프 사이클의 패턴을 보고 생각하는 다른 한 가지는, 현대의 가장 중요한 사회문제가 되고 있는 고령자의 생활부조와 역할에 대해서다.

최근 혼자 사는 노인과 고령자의 세대가 급증한 것은 평균여명이 늘어난 것과 부모와 자식 2세대 부부의 동거가 일반적이 아닌 가족제도로 변화한 것에 관계가 있다. 핵가족화는 필연적으로 단독세대를 증가시킨다. 왜냐하면 취직과 진학을 이유로 결혼 전의 청년 남녀가 집을 떠나 새로운 단독세대 또는 준세대를 꾸밀 뿐 아니라, 자녀를 독립시킨 다음에 배우자와 이혼·사별한 고령자는 필연적으로 단독세대가 되기 때문이다. 그 결과, 65세 이상인 자가 자녀와 동거하는 비율은 1980년에는 69% 있었지만, 1995년에는 54%, 1998년에는 50%로 현저하게 감소를 보이고 있다. 반대로 혼자 사는 독거노인은 1980년의 9%에서 1998년의 13%로, 고령자 부부만의 세대가 20%에서 32%로 증가하고 있다.[11] 즉 독신자를 포함하는 고령자의 핵가족세대는 확실히 직계가족세대로 사는 고령자와 숫자상으로 역전하여 다수파가 되고 있는 것이다. 전 세대 가운데 65세 이상의 고령자만 사는 세대, 혹은 여기에 18세 미만의 미혼자가 포함된 고령자 세대는 1975년에는 3% 밖에 없었지만, 1998년에는 13%로 크게 증가하고 있다.[12]

[11] 「국민생활 기초조사(國民生活基礎調査)」.
[12] 「후생행정 기초조사(厚生行政基礎調査)」.

이제 단독세대는 젊은이가 가족을 형성하기까지의 과도적인 형태가 아니다. 핵가족화로 그 라이프 사이클의 최종단계로서 고령자 단독세대가 증가해온 것이 근년 가장 현저한 세대구조의 변화였다. 이 4반세기 동안 가족유형의 변화는 아마도 전통적인 직계가족세대가 광범하게 성립했다는 에도시대 전기에 필적할 만한 대규모의 변화이다. 그 배경에는 도시화와 산업구조의 변화에 따라 전통적인 가족유형을 지향하는 농가세대의 상대적인 감소가 있었다. 그것은 도시부의 주택사정이 나빠서 부모와 자식 2세대가 동거하는 이른바 3세대 세대가 만들어지지 않는다는 제약이 주요한 원인이었다고는 생각되지 않는다. 일본사회 가족관의 변화에서 그 이유를 찾지 않으면 안 될 것이다.

에도시대 중기부터 고도성장기까지는 고령자[60세 이상] 단독세대는 매우 적고, 자녀의 가족과 동거하는 3세대 동거가 일반적이었다. 근년 고령자 단독세대, 또는 부부세대의 증가는 장수화로 고령자 인구가 늘어나고 있다는 점, 라이프 스테이지에서 노년기의 기간이 현저하게 길어졌다는 점과 더불어, 고령자의 생활보장 실현을 생각하는 데 큰 문제가 되고 있다. 가족유형의 변화가 세대 내부에서 이루어지고 있던 것이 이제는 외부로 공개되었다고 할 수도 있다.

연금이나 공적자금에 따른 고령자 복지가 곤란해져가고 있다는 것은 사실이다. 그러나 노년기의 생존율 상승과 노년기의 장기화, 즉 누구나 긴 노후를 가질 수 있게 된 현재, 전통적인 직계가족 가운데 노부모 부양을 행하는 것도 또한 곤란하다는 것은 3세대 동거를 상정한 라이프 사이클의 비교에서도 분명하게 나타난다.

255

만일 현대의 가족이 직계가족제를 취한다면, 자녀부부와 부모의 동거는 20년 정도가 된다. 더욱이 어머니와의 동거는 27년에 이를 것이다. 에도시대에는 불과 6~7년 밖에 안 되었다.

남편의 은퇴 혹은 정년을 60세로 하면, 노부모 부양기간은 에도시대에는 3년이 채 못 되나, 현대라면 25년, 65세부터 쳐도 20년이나 된다. 에도시대에는 보통 아버지가 60세 정도가 되면 가장권·주부권이 자녀에게 넘겨져 세대교체가 이루어졌기 때문에, 부모자식 두 부부의 동거가 가져오는 갈등은 동거가 장기화될 수밖에 없는 현대보다도 심각하지는 않았던 것이 아닐까 여겨진다. 나아가 장남 이외에 독신 형제도 함께 사는 가족구성은 복잡한 인간관계의 기원이 되었을 터이지만, 농가라면 오히려 가사노동, 생산활동, 육아 등의 측면에서 적당한 역할분담도 가능하고, 노인의 존재도 중요했다. 때문에 특별히 '사는 보람'을 찾아야 할 필요도 없었을 것이다.

빈곤의 고개

라이프 사이클을 비교함으로써 아직 많은 것을 이야기할 수 있다. 예를 들면, "장남의 15세는 빈곤의 고개, 막내의 15세는 영화榮華의 고개"라는 속담은 에도시대의 농민가족에게 실제로 꼭 들어맞는 말임을 알 수 있다. 장자가 15세쯤이면 부친은 45세이고, 아래에는 3~4명의 어린 형제가 있게 된다. 농가에서 이 시기는 가장 노동력이 부족하여 생활이 어려운 시기였음에 틀림없다.

1940년대까지 이러한 것이 농가에서 실감되고 있었다고 생각된다. 오늘날에는 수입에 대한 생활비의 비율이 가장 커지는 것은 장자가 대학에 재학할 무렵일 것이다. 따라서 다소의 시간적인 차이는 있지만, 이 속담은 꼭 들어맞는다고 할 수 있다. 그러나 아이 수가 감소했다고는 해도, 고학력에 따른 교육비나 양육비 부담이 무겁게 내리 누르는 현재, 그 실감은 오히려 강해진 것은 아닐까? 핵가족시대의 오늘날, '영화의 고개'는 영구히 오지 않을지도 모른다.

제8장

일본 인구의 21세기

1
인구의 문명학

인구의 문명학적 연구

역사인구학을 연구하고 있는 나는 문서를 해독하고 인구통계를 작성하는 것에 몰두했던 시기가 있었다. 그 작업에 몰두하고 있는 동안은 주변의 일이 보이지 않았다. 문득 불안하게 되어 일어서서, 지금 어디서 무엇을 하고 있는가라고 주변을 둘러보았다는 것이 이 책의 출발점이다.

일본열도 인구의 장기적인 변화를 응시하고 있으면서, 몇 번인가 큰 성장과 정체의 시대가 교체해온 것을 깨달았다. 이 인구파동을 생활양식과 관련시켜 고찰하고자 하는 생각이 떠올라, 일본 생활학회 대회(1981년)와 비교문명학회(1984년)에서도 보고를 했다. 그러나 1980년대에는 내가 주요 활동의 장으로 삼은 사회경제사학회에서 문명을 받아들인다는 생각은 오히려 이단이었다. 1985년의 사회경제사학회 대회에서 일본열도에서 일상생활의 역사를 문명학의 입장에서 논하고 있을 때에도, 토의는 시종 오로지 문명의 정의로 일관했다. 훌륭한 이론이라고 할 만한 역사의 틀에 대해 논하기에는 신출내기 연구자가 너무 젊다는 분위기가 농후했다. 그러나 시대는 변한다. 1991년에 『일본문명사』(전7권, 카도가와角川서점)를 기획, 간행한 우에야마 슌뻬이上山春平를 초청하여, 외우畏友인 가와가츠 헤이타川勝平太와 함께 동 학회에서 기획한 패널·토론 「일본문명사의 제창」에는 발표회장이 만원이 될 정도로 청중이 모였다.

이러한 발상을 버리지 않고 계속해온 것이 국제일본문화연구센터와의 관련을 만들었다. 1991년도부터 1993년에 걸쳐 센터소장 우메하라 다케시梅原猛를 중심으로 문부성(교육부) 중점영역연구 「지구환경의 변동과 문명의 성쇠―새로운 문명의 패러다임을 구해서」가 실시되었다. 자연과학, 사회과학, 인문과학의 연구자를 다수 모은 장대한 프로젝트였다. 은사 하야미 아키라速水融도 일본문화연구소로 옮기고 있었고, 인구변동에 관한 연구 프로젝트를 담당하고 있었다. 나는 인구변동을 문명시스템과 자연환경과의 관련에서 역사적으로 검토하려고 하는, 오랫동안 끼고 있던 연구 과제를 분담하게 되었다.

또 1995년도부터는 하야미를 대표자로 하는 대형 프로젝트가 5년 계획으로 개시되었다. 문부성 과학연구비에 의한 창시적인 기초연구 「유라시아사회에서의 인구·가족구조 비교사 연구」, 통칭 유라시아·프로젝트(EAP)이다. 내외의 연구자를 모아 엄밀한 인구학의 수법을 이용하면서, 근대 이전의 유라시아 여러 지역의 인구와 가족에 관한 종합연구를 목표로 하는 그야말로 인구의 문명학적 연구였다.

문명이라는 대상의 복잡하고 만만치 않은 연구는 지금까지는 주로 인류학자나 역사가의 그것도 대가의 작업으로 간주되는 일이 많았던 것 같다. 그러나 최근은 헌팅턴S.Huntington의 『문명의 충돌』을 계기로, 국제

관계를 동태적으로 해명하기 위해서는 문명개념의 도입이 없어서는 안 된다는 사실을 널리 이해하게 되었다. 어쨌든 기술·제도·경제의 문제로 논의되기 쉬운 지구환경과 인구에 대한 것도 이 문명의 문제와 다르지 않았다. 일본 인구학회도 1997년의 대회에서는 코노 시게미河野稠果의 발표로 인구와 문명을 테마로 하는 심포지엄이 기획되어, 나도 보고할 기회를 얻게 되었다. 그때에 출간된 유아사 다케오湯淺赳男의『문명의 인구사—인류와 환경의 충돌, 1만 년사文明の人口史-人類と環境の衝突, 1萬年史』(新評論)가 주목할 만하다. 그 책은 새삼스럽게 인구폭발을 회피해서 인류의 존속의 활로를 찾아내기 위해서는 자기억제의 문화를 손에 넣는 것이 열쇠라고 주장하고 있다.

문명의 정의

비로소 문명의 개념에 대해 확실히 해두지 않으면 안 된다. 흔히 문명과 문화는 어떻게 다른가라는 것이 문제가 된다. 여기서 나는 기본적으로는 차이가 없다고 말해두고 싶다. 어느 쪽도 인간이 고안해내고, 일정의 형식을 가지기에 이른 생활양식이라는 말이다. 문명을 물질적인 것, 문화를 정신적인 것으로 생각하는 사람도 있다. 정신문명이나 물질문화라는 말도 있으므로 그러한 구별은 적당하지 않다. 한편, 관습적으로 문명은 보다 광범위한 확산을 가진 것, 문화는 상대적으로 소집단에서 공유하는 것이라고 여긴다. 이해할 수 있을 것 같지만, 엄밀한 구별은 아니다. 우에야마 슌뻬이는 문명이든 문화든, 어느 쪽도 사회집단의 생활양식이라는 것에는 변함이 없지만, 문명을 "어느 수준 이상으로 발달한 사회의 문화"라고 하였다. 보다 고도의 복잡한 문화가 문명이라는 것이다. 그러면 '어느 수준'이란 무엇인가? 기준은 두 가지가 있다. 하나는 도시의 형성이 이루어지는 도시혁명, 다른 하나는 산업혁명이다. 이 두 가지 혁명으로 인류사는 크게 변했다. 도시혁명으로 '제1차 문명'이, 산업혁명으로 '제2차 문명'이 생겨났다는 것이 우에야마의 설명이다.[1]

인류학자의 정의에 따른, 문화와 문명의 개념에서 출발한 우에야마의 개념은 인류의 사적 발전을 잘 설명하고 있으므로 알기 쉽고 편리한 정의라고 생각한다. 그러나 한편에서는 아놀드 토인비A.J.Toynbee와 같이 유럽문명이나 인도문명, 중국문명 등과 같은 지역단위로 문명을 인식하는 것도 일반적이다. 토인비는 과거·현재를 통해 19개의 문명을 구별하고, 헌팅턴은 1990년대의 세계에 대해 9개의 문명으로부터 구성된 것이라고 하였다. 우에야마도 '일본문명'이라는 방식으로 인식하고 있지만, 문명의 창조−전개−성숙과 같은 단계를 두기도 한다. 그러나 단계론이 아니라 다른 생활양식을 갖춘 각 시대의 문명이 교체되어왔다고 생각하는 편이 알기 쉽다. 설익은 표현일지도 모르지만, '도쿠가와 문명'[2]이라는 개념도 있지 않을까?

그렇다면 원점으로 돌아가 인류학의 정의를 사용하는 것이 혼란은 적

---

1 上山春平,『일본 문명사 1-일본 문명사의 구상·수용과 창조의 궤적(日本文明史1-日本文明史の構想·受容と創造の軌跡)』, 카도가와角川서점.

2 하가 도루芳賀徹 편,『문명으로서의 도쿠가와 일본(文明としての德川日本)』, 中央公論社.

다고 생각한다. 그래서 여기서는 우메사오 다다오梅棹忠夫의 문명시스템 이라는 개념을 사용하기로 한다. 도구, 기계, 구축물, 관습, 법, 시장, 종 교 등 형태가 있는 것도, 없는 것도 포함해서, 인간은 다양한 물건을 자 연스럽게 사용하여 생활하고 있다. 이들 인간이 만들어낸 다양한 물건을 '장치군裝置群', 인간과 장치군이 만들어내는 관계의 전체[인간·장치계]를 '문명시스템[문명계文明系]'이라 부른다.[3]

인구와 문명

인구와 문명의 관계는 단순하지 않다. 보스럽E. Boserup과 같이 인구압 력이 기술발전으로의 길을 열고, 보다 고도의 문명으로 발전케 한다고 볼 수 있다. 다른 한편, 맬서스의 견해에 따르면 인구증가가 도달하는 곳 은 인구과잉에 의한 사회의 빈곤과 정체이다. 최악의 경우에는 경지나 삼림, 수자원의 과잉개발이 환경파괴를 가져오고, 문명의 붕괴를 이끄는 상황이 예상된다. 사실 역사상 그러한 것이 놀라운 일은 아니었다.

문명과 인구의 관계는 세 가지 측면으로 나누어 검토될 필요가 있다. 첫째는, 어느 문명에 고유한 인구양식(demographic system)이다. 개개의 단위문명이 가진 고유의 인구학적 특징에 대한 시각에서는 종교, 가족제 도, 상속제도 등이 특히 문제가 된다. 예를 들면, 헤이널은 레닌그라드[4]

---

3 梅棹忠夫, 「생태계로부터 문명계에(生態系から文明系へ)」 동편同編 『문명학의 구축을 위해서(文明學の構築のため に)』, 中央公論社.

4 역주_러시아에서 모스크바 다음가는 공업·학술·문화의

와 트리에스테Trieste5를 연결하는 선의 서측의 유럽사회는, 만혼과 높은 생애 미혼율을 특징으로 하는 '유럽형 결혼패턴'을 가진다는 점에서 특이한 사회였다고 말한다. 토드E.Todd는 유럽사회 내부에서는 가족제도, 토지제도, 상속제도의 '인류학적 기초', 말하자면 역사와 문화의 차이가 인구변동, 나아가 근대사의 과정에 큰 영향을 주어왔던 것으로 주장하고 있다.6

둘째로, 인류 역사상의 일 국면으로서의 문명, 즉 도시문명, 고대문명, 근대문명, 산업문명이라 불리는 생활양식과 인구의 관계를 문제 삼는 입장이다. 그러한 경우, 인구는 문명의 바로메타barometer라고 본다. 14세기 이슬람의 학자 이븐 할둔Ibn Khaldūn은 『역사서설歷史序說』(1377년)에서 인간의 문명에 대해 상세히 검토하고 있다. 주목할 만한 것은 문명이라고 번역되는 말 'umrān'이 때로는 인구를 의미하는 것으로 사용되고 있는 것이다. 이븐 할둔은 문명의 발전이란, '협업'의 형태로 상호 보완해가면서 생산활동을 행하는 인간의 수에 비례한다고 생각하여, 'umrān'을 '인구'라는 의미로도 사용하고 있다. 생산활동을 하는 인간의 인구가 늘어나면 그만큼 문명도 발달한다는 것이다.

중심 도시. 1703년 표트르 대제가 '유럽으로 난 창(窓)'으로 건설하였고, 1917년 러시아 혁명의 본거지였다. 1924년 '레닌그라드'로 이름을 바꾸었다가 1991년 다시 상트페테르부르크로 고쳤다.

5 역주_이탈리아 북동 끝의 국경에 있는 도시. 서유럽과 동유럽을 가르는 기준점으로 삼았다.

6 E. Todd, 『신유럽 大全(新ㅋ-ㅁ ッ バ大全)』상 · 하, 후지와라쇼텐藤原書店.

프랑스의 역사가 훼르난 브로델F. Braude도 완전히 같은 입장에 서있다. 문명을 지탱하고 있는 것은 인구이고, 인구를 지탱하고 있는 것은 문명이다. 문명의 융성은 인구증가를 동반하고, 반대로 문명의 쇠퇴는 인구의 쇠퇴로 연결된다. 인구증가가 문명 성공의 증거라고 한다면, 그 집적한 결과로서 높은 인구밀도를 보이는 지역일수록 고도의 문명을 가지고 있다는 것이다. 그렇게 생각한 브로델은 1500년경 세계의 76개 지역이 도달한 문명의 단계를 나타내는 지도를 만들었다. '문명인'이 존재한 13개 지역은 당시로서는 인구밀도가 높은 지역이었다. 그것들은 카프카스, 아비시니아, 서아시아에서 아프리카의 여러 지역에 산재하는 모슬렘 정주지[오아시스], 유럽 남서부, 지중해 동부, 유럽 동부, 유럽 북서부, 데칸고원의 산악과 삼림지역을 제외한 인도, 동남아시아 저지대 지역, 인도네시아 저지대 지역, 중국, 조선, 그리고 마지막에 일본이다. 유라시아 대륙의 남측을 채색한 지중해, 유럽에 이르는 방추상紡錘狀으로 뻗어 펼쳐진 지역의 면적은 1,000만 평방킬로미터 정도로, 전 육지 면적의 15분의 1에 지나지 않았다.[7]

1500년이라는 것은 구대륙과 신대륙이 밀접하게 관계를 가지고 세계가 하나로 통합되어간 시대임과 동시에, 농업에 기초를 둔 구문명과 공업화를 가져오는 신문명을 만들어내는 세력의 교체가 시작하는 시대이기도 했다. 농업사회의 인구밀도는 어느 만큼의 식량을 공급할 수 있을

---

7 F. Braude, 『물질문명 · 경제 · 자본주의 15세기-18세기 일상성의 구조1(物質文明 · 經濟 · 資本主義15世紀-18世紀 日常性の構造 1)』, 미스즈쇼보みすず書房.

까. 즉 농업생산력의 크기나 토지이용의 집약도에 의존한다. 따라서 고도의 문명사회가 인구밀도가 높은 지역과 겹치고 있다는 것은 당연하다.

문명과 인구의 관계를 생각하는 세 번째의 시각은 개개의 문명시스템, 혹은 인류문명의 역사적인 발전 과정에서 보이는 인구변동이다. 지역문명이 언제나 같은 성질의 문명시스템이었던 것은 아니다. 오랜 시간을 거쳐 몇 개의 국면, 혹은 다른 문명시스템의 전환을 경험해왔다. 이 전환으로 인구파동이 이루어졌다. 하나의 문명시스템은 기술이나 제도에 어울리는 고유한 인구지지력을 가지고 있다. 거기에 인구는 처음은 천천히, 그리고 점차로 증가율을 상승시키면서 성장해 간다. 그러나 어느 때부터 서서히 증가율을 저하시키면서 드디어는 성장을 멈추어 버린다. 그런데 새로운 생산기술이나 제도가 도입되어 인구지지력이 향상되면 다시 인구성장이 개시된다고 하는 생각이다.

맬서스의 인구론이란 정말로 인구지지력을 일정하게 상정한 경우, 인구가 지속적으로 성장해 갔을 때에 무엇이 일어나는가에 대해 논한 데에 지나지 않는다. 일정한 환경조건 아래에서 개체 수가 어떻게 변화하는가라는 생태학적인 관심에서, 이러한 견해는 20세기가 되면 생물 개체 수 전반에 확장되어 이른바 로지스틱곡선으로 정식화되었다. 어떻게 새로운 기술이 도입되어 인구성장이 재시동되는지, 그 반복으로 인하여 어떻게 인구가 변동하는지를 경제학적으로 이론화하려고 한 것은 리R. Demos Lee이다. 리는 하나의 역사체제regime 아래에서 맬서스가 말한 것처럼, 인구성장이 정지한 뒤에 무엇이 일어나는가를 설명하고 있다. 인구가 환경의 지지력의 상한에 접근하여 인구압력이 높아져 생활에 무엇인가 곤

란함이 생기면 보다 고도의 기술이 모색된다는 보즈럽Ester Boserup의
이론을 적용하는 것으로 인구파동을 설명하는 것이다. 다만, 리는 보즈
럽 이론을 무제한으로 적용할 수 없다고 하였다. 인구과잉에 의한 인구
압력이 어느 한계 이상으로 상승하는 것도 또한 인구과소와 마찬가지로
기술진보의 길을 앞당긴다는 것이다.

리비 바치M. Livi-Baccì나 맥에브디와 죤C. McEvedy and R. Jones, 거기
에 치폴라C. M. Cipolla 등은 세계인구가 장기적인 파동을 그리면서 증가
해 왔던 것을 과거의 인구추계에서 분명히 하고 있으며, 일본 인구에도
장기파동이 인정되고 있다(이 책의 서장). 이러한 수세기 이상에 걸치는
순환적인 인구의 변동은 리가 행한 것처럼 맬서스와 보즈럽의 인구와 기
술진보에 관한 이론적인 설명으로 이해하는 것이 가능하다.

일본 인구와 문명시스템

일본열도의 인구는 과거 1만 년간 4회의 성장과 정체를 반복하면서,
파동적으로 증가해 왔다. 일본열도는 인류사의 주요기간 내내 대륙에서
떨어진 존재였기 때문에, 열도 내외의 인구이동은 상당히 제한되어 있었
다. 특히 외부로 대량의 인구가 유출하는 것은 거의 무시할 수 있다. 그
때문에 일본열도는 인구변동을 보기 위한 실험실과 같은 곳이다. 인구의
장기파동이 기후 등의 환경변화 및 문명시스템의 전환과 어떻게 상호 연
결되어 있었는가를 검토하는 데 좋은 사례라고 할 수 있다. 일본열도에
는 과거 1만 년간 문명시스템이 네 번 교체해왔다는 것이 필자의 가설이

다.

인구는 자연환경의 변동으로 영향을 받음과 동시에, 문명시스템의 전환이나 국제관계의 변화와도 밀접하게 관련하고 있었다. 새로운 문명시스템의 전개는 식량생산력의 향상과 거주공간의 확대를 통해, 사회의 인구지지력을 증대시킨다. 인구가 증가를 계속하여, 환경과 문명시스템에 따라 결정되어 있는 인구지지력의 상한에 가까이 가면, 무엇인가의 규제요인이 움직여 인구성장은 브레이크가 걸려 이윽고 정체하지 않을 수 없다. 인구가 장기에 걸쳐 지속적으로 성장하는 국면은 문명시스템의 전환이 생긴 시대였다. 반면에 필연적으로 기술발전에 대해 인구압력이 높아진다. 인구지지력의 상한에 가까이 인구가 증가해가면 자원·에너지와 인구와의 사이에 긴장이 높아져, 생존을 둘러싸고 다양한 문제가 발생할 것이다. 이렇게 인구압력이 커졌을 때, 사회 내부에서 기술개발과 외부 문명으로부터의 기술이전이 강하게 촉구되고, 그 결과로 문명시스템의 전환이 일어난다고 생각되는 것이다.

인구 제1의 물결은 죠몬시스템의 전개와 함께 생겼다. 이 시대의 생활양식은 수렵, 어로, 채취를 기조로 하는 것이었으므로 인구분포도, 인구변동도 자연환경의 영향을 강하게 받았다. 사실 일본열도의 평균기온은 죠몬시대의 개막과 함께 상승하고 있었음이 밝혀졌다. 그런데 죠몬 전기를 지나면 평균기온은 저하하기 시작한다. 그 결과 수렵·채집민으로서는 매우 높은 인구밀도에 달하고 있던 동일본, 특히 칸토와 츄부에서는 인구가 격감했다. 따뜻한 지역이었던 서일본에서는 인구의 손실이 적어 계속해서 증가했다. 그러나 서일본은 본래 식량자원이 적은 곳이었기 때문에 여기서도 인구압력은 현저하게 높아졌다고 생각된다. 생태학적 위기의 도래는 새로운 식량자원의 개발과 농경의 수용에 대한 적극적인 노력을 촉구했을 것이다.

표22 · 문명시스템의 비교

	1 죠몬시스템	2 수도농경화시스템	3 경제사회화시스템	4 공업화시스템
최고인구밀도 (명/㎢) (인구, 만명)	0.9[1)] (26/죠몬중기)	24[1)] (700/10세기경)	112[1)] (3,258/1823년)	338 (12,778/2007년)
문명의 단계	자연사회 (수렵어로채취)	농업사회 (직접농산소비[2)])	농업사회 (간접농산소비[2)])	공업화사회
주요 에너지원 Wrigley의 분류[3)]	생물+인력 자연력	생물+인력 자연력 Organic economy	생물+인력 자연력 Advanced organic economy	비생물 자연력 → 전력 Mineral energy- based economy
주요한 경제양식[4)]	전통경제	전통+지령경제	전통+지령+시장	시장경제
사회집단[5)]	집단사회	씨족사회	가족사회	집단주의적산업화
주식(主食)[6)]	견과류 어개류	쌀	쌀·잡곡	쌀·잡곡·고구마 → 다양화

* 출처 : 鬼頭宏,「문명시스템의 전환－일본열도를 사례로 文明システムの轉換－日本列島を事例として」,『강좌문명과 환경2 지구와 문명의 획기講座文明と環境2 地球と文明の画期』, 아사쿠라쇼덴朝倉書店.
** 주 : 1) 蝦夷(北海道)·琉球를 제외함.
　　　 2) 판 바드(1980)
　　　 3) 리그리(1991)
　　　 4) 하일브로나(1972)
　　　 5) 村上·佐藤·公文(1979)
　　　 6) 小山·五島(1985)

야요이시대 이후의 인구증가는 수도水稻 농경을 기반으로 하는 수도
농경화시스템의 전개에 의해 지탱되었다. 대륙에서 도래한 사람들의 인
구유입이 기여한 바도 컸다. 그러나 헤이안시대가 되어 인구성장은 둔화
한 것으로 추측된다. 가경지의 감소, 장원경제화에 따른 성장유인의 결
여, 거기에 기후변동—온난화에 동반하는 건조화—이 가져온 결과일 것
이다. 흥미로운 것은 인구가 정체화되는 10세기에 국풍문화國風文化8가
성립한 것이다. 농경을 비롯하여 국제國制·법률·문자·종교 등 다양한
장치군을 대륙에서 섭취하는 것으로부터 시작되었던 문명시스템의 전환
이 일단락되었다. 그것을 일본적으로 소화함으로써 문명의 성숙화라고
불릴만한 현상이 일어났던 것이다.

제3의 문명시스템을 경제사회화시스템이라고 부른다. 에도 전기로 이
어지는 인구성장은 14·15세기에 시작되었다고 추측된다. 그것을 지탱
한 원동력을 경제사회화, 즉 시장경제의 전개에서 구할 수 있기 때문이
다. 무로마치시대는 문명시스템의 전환에서 중요한 시대였다. 현대일본
인에게서 전통적인 문화로 간주되고 있던 대부분의 것이 이 시대에 생겨
났다. 혹은 그것들을 중국이나 조선이나 유럽[남만南蠻] 등으로부터 받아
들였다.

18세기가 되면 급변하여 인구는 정체한다. 종종 무거운 연공 부과와
거듭되는 기근으로 아사나 낙태·마비키가 횡행했기 때문이라고 설명되
기도 한다. 그러나 최근연구에는 사망률이 오히려 개선되고 있었고, 낙

8 역주_헤이안 중기, 후지와라씨藤原氏에 의한 귀족정치가
전개된 시기의 온아한 일본풍의 귀족문화.

태·마비키라고 해도 장래의 생활수준의 저하를 막는 목적에서 예방적으로 행해지고 있었다고 간주되고 있다. 농가부업과 출가호코出稼奉公로 만혼화도 진행되었지만, 이것도 반드시 생활고 때문이라고만 할 수는 없다. 세대의 소득은 증가했다고 여겨진다. 시장경제화가 진행되어 토지이용도 고도화했다고는 해도 인구성장은 인구와 토지와의 균형을 악화시켜 17세기 말부터 18세기에 걸쳐 생태학적 긴장은 높았다. 이 시대에 지구적 규모의 기후 한랭화(소빙기)가 진행된 것은 사실이지만, 인구정체는 자연환경의 변동으로 어쩌다 일어난 것이 아니라, 토지에 기초를 둔 '고도 유기경제'[9]로서의 '도쿠가와 문명'이 성숙기에 들어갔기 때문에 생겼다고 생각할 수 있다.

인구성장의 제4의 물결은 공업화시스템으로의 문명 전환에 동반된 것이었다. 다른 시대에도 그랬던 것처럼 인구는 규모를 증가시킨 것만은 아니다. 연령구조, 직업구성, 인구동태, 지리적 분포, 세대나 가족의 규모와 구조 등의 다양한 측면에서, 공업화 이전 시기의 인구학적 특질과는 이질적인 특징을 나타내고 있다. 그러나 근대 인구성장이 언제까지나 계속되지는 않는다는 사실이 점점 현실로 다가왔다. 과거의 경험에 근거하자면 현대의 산업문명시스템은 성숙화하고 있다는 말일 것이다.

---

9 E·A·리그리, 『에너지와 산업혁명(エネルギーと産業革命)』, 도분칸同文館.

2
소자사회에 대한 기대

현대의 역설

문명과 인구의 관계를 볼 때에 세 가지의 다른 입장이 있는 것을 지적했다. 보통 이 견해들은 뚜렷하게 의식되고 있는 것이 아니라 막연하여 혼동되는 경우가 많다. 그러나 관점을 명확하게 구별하지 않으면, 가끔 혼란이 일어나게 된다. 20세기가 남긴 최대 문명 문제 가운데 하나인 지구인구의 증가를 둘러싼 논의가 바로 그것이다.

지금 세계에는 180개 이상의 독립국이 있다. GNP와 인구규모의 대수對數를 가지고 대비시키면, 양자의 사이에 정正의 상관관계, 즉 인구대국은 경제대국이라는 관계를 인정할 수 있다. 그러나 이것은 단지 국토가 넓고, 인구가 많은, 따라서 총소득도 상대적으로 커진다는 정도의 의미밖에 없다. 인구밀도를 가지고 보더라도 소득수준 사이에 유의미한 관계는 인정되지 않는다. 1500년경의 세계와 같이 풍요로운 나라는 인구밀도가 높다고 할 수만은 없다.

한편 소득수준은 다른 측면에서 결정적인 차이를 가져온다. 인구동태,

특히 출생력이다. 소득수준으로 세계 각국을 그룹으로 나누어 보면, 가장 풍요로운 그룹에서는 출생률과 사망률이 모두 낮고, 자연증가율은 1%를 밑도는 낮은 수준이다. 이에 대해 소득이 최저인 그룹에서는 출생률과 사망률이 모두 매우 높은 수준이고, 게다가 인구증가율은 여전히 연 3%에 가깝다. 소득수준에 따른 각국의 격차는 출생률에서 더욱 크며, 사망률에서는 그 정도는 아니다. 따라서 최근의 인구증가율 격차는 주로 출생률에 원인이 있다고 해도 좋을 것이다. 또 사망률은 가장 풍요로운 나라에서 최저이지는 않다. 고령화가 (늙어서 죽는 자도 증가시켜) 오히려 사망률을 끌어 올리고 있기 때문이다. 즉 현대의 세계에서는 과거의 상식과 달리 가난한 나라일수록 출생률이 높고, 인구증가도 높다는 것이다.

현대의 인구증가는 경제적으로 풍요롭지 않은 지역에서 크며, 고도로 산업문명이 성숙한 지역에서는 제로성장에 가까울 정도로 낮다. 이러한 현상은 일견 이제까지의 인구와 문명의 관계에 역행하는 것처럼 보인다. 그러나 그렇지 않다. 고도의 문명은 보다 많은 인구와 높은 인구밀도를 가질 수 있다는 것은 인구와 문명에 관한 제2의 관점으로부터 그렇게 말할 수 있다.

그러면 발전도상국의 높은 출생력을 제1의 관점에서 그들 사회가 공통으로 가지고 있는 무언가의 문명요소로 설명할 수 있을 것인가? 높은 출생력의 이유는 종교나 가족제도, 아니면 가난함 그 자체인 것일까? 이슬람교든 기독교든 불교든, 종교적 실천이 일상적으로 행해지고 있는 시대에 인구억제가 제재를 받은 것은 사실이다. 그러나 특정 종교가 인구증가의 요인이라는 것을 현실의 관찰로부터는 말할 수 없다. 이슬람세계에서도 출생력에는 격차가 있다. 그리고 그것은 주로 교육, 특히 여성의 교육수준이나 소득수준과의 관계가 강함을 알 수 있다. 가족제도에 관해서도 마찬가지다. 일반적으로 가족과 친족의 인연이 강한 시대에는 동족을 확대하려는 경향이 강했던 것은 사실이다. 그러나 일본의 에도시대 농촌과 같이 가족규모를 제한하는 행위가 있었던 것도 사실이었다. 토지 등의 자원제약이 강해지면, 출생억제는 전통사회 가운데에서도 행해지는 것이다. 현대의 발전도상국에서 높은 출생률은 오히려 가난함과 연결하여 설명되고 있다. 자녀가 노동력으로 도움이 되고, 얼마간이라도 임금소득의 담당자가 될 수 있는 경우와 동족의 확대가 구성원의 생활보장에 도움이 되는 경우에는 빈곤이 다산으로 연결될 것이다.

현대 인구에 보이는 소득과 출생에 관한 일견 모순된 관계는 문명과 인구에 관한 제3의 견해로 설명될 수 있다. 발전도상국의 높은 인구증가율을 인구전환의 실현과정에서 생기는 과도기적인 현상으로 보는 견해이다. 근대 이전의 사회에서는 다산이기는 했지만, 사망률도 높았기 때문에 인구증가는 적었다고 한다. 근대화 과정에서 의약과 의료가 진보하고, 수도나 병원 등의 사회자본이 정비됨으로써 사망률이 내려가기 시작한다. 그런데 사회적인 관습이 되어 있는 출생행동이 급격하게 변하지는 않는다. 높은 출생률이 유지된 채로 사망률 저하가 진전된다. 이 다산소사多産少死가 근대의 인구성장 국면을 낳은 것이다. 그러나 결국 출생률도 저하하게 되고, 이윽고 소산소사少産少死가 실현되어 인구증가는 제로성장에 가깝게 안정된다.

20세기에 선진국들이 경험한 것은 사망률 저하에 뒤따라 혹은 병행해서 출생률 저하가 일어난 것이었다. 먼저 만혼화가 있다. 특히 여성의 교육수준 상승과 가정 외에서의 취직이 늘어나서 결혼연령이 상승했다. 그러나 출생률 저하의 주요한 요인은 오히려 유배우 출생률, 즉 부부의 의도적인 출생억제였다.

유배우 출생률 저하의 원인에 대해서는 다양하게 설명되고 있다. 경제학적으로는 자녀를 갖는 가치가 감퇴함에 반해 자녀의 양육비용이 증대한 것으로 설명된다. 자녀를 갖는 효용은 첫째로 육아나 단란함을 즐기는 소비재 효용, 둘째로 가업을 도와주거나 급료를 가계에 보내는 생산재 효용, 그리고 셋째로 노후의 보살핌을 기대하는 노후보장의 효용으로 나누어 이해할 수 있다. 산업화에 따라 자녀가 갖는 노동력으로서의 의의는 감퇴하였다. 또한 사회보장이 충실해지고 친자관계도 변화하여 자녀가 노후를 보장해주리라는 기대도 줄어들었다. 한편 고학력화 등으로 자녀의 양육에 드는 비용은 상승해갔다. 더구나 자녀교육에 더욱더 신경을 쓰게 되는 등, 자녀를 가짐으로써 재정적으로나 심리적으로나 부담이 증대하고 있는 것이다.

사회에는 출생률과 사망률의 수준이 저절로 균형을 찾아가는 기능이 갖추어져 있다는 설명도 있다. 호메오스타시스homeostasis10, 즉 자동조절기능이다. 이 견해에 따르자면, 인구의 지속적인 성장은 균형으로부터

10 역주_생물체가 가진 체내 제 기관이 기온이나 습도 등의 외적환경의 변화나 육체적 변화에 대해, 일정 범위의 균형을 가지는 것을 말함.

일탈하는 것이었기 때문에 출생률이나 사망률의 어느 쪽, 혹은 양쪽이 변화하여 이윽고 인구증가는 정지하지 않으면 안 된다. 유럽에서도, 일본에서도 장기적인 출생률 저하는 생활이 가난해지고 나서 일어난 것이 아님은 확실하다. 반대로 생활수준은 크게 상승하고 있었다. 풍요로움이야말로 출생률 저하의 계기였다고 할 수 있다.

인구학적으로 보면 생활수준의 상승이 영유아사망을 개선하여 성인에 이르기까지 생존율을 크게 높였다는 점이 중요하다. 생존율이 높다는 것은 인구 재생산율이 높았다는 것을 말한다. 따라서 자녀의 사망률이 매우 높았던 시대와 달리, 많은 자녀를 낳지 않더라도 뒤를 이을 자녀를 확보해서 집안을 존속시키거나 사회를 유지하는 것도 가능하게 된 것이다. 사망률 저하가 선행하고, 출생률 저하가 뒤따라가는 패턴이 일반적이다. 출생률 저하가 늦어지는 것은 사망률 저하는 개인의 의지에 근거하는 것이 아니라, 사회적인 조건에서 일어나는 것임에 반해, 출생률 쪽은 부부의 의지에 의한 것이며 출산행동이 오랜 사회적 관행으로 매우 변화하기 어렵다는 것이 하나의 이유이다.

발전도상국의 출생률이 여전히 높은 수준에 있다는 것은 확실하다. 그러나 선진 지역이 근대 경제성장을 시작하여 인구전환을 완료하기까지 상당한 시간을 요하는 것과 마찬가지로, 20세기 후반이 되어서야 겨우 경제발전의 길을 내딛은 발전도상국에서도 전환을 실현하기에는 시간이 걸리는 것이다. 더구나 조건이 좋다고도 할 수 없다. 사망률 저하가 경제성장의 태동과 사회자본 정비로 일어난 것이 아니라, 식민지 종주국으로부터, 혹은 독립 후에는 선진국이나 국제기구로부터 기술이 이전됨으로써 시작되고 있었던 것이다. 사망률 저하 자체가 나쁜 것은 아니다. 그러나 결혼과 출산에 관계되는 행동양식이 변하지 않는 가운데 커다란 사망률 저하가 일어나면, 인구증가율은 더욱 커지게 된다. 인구폭발이 되어 경제발전의 진행을 방해하게 된다는 것이다.

그러나 변화는 시작되고 있다. 경제만이 아니라 교육, 수명, 건강, 체력 등에서의 인간개발을 위해서도 가족 수를 제한하여 출산횟수를 줄이는 것이 바람직한 것으로 이해되어 왔기 때문이다. 특히 조혼과 다산은 여성에게 신체적으로 큰 부담이다. 인간으로서 사는 여성의 권리를 빼앗고 있다고 하며 "생식의 건강, 생식의 권리Reproductive Health, Reproductive Rights11"라는 사상이 침투하게 됨으로써 출생억제가 보다 널리 받아들여지게 되었다.

현대 세계에서 일어나고 있는 선진국의 인구 정체화, 발전도상국의 인구폭발이라는 상반된 현상은 인구전환의 타임 러그(시간차)를 나타내고 있는 것이다. 농경이 몇 지역에서 발생한 이후 세계의 각지로 확산하기까지 수천 년을 필요로 했던 것처럼, 산업문명도 세계 각지에서 받아들여지기에는 상당한 시간을 요하는 것이다. 다만 문제는 세계인구가 지구환경수용량의 상한까지 접근하고 있다는 점이다. 감속하고 있다고는 해도 세계인구가 늘어나고 있는 것은 사실이다. 물, 식량, 에너지 자원의 고갈은 물론이고, 그것을 제공하고 있는 지구환경 그 자체의 붕괴가 격

---

11 역주_성과 생식에 관한 건강과 권리. 임신·출산·피임 등에서 여성자신이 결정권을 갖는다는 생각. 1994년 9월 카이로에서 개최된 국제인구개발협의에서 확립되었다.

정된다. 다만 명확히 해두어야 할 것은 자원고갈과 환경파괴는 발전도상국의 인구증가만이 그 원인이 아니라는 점이다. 선진 지역은 오랜 세월에 걸쳐 자원을 이용해왔으며, 현재에도 높은 생활수준과 경제성장으로 큰 부담을 주고 있다는 것이다.

성장의 한계

지금 세계는 역사의 전환기에 직면하고 있다. 전환기라고는 해도 그것이 격동의 20세기가 막을 내리고, 제3의 밀레니엄이 시작되었다는 말은 아니다. 새로운 밀레니엄의 변화에 서서, 한 해가 끝날 무렵의 분주함을 지나 정월을 맞이했지만, 무언가 일을 남긴 것 같고, 안정되지 않아 기대와 불안이 뒤섞인 분위기에 감싸여있는 듯한 기분이다. 현대 세계에 일어나고 있는 역사의 전환이란 달력상의 문제가 아니라 인류의 생존기반을 흔드는 정도의 실체적인 것이다.

하나의 문명이 끝나려고 하고 있다. 아니, 정확하게는 최후의 마무리 단계에 접어들고 있다고 말할 수 있을 것이다. 2세기 훨씬 이전에 유럽의 한 구석에서 태어나 세계의 모든 지역을 강제로 휩쓸리게 하면서 성장해온 하나의 문명이 지금 최종국면에 들어가려고 하는 것이다.

산업문명이라고 이름 붙일 수 있는 현대문명을 특징짓는 것은 무엇보다도 생물적 자원에서 비생물적 자원으로, 에너지 이용 측면에서 발생한 전환이었다. 농업사회는 동물과 식물, 거기에 인간 그 자체의 노동에 의존하는 문명이다. 과학기술의 진보는 지하에 매장된 석탄, 석유로 대표

279

되는 비생물적 에너지 자원을 대량으로 이용할 수 있게 하였다. 그 결과, 경제성장과 인구증가가 동시에 높은 성장률로, 그것도 오랜 세월에 걸쳐 지속되는 근대 경제성장이 가능하게 된 것이다. 농업사회에서는 인력, 가축, 땔감 등에서 얻어진 생물적 에너지를 중심으로 수력, 풍력 등의 자연력이 이것을 보충하고 있었지만, 공업사회에서는 석탄, 석유, 천연가스, 우라늄 등의 비생물적 에너지 자원의 이용이 진행되고, 나아가 자연력의 효율적인 이용기술이 개발되었다. 그 결과, 인구증가의 제약이 되고 있던 토지의 넓이와 인간의 식량과 가축의 먹이가 되는 식물의 생산력에 따른 제약으로부터 벗어날 수 있었다. 사람들은 몇 억년에 걸치는 과거의 축적을 끌어낼 뿐이었으며, 원할 때에 원하는 만큼의 에너지를 이용할 수 있게 된 것이다. 근대 성장을 실현한 사회에서는 역사상 일찍이 없었던 물적인 풍요를 누릴 뿐만 아니라, 생활수준과 의약의 진보로 긴 수명을 갖는 것이 가능해졌다.

그렇지만 산업문명의 기초가 된 에너지 자원의 성격 때문에 현대의 문명이 앞으로 언제까지나 영구히 양적 발전을 지속하리라는 보장은 없다. 그뿐 아니라, 가까운 장래에 에너지 자원이 고갈되는 시대가 찾아오는 것을 피할 수 없다. 경제성장은커녕 현재의 생활을 유지하는 것조차 불가능하게 될지도 모른다.

생물자원은 태양 에너지로 매년 일정량을 생산하기 때문에 급료나 연금과 같이 그 범위 안에서 사용한다면 언제나 이용할 수 있는 재생산 에너지이다. 이것과 달리 석탄이나 석유는 지구의 역사적인 산물이다. 수억 년부터 수천만 년 전의 생물유해에 유래하는 이 에너지 자원은 아버지로부터 아들에게 대대로 전해진 선조의 유산과 같은 것이다. 방탕한 자식이 한꺼번에 사용해 버리면 한때는 호화로운 생활이 가능할지 몰라도 나중에는 객사하는 수밖에 없다.

세계인구는 산업문명의 개막을 전후하여 증가하기 시작했다. 세계가 하나가 되어 공업화를 추진해온 20세기는 사상 공전의 인구폭발시대였다. 1900년에는 16억 명, 1950년에는 25억 명 정도였던 인구는 1999년에는 60억 명을 넘는다고 추정되고 있다. 그러나 이제부터, 지금까지 3세기에 걸친 증가가 지속되는 일은 있을 수 없다. 산업문명의 성장국면이 막을 내리려고 하는 지금, 인구증가는 속도를 늦추고 있다. 근년 국제연합의 장래인구 추계는 개정 때마다 줄어들고 있다. 2050년의 세계인구는 1992년의 추정(중위)에서는 100억 명이었지만, 1998년의 추정에는 89억 명이라고 되어 있다.

소자화는 선진국에서 인구전환이 실현됨에 따라 진행된 것은 아니다. 발전도상 지역에서도 인구증가가 개발에 무거운 부담이라는 것을 인식하게 되고 출생력 억제에 성공하고 있다. 이것도 세계인구의 증가속도를 늦추는 데 효과를 가지게 되었다. 그러나 세계의 인구증가율이 제로가 되기까지는 아직 오랜 시간을 필요로 한다. 증가율이 순조로이 저하하고 있기는 하나, 늘어가는 인구와 생활수준의 상승이 과잉개발을 촉구하여 지구환경의 파괴를 초래하지 않으리라는 보장은 없다. 기갈飢渴, 역병, 재해에 의해 사망률이 상승할 것도 예상된다. 어쨌거나 21세기 말에는 세계인구의 정체가 현실화될 것으로 예측하고 있다.

과거의 모든 문명이 그랬던 것처럼, 산업문명도 또한 그 발전과정에서는 인구를 증가시켜 왔다. 과거와 다른 것이 있다면, 세계로의 확산과정이 매우 짧은 시간에 이루어졌고, 또한 각 지역이 동일한 파동을 경험하고 있기 때문에 변화가 증폭되었다는 점이다. 다른 하나는 기술발전의 결과, 사망률의 개선과 출생력 억제 양 측면에서 의도적인 컨트롤이 가능하게 되었다는 점이다. 우리들이 인구와 자원 사이의 불균형으로부터 생길 불행과 비참함을 미리 피하는 것이 용이해졌다. 그 때문에 인구증가율의 변동도 커졌다. 그러나 이것은 인간의 삶과 죽음에 관한 자유재량의 정도가 커졌다는 것을 의미한다.

일본의 소자화

일본의 출생력은 감퇴를 계속하고 있다. 소자화는 고령화를 한층 가속화시킨다. 또 일본 인구의 감소가 21세기 초두에는 확실하게 시작될 것으로 예측된다. 일반적으로 소자화는 사회를 약체화시켜, 나라를 망하게 하는 것이라고 우려되고 있다. 우리에게 경험한 적이 없는 이 변화는 확실히 큰 위협이다. 소자화의 공죄功罪에 대해서는 플러스, 마이너스로 평가가 다양하게 나누어지지만, 전체적으로는 분명히 마이너스 측면이 강조되고 있다. 그러나 이제 소자화를 인정할 것인가, 아니면 그것을 부정하여 어떻게든 출생률을 올려야 할 것인가, 어느 쪽이 좋을 것인가 하는 문제의 선은 넘어섰다. 얼마 안 있어 인구가 감소로 바뀌는 것은 확실한 사실이다.

현재 일어나고 있는 일본의 인구변동도 인구의 역사를 보면 이상한 사태라고 말할 수는 없다. 인류사상 인구가 정체하는 시대는 몇 번인가 존재했다. 또한 인구감소는 일본 혼자만이 아니라 몇몇 유럽제국에서도 예측되고 있다.

나는 현재 진행되고 있는 일본의 출생률 저하는 인구전환의 최종국면을 실현하는 프로세스가 아닐까 생각한다. 출생률 저하에 의해 얼마 안 있어 시작되는 인구감소와 현저한 소자·고령화는 우리에게 처음 있는 경험이다. 그러나 그렇다고 해서 비관할 것도, 서둘러 출생률의 반전상승을 기대하여 자금과 시간을 투자할 것도 없다.

인구정체를 고도성장기 이후의 경제정체나, 풍요로워진 사회에서 언제까지나 성숙되지 못한 젊은이의 방자함에 의한 것이라고 생각되는 경우가 많다. 이러한 설명은 어떤 면에서는 적중했다고 할 수 있다. 왜냐하면 역사적으로 보아 인구의 정체는 성숙사회가 가진 한 단면이라는 것이 분명하기 때문이다. 죠몬시대 후반, 헤이안시대, 에도시대 후반이 그러한 것처럼, 인구정체는 각각의 문명시스템이 완성된 시대에 일어난다. 완성단계에 이르러 새로운 제도나 기술발전이 없는 한 생산과 인구의 비약적인 양적 발전은 어려워진다. 인구정체는 문명시스템의 성숙화에 따르는 현상이었다.

다른 하나 중요한 것은 문명시스템의 성숙에 따르는 인구정체사회에서는 인구성장이 정체되는 정도에 그치지 않는다. 새로운 수준에서, 인구학적 균형의 배후에서, 새로운 인구학적 시스템이 성립했다. 에도시대를 예로 들어보자. 현대일본에서 일어나고 있는 인구학적인 지각변동은 (1) 소자화, (2) 장수화, (3) 만혼화 혹은 비혼화, (4) 핵가족화와 그 결과로서의 고령자 단독세대의 증가, 그리고 (5) 인구의 도시집중이다. 이것은 돌이켜 보면 전근대의 인구는 (1) 다산, (2) 단명, (3) 조혼·개혼, (4) 3세대 동거의 직계가족stem family household, (5) 농촌사회였다는 것을 말해주고 있다.

확실히 이들 인구학적 특징은 세계대전 이전, 특히 제1차 세계대전 이전에 강하게 나타나는 특징이다. 그러면 이러한 인구학적인 전통은 어디까지 거슬러 올라갈 수 있을까. 우리가 전통문화라고 생각하고 있는 것의 대부분은 무로마치室町시대 후반부터 에도시대 전기에 걸쳐서 생겨나 정착한 것이라고 한다. 제3장부터 제6장까지 상세하게 서술한 바와 같이, 가족과 인구행동의 '전통'도 17세기의 성장과 사회구조의 큰 변화를 거쳐 18세기에 '전통'으로 정착했다고 추측된다.

즉 우리가 전통이라고 생각하고 있는 것 같은 인구학적 특징도, 농업사회에서 시장경제의 발전과 생활수준의 상승에 대응해서 만들어낸 역사적인 산물이었다는 것이다. 현대일본에서 일어나고 있는 결혼의 변화, 소자화, 고령화, 가족형태의 변화도 한 마디로 사회병리나 사회문제로만 보지 않는다. 공업화를 동반하는 하나의 문명시스템이 형성되어 이윽고 성숙해가는 데에 수반된 현상이다. 여기에 근대일본의 새로운 인구학적 시스템이 계속해서 형성되어 가고 있다고 보아야 한다.

소자사회에 대한 기대

현재 진행되고 있는 소자화 경향이 장래에도 계속되는 한, 일본 인구는 계속해서 감소할 것이 확실하다. 이미 1997년에 65세 이상의 노년인구는 15세 미만 연소인구의 규모를 상회했다. 소자·고령화는 노동인구를 감소시키는 반면, 부양받는 종속인구를 증가시킨다. 고령자의 의료나 연금지급을 위해 사회의 부담을 무겁게 함과 동시에 구매력이 감소하거나 사회의 활력이 없어지는 등, 사회경제에 마이너스 측면이 강조되는 경우가 많다. 일본에서 이러한 변화는 매우 단기간에 일어남으로써 그만큼 제도나 의식면에서 변화에 대응하기 어려워 당혹스러워 하고 혼란스러운 것은 사실이다. 그렇지만 크든 작든 이와 같은 인구학적 변동은 선진국에 공통된 것이다. 더욱이 소자화와 고령화는 인구증가율이 저하하고 있는 발전도상국에서도 21세기의 과제가 되고 있음은 분명하다.

따라서 우리의 과제는 소자화와 고령화를 어떻게 막을 것인가 하는 문제가 아니다. 1974년의 인구백서[12]는 일본의 출생률을 끌어내려 인구가 갑자기 늘어나지도, 줄지도 않는 '정지인구靜止人口'를 달성해야 한다고 호소하고 있다. 때마침 세계적인 인구폭발과 각종 자원의 고갈을 예상한 로마클럽The Club of Rome[13]에 대해서 미드우즈D. L. Medous 등이 보고

---

12 『일본 인구의 동향(日本人口の動向)』.

13 역주_1968년 로마에서 첫 회합을 열고 발족한 국제 민간조직. 각국의 지식인·재계인으로 구성되어, 천연자원의 고갈화·환경오염·인구증가 등의 제 문제를 연구. 연구보고서로『성장의 한계』,『국제질서의 재편성』등

서14를 간행하였다. 이에 더해서, 1973년 가을의 제4차 중동전쟁에 단서를 여는 오일쇼크의 발생이 인류생존의 위기감을 현실화시키는 것으로 여겨졌다. 4반세기를 거쳐 드디어 일본 인구가 피크에 달하려는 현재, 우리가 해야 할 일은 명확하다. 인구를 어느 정도의 수준으로 유도할 것인가, 그리고 어떠한 성숙사회를 구축할 것인가 하는 일이다.

가장 큰 문제는 인구가 감소하는 데 있지 않다. 40년 이하라고 추계되는 에도시대 사람들의 수명[출생 시 평균여명]으로부터 보건대, 현재 일본인의 수명은 그것의 두 배 이상이다. 인생 50년이 국민적 규모로 달성된 것은 전후 얼마 되지 않은 1947년이었다. 그 해에 태어난 사람들 268만 명 가운데 80% 이상이 무사히 50세를 넘기고 있다. 태어난 아이의 거의 모두가 환갑을 맞이하여 고령자 대열에 낄 수 있게 된 장수사회가 되었다. 이제 일본인은 에도시대 사람과는 전혀 다른 라이프 사이클과 생태를 가진 별종의 동물로 다시 태어났다고 하지 않을 수 없다. 해결해야 할 문제는 크고, 새로운 가치관과 사회시스템의 구축에는 시간이 걸릴 것이다. 그러나 어느 시대에도 고심한 끝에 문명시스템의 전환을 실현해왔다는 사실을 기억해야 한다.

일본은 1억 명 이상의 인구를 가지고 석유, 천연가스, 석탄 등의 에너지와 목재, 철광 등의 자원은 물론, 수산물, 축산물, 곡류의 대부분을 해외로부터 수입하는 경제대국이다. 높은 생활수준과 큰 생산력은 한정된 자원을 대량으로 소비하고 동시에 대량의 폐기물을 낳고 있다. 그런 의

을 발표했다.
14 『성장의 한계(成長の限界)』.

미에서라도 인구감소는 지구환경을 유지할 수 있는 세계를 구축하는 데에 최대의 공헌이라 해도 좋을 것이다. 그러나 그것은 너무나 소극적이다. 소자화의 비교문명학적 검토로부터 끌어낼 수 있는 일본의 과제는 다음과 같은 것이다.

첫째는 '간소한 풍요로움'의 실현이다. 이를 위해서는 에너지와 자원을 지표에서 얻어지는 재생가능한 자연력Soft Energy Path, 생물Biomass로 전환시키지 않으면 안 된다.15 지하자원을 고갈시키지 않고, 인공적으로 생산된 물질을 지구환경에 방출시키는 농도를 늘리지 않아도 되는, 순환형 사회를 실현하는 것이다. 지구표피로부터 꺼낸 물질이나 인공물의 양을 늘리지 않아도 되는 것은 생물권의 순환과 다양성을 지키는 것과도 연관성을 갖는다. 더구나 고전적이기는 하지만, 절도라는 가치기준의 존중도 잊어서는 안 된다. 필요 이상의 소비를 하지 않고, 효율적인 자원 이용을 실현하는 것으로 환경오염을 막음과 동시에 국가 간 자원의

---

15 역주_'Soft Energy Path'는 국제적인 환경보호단체 '지구의 벗'의 영국대표인 애모리 블로크 로빈스가 그의 저서 『소프트 에너지 패스』에서 제창한 새로운 에너지 노선을 말한다. 내용은 에너지 공급의 중심을 석유 등 화석 연료와 원자력이 아닌 태양열·풍력·해양 에너지 등 재생가능한 에너지에 두고, 에너지의 수급균형을 기하는 수단으로서 공급확대가 아닌 수요감소, 즉 에너지 절약을 추진하고자 하는 것이다. 소프트 에너지 패스의 가치관에서는 필요충족·여유·검소·다양성이 강조되며, 저성장·저소비·소규모의 분산형 기술이 중시된다. 'biomass'는 식물이나 미생물 등을 에너지원으로 이용하는 생물체로 가령 사탕수수에서 알코올을 채취하여 자동차 연료로 쓰는 것과 같은 것을 말한다.

공평한 분배에 기여할 수 있을 것이다.

둘째는 소자화를 받아들이고 정지인구를 실현하는 것이다. 얼핏 보면 어두운 인상을 받을지도 모르지만, 손자의 세대에까지 지구환경을 파괴시키지 않고 건네주기 위해서는 소자화를 시인하고 생활양식을 재검토할 필요가 있다. 미래에 가능성이 있다고 생각하면 밝은 화제가 아닐까? 소자화는 세계에 대한 일본 최대의 공헌이다. 이를 위해서는 인구감소사회, 초고령화사회에 적합한 시스템, 라이프 스타일의 확립이 필요하게 된다.

(1) 인구감소에 적합한 사회로 재구성하기 위해서는 인구의 재배치를 피할 수 없다. 사회의 재편성, 지역의 재통합이 진행되지 않으면 안 된다.

(2) 다양한 사회구성원의 공존을 인정하는 관용성barrier free을 높일 필요가 있다. 경제규모의 축소가 예상되지만, 기업의 통합이나 합병은 다른 문화와 체험을 가진 사람들에게 원활한 관계를 구축하도록 강요한다. 나아가 노동력부족은 '성인남성'만을 한 사람분의 '노동력'으로 여기는 것을 인정하지 않는다. 성(여성), 연령(고령자), 장애disability, 국적·민족(외국인)의 차이에 의한 모든 차별을 없애고, 각각의 입장에서 사회적 공헌이 가능하도록 관용적인 사회를 형성하지 않으면 안 된다.

(3) 장수사회 '인생 80년'에의 제도적 대응과 의식개혁이 필요하다. 누구나가 긴 노후를 가지게 되었음에도 불구하고, 나이에 맞게 행

동하자는 식의 고정관념은 강하다. 장유유서나 강고한 동년배 의식을 완화해야 하며, 장년제에 대해서도 일률적으로 할 것이 아니라 개인의 능력, 체력, 의욕, 라이프 스타일에 대응한 고용관행이 형성되는 것이 바람직하다. 연령에 얽매이지 않는 다양한 인생의 생활태도를 인정해야 한다. 특히 노후기간의 삶의 방식에 대해 새로운 생각이 생겨나지 않으면 안 된다. 남편이 은퇴한 뒤의 노후기간[노친부양기간]은 현재로는 20년에 가까운데, 다이쇼大正기 조차 5년 밖에 되지 않았던 것이다.

(4) 가족에 대해서도 새로운 형태를 모색하는 것이 된다. 직계가족제는 에도시스템이 만들어낸 역사적 산물이었다. 인생 40년으로 친자 2세대의 부부가 동거해도, 그 기간은 10년이 되지 않았다. 장수화한 현재, 이 기간은 그것에 세 배가 되는 27년이다. 소농경영에 적합한 직계가족제는 토지에 의존하는 일 없이 가정 외에서의 근무형태가 일반화된 현재, 반드시 적합하다고 할 수는 없다. 더구나 길어진 동거기간은 가족 간의 알력을 증폭시키는 것이 될 수 있다.

세대의 형태에 관련하여 결혼과 출생에 관한 변화도 크다. 「결혼하지 않을지도 모르는 증후군」[16]은 이미 '싱글체질'로 옮겨가고 있다. 개혼사회로부터 싱글사회로의 변화는 에도시대와 달리, 모든 사람이 같은 라이

---

16 다니무라 시호谷村志穂, 1996.

프 코스를 걷지 않게 되었다는 것을 의미한다. 결혼도, 출산도, 다양한 형태가 있어 좋은 것이다. 이른바 '숙년이혼熟年離婚'과 같이 자녀부양기간 종료 후의 기간이 30년이나 된 현재, 부부의 역할과 그 관계의 변화를 당연하다고 생각하는 사람이 늘어나도 이상할 것이 없다.

셋째는 공과 사, 또는 관과 민의 역할을 명확하게 할 필요가 있다. 과거의 문명사에 비추어보면, 21세기 전반은 새로운 시대에 적합한 시스템을 모색하는 시기가 될 것이다. 모든 가능성이 시도되지 않으면 안 된다. 실패도 있을 것이다. 그러한 경우에 대비하여 구제조치를 준비할 필요가 있다. 법제도의 정비, 기술개발 지원, 사회적인 기반 정비는 관의 역할이다. 그런 위에 개인과 민간조직은 다양한 도전을 시도하지 않으면 안 된다. 새로운 밀레니엄의 항해를 두려워하지 말고 세계평화와 지구환경의 유지를 기도하면서 한 사람 한 사람이 풍요로운 생활을 향해간다고 자각하는 인생 설계야말로 우리가 하지 않으면 안 된다.

학술문고판 후기

21세기를 맞이하여 하나의 문명이 종언을 고하는 것처럼, 일본의 인구는 증가의 속도를 늦추고 얼마 안 가 감소로 바뀔 것이 분명해졌다. 이것은 도대체 무엇을 의미하는 것일까? 이러한 의문에서 나는 과거에 눈을 돌려보기로 했다. 그리고 알게 된 것은 일본이 인구 정체사회를 맞이하는 것은 이번이 처음이 아니라는 것이다.

죠몬시대가 시작된 이래 일본열도의 인구는 수천 배로 팽창했지만, 인구는 결코 단조롭게 늘어만 간 것이 아니라, 증가와 정체, 어느 때는 감소를 몇 번이나 반복하면서 큰 물결을 그리는 것처럼 변화해 왔다. 그리고 인구의 파동은 예외 없이 사회·경제의 변동과 깊게 연결되어 있었던 것이다. 인구혁명을 일으키면서 일본인의 라이프 스타일은 전환되었다.

한 마디 덧붙인다면, 전국인구가 정체한 시대에도 지역인구의 동향은 매우 다양했다. 적어도 역사시대에는 생활수준이 극단적으로 떨어졌다는 증거도 없었다.

오로지 현재 이용할 수 있는 데이터가 한정되어 있다는 이유로 제1의 물결과 제2의 물결에 대해서는 간단하게 언급할 수밖에 없었다.

이 책의 주요 부분은 제3의 물결과 제4의 물결, 특히 17~19세기에 맞추어졌다. 18세기 인구정체사회의 내용과 17, 19세기 인구성장의 메커니즘을 해석하는 것이 중심과제가 되었다.

이 책은 1983년에 PHP연구소에서 간행한 『일본 2천 년의 인구사日本二千年の人口史』의 개정판이다. 서장에 쓴 것처럼, 이 책에서 의도한 것은 인구변동을 문명시스템과의 관련에서 설명하려고 하는 것이었다.

문명이라는 복잡하고 만만치 않은 대상의 연구는 이제까지는 주로 인류학자나 역사가의 더구나 대가의 작업으로 간주되는 일이 많았다. 그래서 17년 전에 이 책의 원본을 간행했을 때에는 두려운 마음으로 가능한 한 조심스럽게 문명이라는 개념을 사용했다. 그러나 현재는 다르다. 그 사고방식에 대한 평가는 사람에 따라 다르다 하더라도, 21세기의 여러 문제들을 동태적으로 해명하기 위해서는 문명개념의 도입이 필수적이라는 것이 헌팅턴에 의해서 널리 이해를 얻게 되었다. 『문명의 충돌』이 가져온 충격이다. 이러한 때에 다시 이 책을 새롭게 꾸며서 간행하는 것도 의의가 있지 않을까 생각했다.

최근까지 역사인구 연구의 발전은 놀라운 바가 있다. 특히 영국 케임브리지그룹의 연구성과는 역사인구학과 가족사를 기초로 한 사회사연구 총서가 되어 공간되고 있는데, 이미 20권 이상에 달하고 있다. 일본에서도 연구서, 일반서를 합하여 몇 권 정도를 서점에서 손에 넣을 수 있게 되었다.

연구성과의 일단을 소개하면 다음과 같다.

(1) 사료의 데이터베이스화, 컴퓨터의 본격적인 이용과 작업의 기계화, 자동화가 크게 진전되었다.

(2) 그 결과, 마이크로 시뮬레이션과 다변량해석1의 통계수법이 도입되었다.

(3) 이벤트 히스토리2로 대표되는 새로운 분석방법의 이용이 진행되었다.

(4) 아직 충분하다고 할 수 없으나 연구 대상 지역이 확대되어 도시인구에 관한 연구도 축적되고 있다.

(5) 종문개장 이외에 회임서상장懷妊書上帳, 계보系譜, 과거장過去帳, 메이지기의 호적, 지리지 등의 사료로 연구가 확대되었다.

(6) 농촌인구만이 아니라, 사무라이, 도시주민, 어촌주민으로 연구대상이 확대되었다.

1 역주_multivariated analysis. 하나의 사건을 관측한 데이터의 변량이 여러 개일 때 이것을 수학적으로 처리해 대상의 성질이나 변량의 상호관계를 규명하는 통계적 해석법이다. 데이터를 요약하여 특징을 파악하기 쉽게 하며, 중회귀분석, 판별분석 등을 적용하여 예측에 유효하다. 일반적으로 계산이 복잡해지는 경향이 많으나 컴퓨터의 발달로 그 이용범위가 커졌다.

2 역주_사건사(event history)란 개인이나 집단 표본에 발생한 사건의 종단적인 기록을 말한다. 사건사는 생성, 소멸 등 주요사건의 시간에 따른 변화로 정의된다. 사건사분석(event history analysis)은 사건과 그 원인을 연구하고, 사건들이 발생하게 되는 환경적 요인들을 검토하는데에 사용된다. 특히 생물통계학에서는 사건사분석에 관한 많은 문헌들이 생존분석(survival analysis)이나 생명시간분석(lifetime analysis)이라는 이름으로 불렸다.

그 결과, 공업화 이전 시기 일본의 인구에 대하여 다음과 같은 발견이 있었다.

(1) 가족형성과 출생행동에 대해 서유럽과도 다른, 동아시아와도 다른 '제3의 패턴'을 상정할 수 있다.

(2) 일본열도의 인구학적 양상은 결코 균일하지 않다. 특징적인 지대를 적어도 세 지역 이상으로 나누어 생각하지 않으면 안 된다.

(3) 일반에게 상식으로 받아들여져 온, '농민은 빈곤했다'고 하는 비관설은 후퇴했다. 허락된 범위 조건에서이지만, 출산과 만혼행동 등에서 보이는 것처럼 합리적인 판단에 의해 생활수준이 유지 내지는 향상되었음이 더욱 명확해졌다.

안타깝게도 이러한 여러 연구성과에 대하여 이 책에서는 상세하게 언급하지 못했다. 결코 무시하려고 했던 것은 아니지만, 장기적인 전망에 관한 한 전면적인 개정은 필요하지 않다고 판단하여, 가능한 한 원형을 존중하는 형태로 개정판을 간행했다.

다만, 다음 네 가지에 대해 대폭적으로 개정했음을 밝혀둔다.

(1) 죠몬시대와 야요이시대의 인구는 일본 지방행정단위인 도도부현道都府縣별의 유적 수에 근거하여 코야마 슈조小山修三에 의해 추계된 것이지만, 나라~에도시대의 지역구분에 맞추기 위해 필자의 책임 아래 재추계를 시도했다.

(2) 나라시대와 헤이안시대의 인구에 대해서는 원저 출판 후에 공표된

새로운 사료에 근거하고 가마타 모토가즈鎌田元一의 설을 채용하여 새로운 추계를 시도했다.

(3) 에도시대에 대해서는 과거 20년간 가장 정력적으로 역사인구학 연구가 진행되었다. 이 책에서는 가능한 한 많은 새로운 성과를 받아들이는 데에 유의했다.

(4) 1970년대 중기에 시작된 소자화는 예상외의 스피드로 진행되어 아직도 여전히 쇠퇴의 기미를 보이지 않는다. 그 배후에 결혼과 가족을 둘러싼 큰 변화가 일어나고 있다. 그 때문에 21세기 일본의 인구와 사회에 관한 예측도 크게 변해왔다. 근간의 사정을 조금 더 신중하게 논하기 위해 한 장을 더 추가했다.

원래의 책에서는 120점 이상의 상세한 문헌목록을 덧붙여 두었다. 신서판으로서는 이상하다고 생각할지 모르나, 이제부터 역사인구학을 배우려고 하는 분들에게는 다소간 도움이 되지 않을까 자부하고 있다. 그러나 이 책에서는 문고판이라는 성격에서 과감하게 생략하기로 했다. 역사인구학 학술도서나 입문서도 많이 간행되고 있기 때문에 상세한 것은 각각 필요에 따라 대조하기 바란다. 이하, 1983년 이후에 간행된 일본어로 읽을 수 있는 주요 문헌을 소개해 둔다(출판년도 순).

二宮宏之·樺山紘一·福井憲彦(편),『이에의 역사사회학家の歷史社會學』, 아날アナール論文選2, 新評論(1983)

成松佐惠子,『근세 토호쿠 농촌의 사람들近世東北農村の人びと』, 미네르바

쇼보ミネルヴァ書房(1985)

齋藤修, 『프로토 공업화의 시대プロト工業化の時代』, 日本評論社(1985)

齋藤修, 『상가의 세계, 우라미세의 세계商家の世界, 裏店の世界』, 리브로포트リブロポート(1987)

速水融, 『에도의 농민생활사-종문개장에서 보는 노비의 일 농촌江戸の農民生活史-宗門改帳にみる濃尾の一農村』, 일본방송출판협회(1988)

齋藤修 편, 『가족과 인구의 역사사회학-케임브리지그룹의 성과家族と人口の歴史社會學-ケンブリッジ·グループの成果』, リブロポート(1988)

速水融, 『근세 노비 지방의 인구·경제·사회近世濃尾地方の人口·經濟·社會』, 創文社(1992)

成松佐惠子, 『에도시대의 토호쿠 농촌-니혼마츠번 니이타촌江戸時代の東北農村-二本松藩 仁井田村』, 同文館出版(1992)

피에르 구베르, 『역사인구학서설-17·18세기 보베 지방의 인구동태구조歷史人口學序說-17·18世紀ボーヴェ地方の人口動態』(遲塚忠躬·藤田苑子 역), 岩波書店(1992)

피터 라스레트, 『유럽의 전통적 가족과 세대ヨーロッパの傳統的家族と世帶』(酒田利夫·奧田伸子 역), 리브로포트(1992)

藤田苑子, 『프랑소와와 마르그리트-18세기 프랑스의 미혼모와 아이들フランソワとマルグリット-18世紀フランスの未婚の母と子どもたち』, 同文館(1994)

速水融, 『역사인구학의 세계歷史人口學の世界』, 岩波書店(1997)

한편, 역사인구학의 입문적인 안내를 『AERA MOOK(10) 역사학을 알다歷史學がわかる)』(1995, 아사히신문사 아에라 발행실)에, 연구지의 개설을 『인구학의 현상과 프런티어—시리즈·인구학연구6人口學の現狀とフロンティア—シリ—ズ·人口學研究6』(1995, 大明堂)에 기고했으므로 참조하기 바란다.

1985년에 역사인구학 토쿄세미나를 개최하였는데, 여기에 하야미 아키라 당시 게이오 대학교수의 지시로 역사인구학에 관심이 있는 연구자를 백 명 정도 조직하여 역사인구학연구회를 만들었다. 한동안은 정기적으로 연구발표회를 개최했지만, 여러 가지 이유로 현재는 활동이 중단된 채로 있다. 그러나 유라시아·프로젝트(EAP)가 하야미 선생에 의해 조직되어 1995년부터 5년에 걸쳐 내외의 연구자들을 모아 정력적인 활동을 했다. 실질적으로 이 프로젝트가 연구회를 계승하고 있다고 해도 좋을 것이다. 이후로 인터넷에 의한 정보교환을 중심으로 새로운 형태로 운영해 갈 것을 생각하고 있다. 또 EAP의 방대한 활동성과는 공표되고 있으므로 기대하기 바란다.

나도 어느새 중견이라고 불리는 연령이 되어버렸다. EAP의 활동을 통해서 모험적인 젊은 연구자들로부터 많은 것을 배웠다. 하야미 선생을 비롯한 멤버들에게는 깊은 감사를 드린다. 그리고 이번 학술문고에의 수록을 권해준 동 출판부의 이나요시稲吉稔 씨에게 감사드린다.

2000년 3월 18일

키토 히로시

한국어판 후기

동아시아의 공통 과제

소자화가 계속되던 일본에서는 총인구가 드디어 2005년에 감소로 전환되었습니다. 이 책이 출판된 것은 2000년입니다. 그때 일본에서는 언제 인구감소가 시작될까, 혹은 인구감소에 따라 국력이 약해지는 것은 아닐까 하는 것을 매우 우려했습니다. 이 책을 쓴 목적은 과거 인구의 추이와 분포의 변화를 밝히고 싶었기 때문입니다. 그러나 이보다 당시 직면하고 있는 소자·고령화와 인구감소로의 전환을 역사적으로 보면 결코 이상한 현상이 아니라고 주장하고 싶었기 때문입니다.

나는 이 책에서 일본열도의 인구가 기술혁신을 동반한 문명시스템의 전환과 밀접하게 관련하면서 몇 번인가 파동을 그리며 변화해왔음을 제시하였습니다. 사회를 지탱하고 있는 문명시스템이 성숙화하면 인구증가가 정지되고, 인구가 감퇴한다는 사실은 과거 몇 번이나 일어난 일이고, 어느 사회에서나 볼 수 있는 현상입니다. 이 점을 지적하여 냉정하게 대응할 것을 주장하고 싶었던 것입니다.

나는 최근 매우 충격적인 뉴스를 보았습니다. 한국의 고령자 자살률이 21세기가 되고 나서 급증하고 있고, 이제 일본을 제치고 경제협력개발기구(OECD) 회원국 가운데 첫 번째를 차지하게 되었다는 기사입니다. 그 배경에는 가족제도의 변화, 급속한 소자화와 고령화에 대응하는 복지제도의 미정비 등의 문제가 있다고 이야기됩니다. 실로 '준비되지 않은 고령화'(『중앙일보』 일본어판 홈페이지 2005년 5월 19일자)가 가져온 슬픈 현실입니다.

일본도 같은 문제를 안고 있습니다. 왜 이러한 일이 일어났는가를 잘 이해하기 위해서는, 또 어떻게 대응하면 좋을까를 생각하기 위해서는 국제적인 비교와 역사적인 고찰이 필요하다고 생각합니다.

현재의 급속한 소자·고령화는 한국이나 일본에서만 볼 수 있는 현상이 아닙니다. 서구 여러 나라와 일본에서는 1970년대 중반, 한국에서는 1980년대 중반에 합계특수출생률이 세대 간의 인구치환이 가능한 수준—대략 2.1—을 밑돌게 되었습니다. 그러나 북유럽 여러 나라와 프랑스, 영국 등에서는 비교적 2에 가까운 수준에 그치고 있는 데 반해, 2007년의 합계특수출생률은 한국의 경우 1.26, 일본은 1.34로 여전히 현저하게 낮은 수준에 있습니다. 그만큼 고령화도 빠른 속도로 진행되고 있습니다.

그러면 한국이나 일본이 이상한 것일까요? 반드시 그렇지만은 않습니다. 서구에도 일본과 같은 정도로 출생률이 낮은 나라가 있습니다. 독일, 오스트리아, 스위스 등의 독일어권 제국과 동유럽은 일본과 같은 정도이거나 더욱 낮은 곳이 있습니다. 또한 이탈리아, 그리스, 스페인 등의 지중해권 나라들도 저출산입니다. 게다가 고도경제성장에 성공했던 타이

완, 홍콩, 싱가포르에서는 일본보다도 낮은 현상을 보입니다.

　나는 출생률의 국제비교를 통해 소자화의 보편적인 면과 특수한 면, 두 가지가 있다는 것을 발견했습니다. 먼저 보편적인 측면에 대해서입니다. 근대 경제성장에 성공하여 한 사람당 소득수준이 높아진 나라에는 똑같이 출생률이 낮아지는 경향이 보입니다. 다만 2000년 시점의 국제비교에서는 소득수준이 3만 달러 전후인 나라에서 가장 출생률이 낮고, 그것을 크게 넘으면 다시 상승하는 것으로 보입니다.[1]

　또한 나의 조사에 따르면 경제성장률이 높고, 단기간에 풍요롭게 된 나라일수록 출생률의 저하속도가 빠릅니다. 최근의 출생률도 낮은 경향이 보입니다. 1960년대에 근대 경제성장을 연구한 사이몬Simon Kuznets은 근대 경제성장의 개시 시기가 늦은 나라일수록 경제성장의 속도가 빠르다는 점을 지적했습니다. 이 경향은 동아시아 여러 지역의 경제성장이 달성됨으로써 점차 명백해진 것으로 보입니다. 여기에 출생률의 변화를 겹쳐서 봅시다. 출생률의 저하속도, 혹은 전근대적인 수준에서 출생력 전환을 실현하기까지의 연수를 비교하면, 분명히 근대 경제성장의 패턴에 일치합니다. 즉 후발국일수록 출생률의 저하는 빠른 경향이 있습니다.

　다음은 특수한 측면입니다. 유럽에서는 북유럽, 영국, 프랑스, 네덜란드 등, 북해를 둘러싼 지역에서는 출생률이 비교적 높은 수준에 있습니다. 국가적인 양육지원이 풍부하기 때문이라고 생각합니다. 그러나 그것

---

1 小峰隆夫, 일본경제연구센터, 『초장기예측-노령 아시아 (超長期予測－老いるアジア)』日本經濟新聞社, 2007년.

만으로는 설명하기 어렵습니다. 그 배경에 있는 무엇인가의 문제가 있는 것입니다. 유럽에서도 동유럽, 독일어권, 지중해권에서 출생률이 낮다고 했습니다만, 이와 같이 일본, 한국, 타이완 등의 후발국에서 한층 더 출생률이 낮은 것은 왜일까요? 이에 대해 프랑스의 인구학자인 엠마누엘 Emanuel Todd은 흥미로운 것을 지적하고 있습니다. 그는 이들 지역에 공통하는 것은 권위주의적인 가족이 지배적이라고 합니다.

동아시아에 관해서도 역시 가부장적인 가족제도가 심한 것이 저출산율의 원인이라 생각하지 않을 수 없습니다. 일본, 한국, 중국은 내용이 다르다고 하지만 가家제도가 있고, 남계男系 계보가 영원히 지속되기를 강하게 바라는 사회입니다. 전통적으로 친자 3세대, 경우에 따라서는 형제의 친족도 동거하는 다핵세대2가 많이 보입니다. 또 일반적으로 여성의 지위는 낮다고 합니다. 시집간 여성의 역할은 집안의 경제를 꾸려감과 동시에 확실하게 후계자가 되는 아이(남자)를 낳아 기르는 것입니다. 남녀 사이의 역할분담도 남자는 밖에서 일하고, 가사와 육아는 오로지 여성의 일이라는 의식이 강고하게 있습니다.

근대가 되어 공업화·도시화의 진전에 동반하여 핵가족이 일반화되었습니다. 그러나 전통적으로 대규모 세대에서 가사·육아가 분담되고 있는 사회에서는 급속하게 핵가족화가 진행되어도, 젠더 간의 분업의식이 강하게 남아 있습니다. 그렇기 때문에 부부만의 육아를 지원하는 체제의 제도화가 늦어지고 있는 것이 저출생률의 원인이 아닐까 생각합니다. 독

---

2 직계가족세대나 확대가족세대 등의 복합가족세대.

일이나 지중해권에서도 가사·육아는 여자의 일이라고 생각하는 풍조가 강한 것 같은데, 가家 의식과 유교 전통이 강한 동아시아에서는 그 경향이 더욱 강할 것입니다. 아이는 가족이 키우는 것이라는 생각이 강하고, 그것도 주로 처에게 가사, 육아를 떠맡기게 된 것입니다. 사회적 진출을 목표하는 여성에게 결혼도, 육아도 무거운 짐 이외에는 아무것도 아닌 것이 되고 있지는 않을까요.

북유럽 여러 나라에서도 남성이 육아휴가를 얻도록 촉구하기 위해 많은 에너지가 필요했다고 합니다. 본래 가家제도 아래 젠더 간의 분업의식이 강한 동아시아사회에서는 서구 선진국보다 더 빠른 속도로 경제 근대화를 달성했기 때문에 더더욱 여성의 만혼화와 비혼화의 경향이 강해지고, 소자화도 현저화한 것이 아닐까 생각됩니다.

전근대와 비교하면 평균수명은 2배가 되었습니다. 태어난 사람 대부분이 환갑을 맞이하고, 장수를 경험할 수 있는 시대가 되었습니다. 이렇게 기쁜 일은 없어야 하는데, 의식이나 사회제도나 개혁이 뒤쫓아 오지 못하고, 소자화가 진행되어 불행한 현실이 나타나고 있습니다. 수명이 2배가 된 것은 '신인류'가 태어난 것과 같은 변화입니다. 과거의 모방이나 외국의 모방으로 끝나지 않는 시대입니다. 새로운 문명의 창조가 요구되고 있습니다. 그러나 곤란함이 크면 클수록 기회도 크다고 할 수 있습니다. 왕성한 도전정신으로 미래를 개척해 줄 것을 기대하고 있습니다.

일본의 역사인구학은 주로 종문개장宗門改帳을 기초로 진행되어 왔습니다. 한국에는 조선시대부터 만들어진 호적과 동족마다 편찬한 족보가 있습니다. 성균관대학교 동아시아학술원의 김교수, 손교수를 중심으로 하는 연구그룹이 만든 정력적인 연구가 이루어지고 있습니다. 이미 경상도와 대구의 호적이 데이터베이스로 CD-ROM화되고 있습니다. 금후는 신뢰성이 높고, 자료적 가치가 높은 족보가 역시 데이터베이스화되어 공개되기를 바랍니다.

자료는 그것이 만들어진 목적의 차이나, 제도적인 제약에서 각각 장점과 단점이 생깁니다. 호적은 3년에 한번 바뀌는 것이므로 작성된 해의 인구구조를 밝혀주는 것인데, 그 사이에 태어나서 죽은 아이나 마을에 들어왔다가 나간 사람들을 추적하기 어렵다는 문제를 안고 있습니다. 한편 족보는 과거 5세기 정도 거슬러 올라가 부계父系 일족의 연결을 보여줍니다. 그러나 현대까지 몰락하거나 반대로 출세한 일족의 기록은 반드시 정확하다고 할 수 없을 우려가 있다는 것입니다. 특히 유아로 죽거나, 결혼하지 않은 남성과 결혼해서 일족을 떠난 여성에 관한 기록은 정확하지 않다고 생각됩니다. 한국에서 근대 이전의 인구사가 더 해명된다면, 민족과 문화의 역사를 보다 깊게 이해하는 데 도움이 될 것입니다. 뿐만 아니라, 여러 외국과의 공통성과 독자성이 명확하게 되어, 현대의 인구학적 과제를 해결하는 데도 적절한 대응이 가능하게 되지 않을까 기대하고 있습니다.

이번에 저의 저서를 한국에 있는 여러분이 읽을 수 있게 되어 매우 기쁘게 생각합니다. 이 작은 책이 계기가 되어 한국과 일본의 인구, 가족, 사회, 문명, 환경에 관한 비교 연구를 하고 싶다고 생각하는 젊은 연구자가 나오면 좋겠습니다. 다만 근대 이전의 인구를 주요 대상으로 했기 때문에 근대의 인구, 특히 일본의 해외 진출이나 외국인 문제에 대해서는 거의 언급하지 못했습니다. 지금 일본 근대의 인구사에 관한 책을 준비하고 있으니 잠시 기다려 주십시오.

마지막으로 몹시 숫자가 많은 이 책의 번역을 맡아주신 한양대학교 최혜주 교수, 한국의 역사인구학 연구의 상황에 대해 여러 가지 가르침을 주신 성균관대학교 동아시아학술원 손병규 교수, 그리고 출판을 실현시켜 주신 도서출판 어문학사 대표 윤석전 씨에게 진심으로 감사를 드립니다.

2009년 1월

키토 히로시

역자 후기

'동아시아 역사인구학·인구사'는 가능한가

—손 병 규

저출산·고령화 사회에서

한국에 인구학이 크게 관심을 끌게 된 직접적인 계기는 저출산의 세계적 수준이다. 특히 출산력이 저하되는 그 급속한 속도에는 타의 추종을 불허한다. 그 빠른 출산력 저하는 1970년대 전후 '아들딸 구별 말고 둘만 낳아 잘 기르자' 등의 홍보문구로 유명한, 소위 '산아제한'의 인구정책에 큰 영향을 받았다. 이 정책은 성공적인 인구정책 사례로 세계적 명성을 얻고 있었다. 일찍부터 출산력이 낮았던 서구 선진국들은 적은 인구에 대해 삶의 질적 상승을 도모하고 있었지만, 낮은 생산력에 과잉인구가 초래하는 기아, 폭력, 문명 등 후진국의 인구문제, 이들 나라로부터의 대량 인구유입을 해결하지 않고 홀로 '선진'일 수는 없었다. 경제발전과 산아제한이 동일 개념군으로 이해되면서 '개발독재'가 정당성을 확보하는 듯이 보였다.

그러나 21세기에 들어서기도 전에 이미 저출산·고령화 사회의 문제점이 노정되었다. 인구정책의 성공은 봉양해야 할 노령인구의 증가에 대한 노동인구의 감소, 그럼에도 불구하고 심해지는 취업경쟁, 고학력화로 인한 양육부담의 증대 등을 초래했다. 그리고는 조만간 한국인이 감소되어 이 지역의 소수자가 될 것이라는 민족주의적 위기감을 자극했다. 이 것은 경제가 발전하여 선진국 반열에 들어선 것에 대한 반대급부의 보상인가? 18~19세기부터 출산력 저하를 경험한 서구 선진국들은 반드시 그렇지만은 않은 것 같다. 저출산·고령화사회가 일찍부터 예상된 만큼, 그것에 대한 충격도 그리 크지 않을 것이며, 정책적·정신적 대처도 마련되어 왔을 것이다. 소득수준이 높은 곳에서 출산력도 낮지만, 동아시아사회를 생각하면, 문제는 출산력 저하의 속도에 있는 듯하다.

한국을 비롯한 중국, 일본 등지의 동아시아사회의 출산력 저하가 급속도로 진행된 것은 대체로 20세기 후반이다. 패전 후 일본의 경제발전은 여성노동의 필요에 따라 출산력을 억제했을 것이며, 사회주의 국가 중국은 공식장부에 등재되지 않은 인구가 얼마나 될지 알 수 없지만, 1부부 1자녀로 규제하는 정책이 출산력 저하에 기여했을 것으로 보인다. 출산력의 급속한 저하라는 측면에서, 동아시아사회는 인구에 관해 동일한 문제를 안고 있을지도 모른다. 그리고 지역을 넘어서는 인구이출입에 대해 그것을 '다문화사회'로 인정하고 받아들이는 것이 현실적일 것이나, 동아시아사회에 공통된, 높은 민족주의 의식으로 인해 그것이 감정적으로 쉽지는 않을 것이다.

이 책의 저자 키토 히로시는 현대 일본의 '소자화'에 대해 낙관적이다. 과거 일본 지역의 장기적인 인구변동 경험으로부터 인구정체를 '문명시스템의 성숙화에 따르는 현상'으로 이해하고, 새로운 인구학적 시스템의 성립, 즉 인구에 대한 새로운 인식의 형성을 예상한다. 심지어 소자사회에 대해 어떠한 성숙사회를 구축할 것인지 기대하기조차 한다. 그것은 아마도 최근의 단기적 변화를 장기적 변동 속에서 바라보기 때문일 것이며, 급격한 변화에 대한 대처방법을 고안하고, 문명시스템의 전환을 실현하는 데에도 많은 시간이 걸릴 것이라고 하는 여유를 가지기 때문일 것이다.

사실 근대화가 초래한 지구환경 파괴를 생각하면 그리 여유로울 수는 없다. 다만, 조급해 한다고 해결될 문제는 아니라는 의미이다. 여기서 인구에 대한 새로운 인식을 위해서도 장기적 사회변동, 특히 과거 인구변동의 경험을 더듬어 볼 가치가 있다. 한국 현대사회에 장기에 걸쳐 과거의 인구현상을 살피는 '역사인구학' 내지 '인구사' 연구가 출발한 지 오래되지는 않는다. 더구나 일본과 중국에서는 이 분야 연구가 상대적으로 앞서기는 했지만, '동아시아'의 역사인구학·인구사로 공동인식을 갖거나 내부 각 지역에 나타나는 인구현상의 상호관계를 발견하는 것은 이제 시작단계에 있다.

여기서 역사인구학과 인구사의 학문적 과정, 동아시아사회의 역사인구학 연구 경향을 개관하고, 한국의 과거 인구자료와 그 해석, 그로부터 역사인구학·인구사 연구의 여러 시도를 소개하고자 한다. '동아시아' 역사인구학으로 거론되기 위해서는 연구에 후발주자인 한국의 경우가 여러 측면에서 밝혀지는 것이 선행조건일 것이다.

인구사와 역사인구학

사실 인구사와 역사인구학은 학문분야와 발생과정이 서로 다르다. 인구사와 역사인구학이 근거하는 학문분야는 각각 역사학, 인구학—사회학—이다. 역사인구학 자체가 인구사적인 시각과 연구와의 상호 비판에서부터 정립되었다. 당시 인구사는 인구변동의 현상들을 역사변화와 관련하여 결과론적으로 설명하는 데 그쳤다. 이에 대해 역사인구학은 드러나지 않는 인구변동의 원리를 찾아내고, 그것에 기초하여 각지의 인구학적 현상을 비교하고자 하였다.

역사인구학은 제2차 세계대전의 참패원인을 찾으려는 목적으로 프랑스에서 시작되었다. 국민센서스와 같은 광범위한 인구조사가 이루어지기 이전 시기의 인구자료로부터 프랑스의 출생력은 공업화 이전부터 떨어지기 시작했음을 밝혔다. 식량부족, 빈곤을 이유로 인구증가가 식량생산의 증가를 능가할 수 없다고 하는 '맬서스의 덫'은 인구억제가 강제적인 데—적극적 제한-에 주안점이 있었지만, 프랑스의 연구는 자발적인 인구억제—예방적 제한—가, 문화적으로 선진적인 지역에서 일찍부터 시작되었음을 주장한다. 독일에 짓밟힌 자존심을 여기에서 찾으려는 것은 아니겠지만, 역사인구학은 이 시기를 넘어 진행되었다. 앙리 L. G. Henry에 의해서 교구부책이 존재하는 훨씬 이전시대까지 거슬러 올라가 인구학적 방법론을 구사하면서부터 자체의 방법론과 원리를 성립시키기 시작했다. 그리고 그러한 연구는 영국, 미국으로 건너가 더욱 활발히 진행되었다.

역사인구학은 서구의 과거 인구자료, 특히 세례와 결혼과 장례를 주관하는 교회의 기록에 근거하여 연구방법론이 개발되었다. 개인의 출생에서 사망에 이르는 일생의 사건을, 부부와 그들로부터 출생한 자식으로 구성되는 가족으로 재구성—가족복원—한 것이 인구변동을 측량하는 기초자료가 된 것이다. 여기에서 '출생률'(일반적으로 출산 가능한 여성[가임기간 15~45세] 수에 대한 출생자 수의 대비율[ratio]), 여성의 초혼연령(만혼은 가임기간을 줄여서 출생력을 저하시킨다), 영아·유아사망률(1년 이내에 사망하는 것을 영아사망, 만1~5세 사이에 사망하는 것을 유아사망이라 한다. 환경, 사회문화적 조건에 따라 민감하게 변동한다) 등을 추계한다. 사망에 대해서는 아직 생존하는 사람들이 언제 사망할 것인가를 예측하는 인구학 본연의 방법—보험 회계사가 개발한 인구변동 측정방법—이 동원되기도 한다. 가령 생명표 코호트 작성과 그것에 기초한 평균여명의 예측 등이 그것이다.

이러한 방법론은 역사학(인구사)과의 논쟁, 혹은 역사학자로부터의 무관심 내지는 적의 가운데 성립한 것이었다. 그러나 교구부책에 대한 연구와 그 방법론은 인구에 관한 조사통계표가 현존하지 않는 17~18세기의 인구학적 지수를 18~19세기 통계에 연결해서 사용할 수 있게 하였다. 전문적 지식에 의존한 자료비판만을 수행하거나 인구통계에 기초한 집계치의 일련의 곡선을 찾는 데에 목적을 설정하는 산술적·수량적 역사학에 대하여, 역사인구학은 현대 인구학의 방법을 적용할 수 있는 방안을 제시함으로써 오히려 역사학과의 접맥을 이루어내었다고 평가되고 있다.

역사인구학이 역사학 내지는 경제사와의 접점으로 제안된 내용은 인구전환과 그 사회·경제적 상관관계에 관한 것이었다. 여러 가지 인구학적 비율의 변화가 당시의 사회·경제적 지표와 관련시킬 수 있는 도구로 제공된 것이다. 그것은 특히 영국의 역사인구학 연구로부터 본격화되었다. 인구학적 지표와 시대마다의 물가와 임금과의 관계가 상세히 고찰되는 등, 장기지속과 순환변동의 탐구에 기초한 인구와 경제, 두 시스템의 상호의존을 검증하고자 했다. 나아가 프린스턴 프로젝트는 유럽의 출생력 저하에 관한 지식의 확대를 가져왔는데, 인구전환에 대한 지금까지의 인식을 전환시켰다. 근대 전후로 출생률과 사망률이 유럽 어느 지역이나 높다가 공업화·근대화와 함께 변화한다는 고전적인 이해로부터, 각 지역마다 출생력의 차이가 있으며, 그것은 결혼연령, 생애(평생)독신율 등에 의해 영향을 받는다는 인식으로 전환된 것이다.

이러한 연구의 진전은 결혼의 패턴, 수유관행, 건강상태 등 기타 사회경제적 및 문화적 요인에 대한 관심으로 이어져 인구 연구의 시야를 확대시켰다. 출생력 제한이 각 지역의 특정 언어문화영역에서 전파되고 동시기에 시행되는 현상을 발견하기도 했다. 의도적인 출생제한이 스토핑(단산), 스페이싱(출산간격의 연장)으로 인하여 크게 영향을 받으며 지역마다 다른 경향을 보였다. 그리고 수유, 금욕, 성교중단법과 낙태의 관행 등이 이미 전근대사회에 드물지 않다는 사실도 보고되어 왔다. 사망률 저하에 대해서는 공중의료와 예방의 발달을 위시하여 근대의 경제성장의 결과로 생활수준이 향상된 것을 거론해왔다. 그러나 산업화과정에서 임금상승에도 불구하고 영아사망률이 상승하는 현상이 문제시되었다. 도시민의 의도적인 출산제한과 병행하여 공중위생지표와 도시화의 마이너스효과가 존재했던 것이다.

동아시아의 역사인구학

이러한 역사인구학의 진전에서 더 나아가 새로운 연구과제가 제기되었다. 유럽형혼인패턴 등으로 제시되었던 서북유럽 중심의 인구학적 양식이 유럽의 동쪽 광활한 지역, 비유럽 지역에서는 세대형성의 방법이나 육아의 방법 등등에서 엄청난 다양성을 보인다는 지적이 그 하나이다. 인구학적 양식의 작용방법이 문화에 의해 규정된다는 사실이 더욱 광범위하게 확인되어가는 것이다. 그러나 그 후에도 여전히 인도, 중국을 위시한 아시아 지역의 가족 및 친족관계에 대해 그다지 알려지지 않았다.

이들 지역의 인구학적 접근은 우선 다른 문화와는 다른 기록법이 있다는 점에서 출발할 수 있다. 아시아사회에는 역사인구학의 방법론을 구사할 수 있었던 근거, 즉 세례·결혼·장례라고 하는 교회등록부가 없다는 것이다. 대신에 호적과 같은 주민등록형태의 장부나 족보와 같은 계보기록이 중국과 일본의 인구동태에 관한 주요한 정보를 제공했다. 특히 주민등록형태의 기록에는 지역단위의 인구통계가 병기되거나, 간혹 직업=직역이나 개인의 경제적·사회적 특질에 관한 정보가 포함되어 있어, 결혼패턴의 형성에 중요한 가족=세대의 구조나 그 경제관계에 관한 연구가 기대된다.

그러나 서구의 역사인구학적 방법으로는 매우 중대한 결점도 많다. 주민등록형태 자료는 집단적이고, 정기적인 조사라 그 사이의 인구변동상황이 결락됨으로써 어느 해의 영아·유아사망자의 수치를 알 수 없다든가, 족보 등의 계보자료도 영·유아의 출생과 사망 기록이 부실하며, 특

311

히 남자에 관한 정보밖에 얻을 수 없다는 것 등이 그러하다.

자료적 성격을 달리하는 이러한 인구자료에 기초하여, 중국과 일본 인구자료에 대해서는 지방지의 인구통계를 종합하는 등의 통계 곡선에 근거한 인구추계가 시도된 이외에도, 인구학적 미시 연구가 여러 측면에서 진행되었다. 제임스 리James Lee 등을 주축으로 하는 미국의 중국역사 인구학 연구는 계보를 인구학적으로 활용하는 방법을 소개하고, 특히 '여아살해'를 인구억제의 주요한 방법으로 제기하였다. 일본에서도 이 책에서 저자가 소개했듯이 '마비키間引き'라는 영아살해로 공동체의 인구 조절을 행한 사실이 보고되고 있다. 영아살해나 아동유기는 특히 결혼연령이 매우 낮은 중국 전통사회에 일종의 스페이싱으로 작용한다고 여겨지고 있다. 또한 조혼으로 인한 임신기회의 증대 외에도 모친의 재생산 개시연령을 조정하는, 즉 결혼 후 임신까지의 기간을 연장하는 인구억제 방법도 제시되었다.

제임스 리는 『漢軍八旗人丁戶口冊』과 같은 청대의 특수호적을 이용하여 생명표를 만들고, 남녀의 사망률 차이를 여아살해 및 기아의 근거로 제시하며, 호의 구조와 사회적 지위 등에 근거하여 혼인율과 출산율이 조절되는 예방적인 억제가 시도되고 있었음을 주장한다. 이 자료는 어떤 사람이 호적에 등재되어 사망, 이주 등으로 사라질 때까지 계속해서 이후의 호적에 기록되므로 사망력 등의 연구에 적합하다고는 한다. 그러나 그 시기가 정확하게 기록되지 않거나 연소자층과 여성의 기록이 부실하다는 등의 결함이 있을 뿐 아니라, 기타 의도된 결락이 많을 것으로 여겨지고 있다. 최근에는 호적에 등재된 호구를 현실의 가족과 인구

로 보기보다는 정책적 기록임에 주의해야 한다는 지적과 함께, 영아살해
와 같은 주장은 근거를 찾기 어려우며, 여아가 적게 나타나는 자료는 일
시적인 특수사례에 지나지 않을 수도 있다고 지적되기도 한다.

중국의 호적이나 족보에 대한 역사인구학적 연구는 조선시대와의 자
료적 유사성(특히 한국호적은 직역이 기재되어 있다)으로 말미암아 주목할
필요가 있다. 사용된 방법론을 습득하여 조선시대 호적이나 족보에 적용
할 수 있다는 점에서만이 아니라 동일한 자료적 비판이 가능하다는 점에
서도 그러하다. 자료의 결함을 전혀 고려하지 않고 인구학적 방법을 그
대로 적용함으로써 나타나는 오류가 지적될 수 있으며, 그러한 자료적
결함을 극복하는 인구학적 방법론의 개발에 동조할 수 있다는 말이다.
혹은 자료의 작성 의도를 포함하는 동아시아의 전제주의적 통치제도와
그에 대응하는 종족의 결집방법이 인구학적으로 어떠한 규정성을 가질
지를 타진할 수도 있다.

동아시아에서 일본은 상대적으로 역사인구학을 구사하기에 좋은 그야
말로 혜택 받은 인구자료를 가지고 있다. 1년에 한번씩 조사되는 슈몬아
라타메쵸宗門改帳는 주민등록형태라고 하는 동아시아 공유의 자료성격을
가지면서도 서구의 연구방법론을 적용할 수 있는 인구가 등재되고 인구
이동과 관련한 부수적 기록을 갖추고 있다. 그 장부에서 결락된 영·유아
사망에 대해서는 지역의 임신과 출산에 관해 기록한 카이닌가키아게懷妊
書上, 사찰에서 사망의 이유까지 기록한 카코쵸過去帳 등으로 추정이 가능
하다.

본서 저자의 직계 스승인 하야미 아키라速水融는 슈몬아라타메쵸, 닌베

츠쵸人別帳 등의 호구자료를 소개하며, 일본 역사인구학의 선구적 역할을 하였다. 그는 서구의 역사인구학적 연구방법론을 구사하기 위하여 자료에 적합한 가족복원법을 새롭게 고안하여 부부와 자식의 데이터를 작성했다. 나아가 '유라시아 사회의 인구·가족구조 비교사 연구' 프로젝트를 장기간 시행하여 세계의 역사인구학에 일본 전통시대의 인구현상을 특징지우는 데에 큰 역할을 하였다.

최근에는 동아시아 전통사회의 인구학적 특질에 관심이 모아지고 있다. 하야미 아키라는 한국의 호적과 족보에 기재된 계보 기록의 우수함을 지적하고, 역사인구학 연구의 가능성을 거기에서 찾을 것을 권한 적이 있다. 그러나 기타의 인구자료를 구하기 어려운 상황에서 조선시대 호적과 족보의 사료적 성격을 면밀히 관찰해보지 않고서는 한국의 역사인구학 연구의 어려움을 알지 못한다.

조선왕조 인구자료, 호적의 인구통계에 대한 해석

중국과 한국, 그리고 고대 일본에서 작성되었던 호적에 대해, 호 단위로 등재된 가족의 구성을 가지고 논의가 분분했다. 호적에 등재된 호내 구성원이 자연적인 가족, 즉 家의 구성원을 있는 그대로 나타낸 것인가, 아니면 호적작성을 주도하는 자—궁극적으로는 중앙정부—에 의해서 의도된 구성으로 호가 편제된 결과인가 하는 논란이 그것이다.

특히 고대사회의 호적부터 그 논란이 빈번했는데, 의도된 편성이라는 쪽이 타당성을 획득하는 듯 보이지만, 사실과 다른 호구파악을 해서 중앙정부에 무슨 득이 있었겠는가라는 반대의견이 지속적으로 제기되었다. 소위 '자연호'설 측은 있는 그대로의 가족을 호로 파악하여 호적에 기록하는 것이 통치를 위하여 유용할 것이라는 주장으로 버티고 있는 것이다. 돈황에서 일본으로 가져온 돈황문서 가운데 호적자료를 정리한 이께다 온池田溫은 호적이 작성되기 시작하는 초기에는 있는 그대로 등재했을 가능성이 높지만, 점차 형식화 되어갔을 것―당말 이후―으로 판단했다.

뒤늦게도 같은 종류의 논란이 한국에서는 조선시대 호적에 대해 벌어졌다. 사실 조선시대 호적의 호 구성에 대해 그것이 의도된 편성이라는 생각은 거의 하지 않았던 것 같다. 호적은 군역징발을 위한 장부, 혹은 인민파악을 위한 기본대장이라는 인식이 일찍이 김형석의 연구로부터 제기되었다. 그러나 이후의 연구자들은 그것은 원칙론에서 그러할 뿐, 개개인의 신상이 손에 잡히는 호적자료를 대하게 되면 그것이 사실이라고 믿어 의심치 않았다. 그래서 이전은 형식적에다가 호적이 잔존하는 17세기부터 자연가로 기록되었다고 보는 것이 중론이었다. 호적이 잔존하는 17세기 이후 호적장부에 기재된 호구총수의 변화를 그대로 가족과 인구의 변동과 등치시킨 것이다.

권태환 등은 일찍이 호구통계를 인구추계를 위해 제시한 바 있다. 각 지역 호적장부에 기초한 조선 후기 전국적 호구 수의 변화에 대해 그것이 20세기 초의 인구에 비해 반이 되지 않는 것은 인구등재의 결락이라 보고, 기록된 호구 수에 배수를 곱하는 단순히 산술적 보완을 시행하여 그것을 실제의 인구추세로 제시한 것이다. 식년마다 호적장부상의 호구

수 변화를 실제의 인구변화에 등치시킨 결과였다.

본서의 저자는 일본의 인구가 18세기에 정체국면으로 전환된 것을 설명하며 "조선의 호구기록에 따르면 조선인구는 17세기에 급성장한 뒤에 18세기에는 600만 명대에 정체하고 있어 일본인구의 움직임과 궤를 같이 한다"고 언급하고 있다. 조선왕조도 일본과 같이 18세기에 실제로 인구가 정체되었을지 모르나, 저자는 조선시대 인구통계를 호적에 기록된 그대로 믿은 것이다.

『경상도단성현호적대장』을 데이터베이스화한 성대 대동문화연구원과 한국역사연구회의 호적연구팀은 17~19세기의 조선후기 전 시기를 통하여, 읍단위 호적장부의 전체상을 파악함으로써 호적의 자료적 성격을 재고하게 되었다. 호적은 재작성되는 3년 동안 호가 불연속적이고 출입이 빈번한 경우가 있는데 이것은 실제로 호구가 그만큼 변동했다기보다는 호적을 편성하는 원리와 당시 호구정책의 사정으로 그러하다는 견해가 제시되었다.

손병규는 '도이상都已上'조의 군역 직역자 수가 비총제적으로 지역마다 정액화되고, 그 수에 맞추어 직역이 지역 내의 호구에 분배된다고 하여 호적장부의 호구가 편제되었음을 시사하였다. 김건태도 도이상조의 호구총수와 직역통계에 따라 본문의 호구가 편성된다고 보고 1호당 군역직역자 수가 1명 정도이며, 18~19세기를 통하여 전국적 호구총수의 호당구수가 4.2명 전후로 거의 고정됨을 밝혔다. 중앙정부의 호구정책에 의해서 전국적 호구총수가 의도적으로 조정, 억제되어 있었던 것이다. 지역에 따라, 어떠한 이유로, 이미 이전 시기에 정해진 호당구수의 차이가 있으나, 지방관은 그 호구총수에 맞추어 호적을 작성해갔다. 따라서 어떤 지역은 인구 수를 어린 나이의 여성이나 노비로 채우고, 어떤 지역은 협인挾人(숨어있는 종속적인 가족)으로 채우는 등의 호구편제가 이루어졌다. 나아가 개별 호구를 들여다보면 호당구수가 일정치 않은데, 이에 대해 정진영은 호등제에 기초한 호구편제를 제기하기도 했다.

이에 앞서 이영훈은 호적의 호가 '주호─협호'의 순환구조를 지니며 변화함을 제기한 바 있다. 경제적·정치적으로 우월한 호가 등장하여 그렇지 못한 호에 대신해서 호적에 등재된다는 것이다. 그러나 그것은 실체의 '자연가'가 호를 단위로 등재되는 것으로 호구가 편제된다는 의미는 아니었다. 상기의 연구는 이러한 인식에 정면으로 배치되는 것이었다. 협인은 호적을 작성할 때에 부수되는 '협호성책'에 등재되어야 할 자들이지만, 언양의 경우에는 아마도 호당구수를 늘려야 하는 호구총수를 배정받았기 때문에 본문에 등재되었을 것으로 판단된다. 또한 토지대장과 비교할 수 있는 다른 지역의 호적(대구 조암방 호적)을 분석한 결과, 호구가 토지소유에 근거한 경제적 우열과 상관없이 등재됨이 밝혀졌다.

임진왜란 직후의 불안정한 사회에서 호적을 다시 작성하기 시작하여 빠른 속도로 호구파악 능력이 회복되는 17세기에는 일실된 호구 수를 채우기 위한 노력으로 평상시에는 등재되지 않았을 수도 있는 다양한 성격의 호구가 등재되었다. 어떤 측면에서는 현실의 가족집단에 근접한 호의 구성을 발견할 수도 있다. 그러나 18세기에는 국가재원 파악방법에서 비총제·총액제나 정액제가 진행되는 것과 병행하여, 호적장부상의 호구파악도 그러한 경향을 띠어갔다. 급기야 19세기에는 지역적인 총액만이 아니라 개별 호 구성 자체도 정형화하는 듯한 인상을 준다. 조선 전기는 어떠한지 알 수 없지만, 17세기 이후 19세기에 이르기까지 호적상의 호는 그야말로 '형해화形骸化'되어 간다.

그러나 호가 사실과 달리 편제되어 호적이 형해화해 간다면 국가는 무엇 때문에 조선왕조가 끝날 때까지 3년에 한번씩 빠짐없이 지속적으로 호적을 작성했겠는가 하는 반론이 있을 것이다. 이에 대해 중앙집권적인 통치를 이상으로 하는 국가는 개별 호를 단위로 하는 인민파악을 포기하지 않을 뿐더러 일정한 형태에 맞추어 고른 형태로 일률적인 장악을 하고자 하는 열의는 더욱 강하다는 것이 대답이 될 수 있다.

호적의 호구편제방식은 상층계급에 대해 노비 등을 포함하는 전통적 家=호의 형식으로 법전에 제시되어 있다. 19세기에 형해화된다는 것은 조선 전기에 제시되었던 호구 편성의 틀이 하층민에게까지 일반화되었다는 말이다(과반수의 호가 양반의 호적등재양식을 사용하여 노비 한두 명을 호에 올리는 관행이 생겼다). 그런 의미에서는 호의 구성이 '이상적인 형태로 정형화'하였다고 할 수도 있다. 결코 호적에 등재된 인물이 가상의 인구라는 의미가 아니다(19세기 한두 명의 노비명은 현존인물인지 의심스러운 부분도 없지 않지만). 단지 호적의 호구가 의도적으로 정제된—편제된—측면이 역사인구학적인 방법론을 사용하는 데 오히려 방해가 된다는 사실은 분명하다.

조선시대 인구자료, 호적과 족보의 자료적 제약

동아시아 인구자료의 가장 중요한 특징은 서구의 교구부책처럼 일생의 이벤트로 분해되어 있는 것을 부부와 자식으로 구성되는 가족으로 복원하는 것이 아니라, 동거하는 가족=세대의 형태, 혹은 가계로 연결되는 확대된 가족의 형태로 제시되어 있다는 점이다. 이미 위에서 언급했듯이, 이것을 장점으로만 받아들이기는 어렵다. 작성자의 의도가 자료에 개재되어 역사인구학의 주요한 기재요소가 결여되거나, 기록되어 있어도 그것을 랜덤한(무작위의) 샘플로 취급하기는 곤란하기 때문이다.

정부에서 의도되고 지방에서 관례로 받아들이게 된 호구총수의 고정적 책정으로 말미암아 호적에 기재된 호구통계를 바로 인구추계에 이용하기 어렵다는 점은 위에서 지적한 바와 같다. 뿐만 아니라 본문 각 호의 인구기록도 그러한 의도성이 개재되어 있다. 그 때문에 호적에는 역사인구학적 방법을 구사하기 어려운 결정적인 결함이 있다. 첫 번째 결함이 호구의 누락이다. 두 번째 결함이 인구변동사항에 대한 부실한 기록이다.

호적의 인구를 연령대별 분포도로 나타내면, 일반적으로 20~30대를 남녀 각각의 정점으로 하는 다이아몬드형이 된다(구총을 채우기 위하여 간혹 연소자 여성층이 상대적으로 많이 등재되는 경우도 있지만). 호적으로 파악하고자 하는 인구는 15세 이상의 국역대상자이며, 동일 나이대의 남녀가 가족구성원으로 동시에 등재된다. 10대 이하의 비성년층, 특히 유아가 호적에 등재되는 이유는 부부와 자식으로 구성되는 단혼가족을 호구구성의 원칙으로 삼음으로써 호를 구성한 젊은 부부의 어린 자식들이 등재된 때문이다.

연속하는 여러 식년의 호적을 붙여서 동일인물과 새로운 인물을 구별하여 적정 시기의 연령분포도를 그리면, 특히 10대 이하에서 많은 수의 인구가 새롭게 파악될 수 있다. 그러나 분포도는 10대 이하의 모든 인구를 파악하여 정상적인 피라미드를 만들지 못하고, 20~30대 정점에서 직각으로 떨어지는 선을 그린다. 호적에는 주로 성년이 될 때까지 생존한 인구가 등재되며 그 사이에 사망한 인구는 극히 드물게 등재될 뿐이다.

이러한 인구누락은 가족=세대구조에도 결함을 나타내게 되는데, 1년 이내에 사망한 영아는 물론이고, 10대까지 성장하지 못하고 사망한 아동들을 찾을 수 없다는 것이 그것이다. 이렇게 되면 인구학적으로 유용하고 민감한 지표인 영·유아사망률을 추정할 수 없다. 또한 누가 맏이인지, 막내인지, 즉 모친의 초산연령과 단산연령을 알 수 없다. 형제들 가운데 누가 누락되었는지 알 수 없으므로 출산간격을 추적할 수도 없다.

인구학적인 연령분포도, 모델생명표를 이용하여 결락을 보완할 수 있다고 하지만, 그것은 본말이 전도된 발상이다. 다산다사의 시대에 적당한 인구피라미드를 전제로서 제시하는 것이 영·유아사망의 지역마다 시기마다의 미묘하고, 다양한 현상을 알려주는 것은 아니다. 단지 그것은 통계적으로 인구증감의 추계를 보는 데에는 유용할지 모른다. 하지만 여기에도 가족 자체가 호적에 영원히 등장하지 않는(가령 협호) 경우에는 총인구수가 과소평가될 우려가 있다. 정상적인 인구피라미드의 모양으로 결락인구를 보완한다 하더라도 그 작성된 피라미드의 크기가 사실보다 얼마나 작은지 알 수 없다는 말이다.

동일한 문제가 족보에도 존재한다. 족보가 부계·남성 중심의 기록이므로 여성이 상대적으로 많이 누락되고, 여성개인에 대한 정보도 부실하게 기록될 뿐이다. 여기에 후기의 족보는 적서의 구별이 없거나 배우자가 모두 기록되었는지 의심스러워 여성 1인에 대한 출산경력을 단정할 수 없는 경우도 있다. 무엇보다도 족보가 편찬 시의 후손들에 의해서 작성된다는 점이 인구자료로서의 제약을 가져온다. 선조의 형제 가운데 그 후손이 번창하여 족보편찬에 참가한 가계의 형제가 존재감을 드러내며, 그렇지 못한 가계나 후손이 단절된 선조는 족보에서 누락될 가능성이 크다. 19세기 이후에 양자율이 증가하여 후손이 없는 조상도 대부분 계보를 이을 수 있는 상황이 되어서부터는 누락되는 선조가 점차 줄어들 가능성도 있다.

출생과 사망 시기에 대한 기록은 오래된 선조에서 찾아보기가 어렵고, 후대에 와서도 제사를 위하여 사망월일만 기록하는 경우가 많다. 이 경우는 사망의 계절성을 추적하는 데에 유용하나, 그 시대별 차이를 추적하는 데에는 어려운 점이 있다. 출생과 사망을 알 수 있는 자들―남성―에 한해서 어느 시기의 연령별 인구분포도를 그려보면, 여러 식년의 호적을 붙여서 가능한 한 많은 인구를 확보하여 그린 그림의 한 쪽과 같은 모양을 그린다. 10대 이후의 인구에 많은 결락이 있는 것이다. 족보에는 요절한 사실을 기록하는 경우가 간혹 있으나, 주로 성년이 되어 혼인한 자로 제한되는 경향이 있음을 확인할 수 있다.

차명수·박희진 연구팀은 소위 19세기위기론과 관련하여 인구변동의 추이를 추적했다. 그러나 그 결과는 인구위기, 즉 인구감소 내지 정체 경향만이 아니었다. 다른 자료와 조건으로 추계한 19세기 인구변동에는 인구증가의 경향성도 발견되었다. 19세기 위기라는 인식은 본래 농업생산력 저하에 근거를 두는데, 생산력 저하 자체가 증명되기 어려운 것이기도 하지만, 그것과 인구위기와의 관계를 단순화하기는 어렵다. 단기적인 인구증가는 생산환경의 악화에 대한 반대급부적인 현상으로 나타날 수도 있다. 족보 연구는 자료비판이 전제되지 않은 문제점도 지적되어야 하지만, 어떠한 다른 시각과 자료로부터 그 결함을 어느 정도로 추정하여 오차를 수정할 수 있을지 하는 것이 커다란 과제이다.

조선왕조의 역사인구학·인구사

그러나 사료비판만을 주로 한다면 이것은 역사인구학이 될 수 없다. 인구학적 원리와 일반적인 법칙이 발견된 이상, 그에 따른 적절한 방법을 사용하여 사료적 결함을 교정하면 되기 때문이다. 바꾸어 말해, 역사인구학은 사료적 결함에도 불구하고 인구학적 법칙이 관철되는 영역의 학문인 것이다. 그러면 조선시대의 인구 관련 자료의 제약적 조건에도 불구하고 그것을 극복할 수 있는 역사인구학적 방법은 없는 것일까?

우선 호적과 족보에 의도되지 않은 우연한 기록이나 의도성을 벗어나서 재구성할 수 있는 인구학적 요소로부터 랜덤 샘플을 찾는 방법이다. 김건태가 시도한 바와 같이 여성의 초혼연령에 대한 추적이 그 하나이다. 호적에는 다른 곳으로 이래이거移來移去하는 기록 가운데 여성의 초혼에 한해서 사용하는 '출가出嫁'라는 기록을 발견할 수 있다. 혼인의 경우

대부분 어떠한 기록도 없이 다음 식년의 호적에서 사라질 뿐이므로 이런 기록은 그리 많지 않다. 또한 호적이 재작성되는 3년 동안의 언제 출가했는지 알 수도 없다. 그러나 그러한 한계를 가지고도 대체적인 인구학적 지수를 확인하는 데에는 지장이 없다. 더구나 여성, 혹은 여성의 가계가 가지는 사회적 지위를 기준으로 초혼연령의 경향을 구별할 수도 있다. 그 결과 상층부 여성은 초혼연령이 빠르고, 하층부 여성은 상대적으로 늦다는 잠정적인 결론을 얻고 있다. 또한 상층부 여성은 재취인 경우에도 초혼으로 혼인하며, 상층부 여성 자신의 재혼은 발견되지 않는다.

남성의 재혼은 출산력에 아무런 영향력을 갖지 못한다. 그러나 여성의 재혼이 어려워지는 사회문화적 분위기가 확산되면서 남성의 재혼이 오히려 여성의 출산을 방해하는 요소가 될 수도 있다. 손병규는 족보에서 남성의 재혼과 양자를 조사해보면, 남성의 재혼비율은 18세기 후반~19세기 초에 이르기까지 증가하다가 이후 감소하는 추세를 보이는데, 그것과 대조적으로 양자율은 이후로도 지속적으로 증가함을 밝혔다. 재혼으로 적자를 확보하려는 노력이 포기되고, 그에 대신해서 양자로 적통을 잇게 하는 쪽을 선택하였던 것이다.

이것은 상층계급에 한정된 혼인 및 양자의 경향이지만, 하층의 일반적인 문화로 인식되어 간다. 특히 여성의 재혼이 꺼려지는 문화적 전이과정에서 상층계급 남성의 재혼은 여전히 다른 남성의 혼인을 어렵게 한다. 그러나 양자의 확대는 유배우율과 출생력을 상승시키는 효과가 있었을 것이다. 재산상속에도 신분적인 차별이 있었다. 첩의 자식에게는 적은 재산밖에 상속되지 않았다. 여기에 더해 분할상속으로 말미암아 가족

의 경제규모가 축소되면서 적자녀 사이에서도 남녀차등 상속, 장자우대
적인 상속이 진행되었음은 주지하는 바이다. 이 과정에서 형제 사이에도
신분적인 분화가 생겨났다. 양자율의 상승에 따라 차자 이하의 형제는
친족의 다른 가족을 '독자'로 계승하여 단독상속함으로써 평생 독신이나
불완전한 가족의 형성으로부터 벗어날 수 있었다.

계급에 따른 인구현상은 다른 계급에게 연쇄적으로 전이되어 간다. 그
러나 그 변화는 매우 장기적으로 발현되는 것이며, 일정 기간 동안의 인
구현상은 계급마다 다르다. 호적에는 다양한 계급이 등재되며 그에 따른
다양한 혼인관계를 발견할 수 있다. 따라서 어느 시기에 계급마다 다른
인구현상이 어떻게 전체적인 조합을 이루면서 연계되어 있는지를 밝히
는 것도 주요한 연구과제라 할 수 있다.

호적이나 족보에서 가족을 복원하여도 형제들 가운데 결락이 많아 출
생력을 추적하기 어렵지만, 모친의 출산연령으로 출산의 경향을 읽을 수
는 있다. 연령별 출생률은 5세 간격의 연령대별로 해당 연령대 나이의
유배우 여성 1,000명에 대해 그 연령대에 출생한 자식 수의 대비율이다.
조선시대 호적에서는 유배우자 수에 대한 출생자 수의 대비율이 아니라,
모친의 나이별로 출생자 수를 구하여 연령대별로 그 분포상황을 비교하
는 방법을 사용할 수 있다. 17세기 전반에 상층부 여성은 혼인하여 이른
시기부터 출산하며 늦게까지 출산하는 경향은 상대적으로 적다. 하층부
여성은 그 반대현상을 보인다. 그러나 20세기 전반의 상황을 같은 방법
으로 살펴보면, 많은 여성들이 앞 시기의 상층부 여성의 출산패턴을 따
라감을 알 수 있다. 그러나 이것이 출산력의 방향성, 인구변동과 어떠한

관계에 있는지는 분명치 않다.

조선시대 인구자료의 결함을 보완하는 자료로 식민지시대의 민적부가 주목되고 있다. 민적부 연령별 인구분포는 정상적인 피라미드형에 가깝다. 여전히 인구누락이 많지만 조선시대 인구자료에 비해 인구학적 지수를 구하기는 용이하다. 특히 제주도 호적은 다른 지역에 비해 19세기에도 많은 수의 인구를 싣고 있다. 토지세가 없는 관계로 모든 부세와 부역이 호적에 의존한 때문인지도 모르겠다. 여기에 1909년 이후에 작성되는 민적부가 같은 동리에 연속되어 현존한다. 현재 호적과 민적부 자료를 연결한 인구학적 추적이 진행되고 있다.

인구사 연구방법론의 수용

현재 세계의 역사인구학계는 어떤 이유인지, 이제 인구학 이외의 방법론을 다시 수용하겠다는 자세를 취하고 있다. 가령 인구학적 변화가 생긴 제도적 배경에 대한 연구의 필요성은 일찍부터 강조되어 왔다. 사이토 오사무齋藤修는 구휼제도와 같은 것이 출산력에 대해 규정하는 요인을 측정하는 것은 무척 어려운 일이지만, 가족경제뿐만 아니라 시장적·비시장적 제도의 기능에도 주목할 것을 제안하기도 했다.

그러한 의미에서 다시 호구의 문제를 거론해 둘 필요가 있다. 먼저 호적의 호구를 전제주의 국가의 가족파악 방법이라는 측면에서 적극적으로 해석할 수도 있다. 중국 고대사회로부터 가=호는 부부와 자식으로 구성되는 단혼가족만이 아니라, 친인척과 비혈연가족, 노비를 포함하는

'가부장적 가'(부父와 같은 존재를 가장으로 하는 최말단 사회집단)였다. 그러나 이 가=호의 규모는 집권적 인민지배를 위하여 작은 규모로 억제되어 왔다. 부부와 미혼자식을 호구구성의 원칙으로 삼는 것도 그 때문이다. 18세기 전후로 비혈연적 가족, 노비, 하인 등이 호구에서 탈락해가는 현상도 근대국가 이전에 전제주의 국가의 중앙집권력이 최고조로 달하는 시기의 현상으로 이해할 수 있다. 잘게 나누어진 고른 호구구성이 집권적 인민지배에 유리하다는 말이다.

사회인류학과 역사인구학에서는 공업화 이전 시기에 이미 소가족형태가 일반적으로 존재했으며, 지역에 따라 가족형태는 다양했음을 밝혀내고 있다. 이제 대가족에서 소가족=핵가족으로의 전환, 즉 가족구조에서 근대화의 이행이 아시아사회에서 늦었다는 명제는 사실이 아닐 수도 있다. 국가에서 원하는 호적상의 규모는 작은 것이지만, 그것에 대응하여 실제로는 내부에서 종족·친족 단위까지 가족이 확대하는 경향성을 더욱 강하게 띠어가고 있었다. 에도시대에 일본은 직계가족이 일반적이었는데, 한국의 경우는 조선 후기에서 식민지기에 걸쳐 소가족에서 직계가족으로 전환하는 과정을 가정할 수도 있다.

근세 동아시아사회에서 가족구조의 변동은 집권적 인민파악에 대한 자체적인 대응방법이라 할 수 있는데, 집권적 인민파악이 반드시 강압적·수탈적인 것은 아니다. 동아시아 전제주의 국가는 통치이념을 민생안정과 구휼에 두는 이상, 과부·환부호에 대한 감세, 완전한 호구를 이루기 위한 결혼의 장려, 결혼자금 지급, 유기아의 보육에 대한 장려 등등 구휼제도를 활용하여 궁극적으로 '인구증人口增'을 지향했다. 이것을 인구학적으로 볼 때 선진적이지만은 않다. 여기에 더 나아가 혈연적·지역적 상호부조, 상속과 양자의 방법을 통한 가족의 유지 노력도 결코 출산력 저하를 초래하지 않는다. 이제 동아시아 전통사회에 대한 역사인구학적 방법론의 수용·개발과 함께, 학문분야의 본원적인 방향성이 재고되어야 할지도 모른다.

교구부책과 다른 자료에 근거한 역사인구학적 방법론을 개발해야 하는, 한국의 인구자료로 '역사인구학'을 이제 막 시작한 우리의 입장에서, 다시 인구연구가 사회경제사의 이해를 위한 것임을 재인식해야 한다고 강조하는 분위기는 인구 관련 연구에 어쩌면 유리한 환경이 될지도 모른다. 한국의 인구사 연구의 목적도 당연히 '한국의 인구변동이 사회경제사와 어떠한 관계로 설명될 수 있는가'라는 문제에 있지 않을까 한다.

근대 이후의 세계인구 증가로 인하여 식량과 에너지의 고갈이 초래되고, 그로 인하여 환경파괴가 가속화되었으나, 본서의 저자가 지적했듯이 그러한 현상들은 단지 인구증가만이 아니라 높은 생활수준과 경제성장에도 원인이 있다. 20세기 후반에 경제발전을 이루어낸 발전도상국은 여전히 출생률이 높은 수준에 있으면서 사망률 저하가 일어나 인구증가를 크게 했다. 그러나 그러한 인구폭발이 경제발전의 진행을 방해한다는 인식에 기초한 산아제한은 높은 생활수준과 경제성장을 이루어내었을지 모르지만, '근대극복'이라는 현재적 과제와는 거리가 멀다. 20세기에 서구적 근대를 맞이하여 유사한 인구사적 경험과 경제성장 과정을 거친 동아시아사회에서 인구변동과 사회경제사의 관계는 또한 서구의 그것과 다른 고유한 특성을 나타낼지도 모른다.

색 인

저 자 **키토 히로시**鬼頭 宏

　일본 죠지上智대학 경제학부 교수·지구환경연구소 소장으로 일본경제사와 역사 인구학을 전공. 저서에는 『일본 2천 년 인구사日本二千年の人口史』(1983), 『문명으로서의 에도시스템文明としての江戸システム』(2002), 『환경 선진국 에도環境先進國江戸』(2004), 『인구로 보는 일본사人口で見る日本史』(2007), 공저에는 『지구인구 100억의 세기地球人口100億の世紀』(1999), 『역사인구학의 프론티어歷史人口學のフロンティア』(2001), 『일본경제사 2 근대성장의 태동近代成長の胎動』, 『일본경제200년日本經濟 200年』 등이 있다.

역 자 **최혜주**崔惠珠

　한양대학교 한국학연구소 학술연구교수. 일본 도쿄대학 인문과학연구과에서 한일관계사로 석·박사학위 취득. 한말·일제강점기 재조일본인의 조선 인식문제에 관심을 갖고 있다. 저서에는 『滄江 金澤榮의 한국사론』(1996), 『일제 하 아나키즘운동의 전개』(공저, 2003), 『한국근대사와 고구려·발해인식』(공저, 2005), 『일본의 한국침략과 주권침탈』(공저, 2005), 『근현대 한일관계와 국제사회』(공저, 2007)가 있다. 번역서로 『일본망언의 계보』(1996), 『일본의 근대사상』(2003), 『일본의 군대』(2005), 『朝鮮雜記－일본인의 조선정탐록』(2008), 『일본인의 조선관』(2008), 『조선인의 일본관』(2008), 『만주국의 탄생과 유산－제국 일본의 교두보』(2009) 등이 있다.

손병규孫炳圭

　성균관대학교 동아시아학술원 HK교수. 일본 도쿄대학 동아시아역사사회학과에서 조선 후기 지방재정사로 박사학위 취득. 사회경제사가 주요관심사이나 인구사로 연구분야를 넓히고 있다. 조선시대~식민지 초기의 재정사와 인구사 관련 논문을 지속적으로 발표하고 있으며, 저서에는 『호적, 1606~1923 호구기록으로 본 조선의 문화사』(2007), 『조선왕조 재정시스템의 재발견』(2008), 『단성호적대장연구』(공저, 2003), 『역사, 새로운 질서를 향한 제국질서의 해체』(공저, 2004), 『서울재정사』(공저, 2007), 『한말 일제 하 나주 지역의 사회변동연구』(공저, 2008)가 있다.

인구로 읽는 일본사

초판 1쇄 발행일 2009년 8월 13일

지은이 키토 히로시
옮긴이 최혜주 · 손병규
펴낸이 박영희
편집 이선희
표지 강지영
교정 · 교열 이은혜
책임편집 강지영
펴낸곳 도서출판 어문학사
　　　 132-891 서울특별시 도봉구 쌍문동 525-13
　　　 전화: 02-998-0094 / 팩스: 02-998-2268
　　　 홈페이지: www.amhbook.com
　　　 e-mail: am@amhbook.com
　　　 등록: 2004년 4월 6일 제7-276호

인 지 는
저 자 와 의
합 의 하 에
생 략 함

ISBN 978-89-6184-079-8　93900

정가 18,000원

※ 잘못 만들어진 책은 교환해 드립니다.